KB147958

노동자를 위해 살아온 한평생

김말룡
평전

노동자를 위해 살아온 한평생
김말룡 평전

1판 1쇄 인쇄 | 2020년 12월 25일
1판 1쇄 발행 | 2020년 12월 30일

지 은 이 | 이창훈
편집고문 | 김학민
펴 낸 이 | 양기원
펴 낸 곳 | 학민사
출판등록 | 제10-142호, 1978년 3월 22일
주   소 | 서울시 마포구 토정로 222 한국출판콘텐츠센터 314호(☏ 04091)
전   화 | 02-3143-3326~7
팩   스 | 02-3143-3328
홈페이지 | www.hakminsa.co.kr
이 메 일 | hakminsa@hakminsa.co.kr

ISBN   978-89-7193-255-1 (03330), Printed in Korea
ⓒ 이창훈, 2020

· 저자와 출판사의 허락없이 내용의 일부를 인용하거나 발췌하는 것을 금합니다.
· 잘못 만들어진 책은 구입하신 서점에서 바꿔드립니다.
· 책값은 표지 뒷면에 있습니다.

＊이 책은 민주화운동기념사업회와 4·9통일평화재단의 지원으로 제작되었습니다.

노동자를 위해 **살아온 한평생**

김말룡 평전

글 • 이창훈

학민사
Hakmin Publishers

발간에 부쳐

　김말룡 선생은 1927년 식민지 조선의 경상북도 월성에서 태어나, 소학교를 졸업한 후 14세의 나이로 일본에 건너가 노동자로 일하였다. 19세가 되던 1945년 해방이 되자 귀국하여 1946년에 결성되는 대한독립촉성노동총연맹(대한노총)의 산하조직인 조선펌프제작소분회 대표로 노동운동의 길에 들어섰다.

　1947년, 10월 인민항쟁 이후 대구로 내려가, 한국전쟁에 참전한 기간을 제외하고는 1959년까지 주로 대구에서 노동운동을 전개한다. 1956년 이래 대한노총 대구지구연합회 위원장으로 있으면서 이승만의 영향 하에 있는 대한노총을 개혁하려 했으나 좌절하고, 1959년 10월 서울에서 전국노동조합협의회(전국노협)를 결성, 중앙위원회 의장으로 선출된다. 1960년 4월혁명이 일어나자 두 조직은 한국노동조합총연합회(한국노련)로 통합되고, 김말룡은 11월 30일 중앙위원회 의장으로 선출되어 최초의 민주적 노조지도자로 발돋움하였다.

　그러나 1961년 쿠데타로 집권한 박정희 군부는 모든 사회단체와 함께 한국노련을 해산시켰다. 그해 8월 3일, 박정희는 국가재건최고회의 이름으로 노동조합의 재건을 허용했으나 중앙정보부의 지시에 의해 김말룡이 배제된 '9인위원회'의 계획대로 8월 30, 31일 한국노동조합총연맹(한국노총)이 출범한다. 선생은 한국노총의 관제화에 대항해 한국노련의 재건을 도모하였지만, 국가재건최고회의는 1963년 노동조합법의 복수노조 금지규정으로 이를 저지했다.

이로써 김말룡 선생은 중앙무대에서 사라지는듯하였으나 1966년 연합노 조위원장으로 복귀하여 한국노총으로 합쳐진 구 한국노련의 탈환을 시도하였 으나 실패하였고, 70년대에 무려 3차례나 노총위원장직에 도전하였지만 연달 아 실패하고 만다. 1974년 10월 노총전국대회를 끝으로 그는 노동운동 일선에 서 물러났다. 중앙정보부가 노동단체를 완전히 어용화한 유신체제 하에서는 더 이상 제도권 노동운동을 할 수가 없었기 때문이었다.

선생은 1975년부터 천주교정의평화위원회(정평위)에서 노동상담을 하기 시 작하였다. 여성노동자들이 지도부를 구성하고 있던 노동조합을 남성노동자들이 폭력으로 장악하려던 과정에서 발생한 동일방직사건을 선생이 접한 것이 이때이 다. 선생은 정평위를 통해 동일방직사건을 사회문제화 하였고, 1979년 4월에는 명동노동문제상담소 소장이 되어 동일방직문제에 계속 관여하였다.

1979년 10·26사태로 유신정권이 무너지고 1980년 신군부가 들어서자, 선 생은 동일방직 해고노동자 복직투쟁을 이유로 구금되기도 했다. 명동노동문 제상담소는 신군부 치하에서도 1987년 3월까지 1만 8천여 건을 상담하였고, 1987년 7월부터 11월까지도 1천 5백여 건을 상담하는 등 노동자들의 현실문제 해결에 진력하였다. 특히 각종 산업재해의 보상을 위한 기준마련에 적지 않은 성과를 얻었다. 김말룡 소장은 노동자들이 많이 거주하는 구로본동(1987), 창동 (1989), 구로3동(1990)에도 노동상담소를 추가 설립하였다.

1990년 2월 2일, 평화민주당을 제외한 민주정의당, 통일민주당, 신민주공 화당 등 3당통합으로 거대 여당 민주자유당(민자당)이 등장하자, 이에 대항하여 1991년 9월 11일 김대중을 총재로 하는 통합민주당(민주당)이 결성되고, 김말룡은

1992년 3월 24일 치러진 14대 총선에서 민주당 전국구후보 19번으로 국회의원이 된다.

1991년과 1993년의 원진레이온 산업재해사건 특별조사단장, 1991년의 한진중공업 박창수 열사 사인진상규명조사단장으로부터 1993년 전국 구속수배 해고노동자 원상회복공동 대책위원회 위원, 1994년 병특 해고자 조수원 열사 장례대책위원회, 1996년 전력노조 김시자 열사 분신대책위원회에 이르기까지 노동자가 고통을 받는 현장에는 어김없이 정치인 김말룡이 나타나 책임자들에게 호통을 쳐가며 문제해결을 촉구했다.

국회의원으로서 김말룡의 활동의 하이라이트는 노동위원회 돈봉투 로비사건의 폭로였다. 1993년, 노조와해공작을 벌여 조합원 1천여 명을 탈퇴시키고 1백여 명을 집단 해고한 한국자동차보험 사장이 노동위 국정감사에서 위증혐의를 받아 고발위기에 처해 있었다. 그런데 평소 안면이 있는 자보의 한 임원이 선생의 집으로 과일바구니와 돈봉투가 든 쇼핑백을 가지고 왔는데, 선생은 그 돈봉투를 다음날 돌려보냈다. 선생은 돈봉투 쇼핑백은 물론 그 임원이 "다른 의원들은 다 받으시는데, 왜 그러시느냐?"고 했다는 사실까지 폭로하였다.

14대 국회의 임기 말이 다가오자 노동법 개정, 민주노총 토대구축 등을 위한 노동자 출신의 국회의원 한 명이라도 절실하던 노동계를 중심으로 '김말룡 재선추진위원회'를 조직하여 선생을 설득하기에 이르렀다. 대우자동차공장이 있어 노동자 밀도가 제일 높은 곳으로 인천광역시 계양구 · 강화갑 선거구를 택하여 15대 총선에 임하였으나 낙선하고 말았다.

그런데 선거운동과정에서 보여준 선생의 자세 역시 놀라운 것이었다. 노동자나 지식인이 선거운동원들이니 선거비용이 항시 부족했다. 당시 어느 대기업에서 후원금 제공의사를 비친 일이 있었다. 일단 수령을 유보하고 후보자의 의사를 타진하겠다고 했다. 선생은 크게 책망했다. "기업의 후원을 받으면 결국 화가 된다"는 것이었다. 이 말을 전하자 그 대기업에서는 "그러니까 김말룡 후보만 지원하고 싶다"고 하였다.

1996년 15대 총선 후 김영삼 대통령은 4월 24일 '신노사관계구상'을 발표하고, 5월 9일 노동법개정안을 마련할 노사관계개혁위원회(노개위)를 출범시킨다. 노개위는 5개월간 14차 회의를 진행하며 '노동관계법 개정요강'을 만들어낸다. 하지만 민주노총은 "사용자 쪽이 복수노조금지 등 악법조항조차 부대조건을 걸어 물러서지 않고, 정리해고제 등 개별 근로관계법 개악을 고집함에 따라 합의도출이 무산됐다"고 선언했다. 14개 부처 장관으로 구성된 '노사관계개혁추진위원회'(노개추)의 이름을 건 정부 개정안은 노개위에서 제출한 개정안보다 훨씬 후퇴한 것이었다.

선생은 타계하기 전날인 10월 2일에도 민주노총에서 열린 노동법개정 관련회의에 지도위원으로 참석했다. 이 자리에서 민주노총은 노개위에서의 철수를 결정하고, 권력과 자본의 노동법개악 움직임에 엄중히 경고했다. 개악된 노동법은 김말룡 사후인 같은 해 12월 26일 새벽 민자당 단독으로 안기부법과 함께 날치기로 통과되었으나, 양대 노총을 비롯한 전 국민적 저항에 부딪쳐, 이듬해 1월 21일 열린 청와대 영수회담에서 김 대통령은 노동법의 국회 재론을 약속하게 된다.

모란공원묘지에서 선생을 보내드린 지 어느덧 25년이 되어간다. 짧은 세월이 아닌데도 잊히지 않고 우리의 머릿속에, 아니 가슴속에 선생의 모습이 선명하게 떠오르는 까닭은 무엇일까?.

지난 25년간 세계경제는 그 전 100년보다 훨씬 빠른 속도로 성장했고, 이로 인해 세계의 빈곤문제 또한 급격히 줄어들었다. 전 세계의 빈곤률은 1990년의

37%에서 2015년에는 10% 미만으로 확연히 줄어들었다. 세계인구의 평균수명은 1990년의 65.24세에서 2016년에는 72.04세로 늘어났다. 그러나 이 기간 많은 국가에서 재산과 소득불평등이 악화된 것으로 나타났다. 특히 아시아의 하위 50%의 소득은 줄어들었고, 상위 1%는 증가하였다.

우리의 경우, 2020년 11월 13일 전태일 산화 50주년을 맞으며 '전태일 3법'의 입법이 시대정신으로 제시되었다. 5인 미만 사업장의 600만 노동자들에게까지 확대 적용하는 근로기준법의 개정, 개인사업자로 분류되는 230만 특수고용·플랫폼노동자의 노동3권을 보장하는 노동조합 및 노동관계조정법의 개정, 중대재해 발생 시 기업의 경영책임자, 원청, 발주처 등 실질적인 책임자를 처벌하는 중대재해기업처벌법의 제정을 위한 국민청원이 지난 9월 국회에 제출되었다.

전태일이 "근로기준법을 지켜라!"고 외쳤지만 아직도 600만 노동자들에게는 그림의 떡이며, 제4차 산업혁명과 코로나19의 여파로 급증하는 비대면 거래에서 수많은 배달노동자들이 과로사로 희생되고, 작업장에서 죽음에 이르는 중대재해가 반복되고 있는 현실에서 김말룡 선생이 더욱 그리워진다.

선생은 평생 노동자의 권익향상을 통한 사회발전을 위해 투쟁하고 노력하였다. 선생이 1973년에 발간한 『현대적 노사관계: 우리나라의 경영자와 노동조합의 과제』 등에서도 확인할 수 있지만, 그의 노동운동에 대한 생각은 마르크시즘보다는 페이비언주의자 시드니 웹이 내세운 산업민주주의(Industrial Democracy)에 가까운 노동조합주의였다.

해방정국에서 20대 초반의 열혈청년이었던 김말룡에게 좌우익의 이념적 기준으로 전평과 대한노총에 대한 선택의 정당성을 평가하는 것은 지금도 여전히 조심스러운 일이다. 우리는 이 평전의 발간으로 한국사회에서 노동운동의 성장과 발전에 기여한 여러 선배 노동자들의 삶과 투쟁이 기록을 넘어 역사적 평가의 과정이 활발해지는 계기가 되기를 바란다.

그런데 선생의 비문을 쓰고 직접 낭독까지 하셨던 남구복 선생을 비롯한 당대에 선생과 교류하던 분들이 작고하였거나 기억이 희미해진 것은 또 우리를 안타깝게 만들었다. 그런 가운데 불편한 몸으로도 흔쾌히 취재에 응해주신 배병우 교수, 권중동 장관, 권오봉 선생 등은 5, 60년대의 대한노총과 한국노총 초기의 역사를 기억하는 몇 안 되는 분들이었다. 김금수 선생을 비롯하여 천영세 선생, 김승호 선생 등은 70년대 한국노총 시절 김말룡 선생의 활동에 대한 의의를 짚어주셨다. 이원보 선생은 자문에 응하며 미완성 원고를 읽고 역사적 사실과 흐름을 다시 잡아주셨다.

장례식을 치른지 무려 25년 만에 펴내는 책이라 기억도 많이 줄어 부족한 점이 많은 상황이었지만 편집위원들 덕분에 가능했다. 처음 선생의 평전을 내자고 의견을 낸 박석운 위원, 국회자료를 연람하는데 도움을 준 이용득 위원, 초고에 노동관련 전문 지식을 보탠 이광택 위원, 그리고 위원회 총무로서 발간 과정을 원만하게 진행한 이형진 위원께 감사드린다.

이 평전 출판이 실현된 것은 민주화운동기념사업회의 지원에 크게 힘입었다. 남규선, 홍용학 님 등 기념사업회 관계자들께 감사드린다. 김말룡 선생의 국회의원 시절에 도움을 받았던 '전해투' 동지들도 적지 않은 성금을 기탁하였다. 최종원고를 말끔하게 다듬어주신 김학민 선생과 출간을 맡아준 학민사 양기원 대표에게도 감사 드린다.

2020. 11.

편집위원 이광택, 이용득, 박석운, 이형진
집필자 이창훈

차 례 CONTENTS

차 례 CONTENTS

우리나라에서 '노동의 가치', '노동자의 인권' 이란 말들이 생겨난 것은 최근의 일이다. 유교를 국가통치이념으로 했던 조선 시대에서는 사농공상이라는 신분제도를 두면서 노동은 '아랫것들이나 하는 일' 쯤으로 취급했다. 그런 것이 20세기에 들어서면서 서구 선진노동운동의 물결이 독립운동과 결합하여, 노동계급이 주축이 되는 조선공산당 결성에까지 이른다.

그러나 스스로의 힘이 아닌 외세에 의한 해방이 이뤄지고, 독립운동 세력이 아닌 외세를 등에 업은 친미·친일 세력이 득세를 하며 노동의 가치는 다시 하락하였다. 이번에는 노동자의 세력화 자체가 불온시되고, 반공이 득세하면서 노동자는 조선 시대보다도 못한 사회적 위치로 전락하고 말았다.

김말룡은 일찍이 이러한 우리 사회의 '노동천시' 경향에 대해 경종을 울린 사람이다. 김말룡은 누구보다도 열심히 노동자가 존중받는 세상을 위해 싸웠다. 그에게는 사회주의니 자본주의니 하는 이념보다는 '노동자 중심주의'라는 확고한 신념을 갖고 있었다.

10대 나이에 일본에서 공산주의를 접한 김말룡은, 정확한 논거를 제시하지는 않았지만, 공산주의가 '노동자를 위한 공산주의'가 아닌 '공산주의를 위한 노동자'로 변질되었다고 판단하고, 공산주의를 멀리한다. 해방이 되어 귀국한 뒤에도 '조선노동조합전국평의회(전평)' 역시 '노동자를 위한 전평'이 아닌, '전평을 위해 노동자를 이용하는 것'이라고 판단, 1946년 3월에 결성되는 '대한독립촉성노동총연맹(대한노총)'에 참여한다. 1946년 9월, 전평의 총파업이 벌어졌을 때 김두한 휘하에서 용산철도파업 진압에 나선 것도 그러한 판단 때문이었다.

그러나 아이러니하게도 이러한 그의 '반공경력'은 이후 이승만과 박정희에 거침없이 대들 수 있는 무기가 되었다. 5·16쿠데타 직후 그는 박정희에게 욕지거리를 하다가 연행되는 일도 있었다. 그러나 곧 그는 깨닫는다. 대한노총 역시 노동자가 아니라 대한노총의 총재를 맡고 있었던 이승만의 정치적 기반으로만 활용되고 있었던 사실을.

김말룡의 '노동천시에 대한 저항'은 대한노총 가입 직후부터 시작되었다. 그는 자신의 직장이던 영등포 소재 조선펌프제작소의 임금인상투쟁을 시작으로, 10월 인민항쟁 직후 머물게 된 대구지역 사업장들에서 벌어진 노동자들의 투쟁에 적극 관여하였다. 하지만, 노동자를 탄압하는 세력에 맞설 수 있는 '조직화된 노동자'가 없는 그는 한계에 부딪힐 수밖에 없었다.

이때의 좌절은 그를 전략가로 만들었다. 70년대 세 차례나 한국노총 위원장선거에 출마했던 그는 중앙정보부가 개입한 위원장선거를 불법이라고 고발한다. 그러나 판결이 마음에 들지 않으면 판사까지 쫓아내는 무소불위의 권력 앞에서는 뜻을 이룰 수가 없었다.

김말룡에게 다시 기회가 왔다. 김수환 추기경으로부터 영세를 받고 '이냐시오'가 된 김말룡은 명동성당 한 귀퉁이 건물에 명동노동상담소를 차리고 억울한 노동자들을 보듬어 안았다. 밤낮을 가리지 않고 찾아오는 노동자들의 하소연을 들어주고 해결방안을 제시했다. 특히 산재를 입고도 하소연할 곳을 못찾은 노동자들에게 끝까지 달라붙어 보상을 얻어냈다.

국회의원이 되어서도 마찬가지였다. 찾아오는 노동자들을 친근하게 대했다. 새벽같이 전화를 해도 볼멘소리 한번 내지 않았다. 농성장에 찾아가면 일장연설이 아닌 현장의 소리를 들었다.

원진레이온 노동자들의 산재투쟁에 함께 했나. 그 외에도 쓰레기 매립시설, 정수장 수질관리, 골프장 건설억제 등 국회 환경노동위 위원으로써 그동안 국회의원들이 외면했던 많은 일들을 해냈다.

1993년 국회 노동위원회에서 위증혐의로 위기에 처해있던 한국자동차보험이 노동위 위원들에게 돈봉투 로비를 한 것을 폭로한 그의 용기는 동료 국회의원들의 간담을 서늘하게 하였다.

그의 나이 69세. 쉴 만도 한 나이였지만 그러지 않았다. 20대 청년노동자 조수원은 의문의 죽음을 당하였고, 한일병원의 젊은 지부장 김시자는 분신한다. 김시자는 생전에 김말룡을 만나 노동자의 권리를 되찾는 방법과 노조의 민주화에 대해 의논했다.

김영삼 대통령이 1996년 4월 '신노사관계구상'을 발표한데 이어 노사관계개혁위원회(노개위)를 발족시켜 노동법 개정을 들고 나왔다. 노개위를 거쳐 정부가 마련한 개정안은 자본가들의 입맛에 맞는 변형근로제, 정리해고제, 파견근로제, 파업기간 중 무노동무임금, 노조의 정치활동금지 등의 독소조항이 들어 있는 법안이었다. 노동자들은 법안의 철회를 주장하며 총파업을 준비했다. 노동법 개정에 평생을 바쳐온 김말룡에게 노동자들이 찾아왔다.

일촉즉발의 상황에서 급보가 날아들었다. 1996년 10월 3일, 그는 전날 늦은 밤까지 민주노총에서 열린 노동법대책회의에 참석했다. 회의를 마치고 집으로 돌아온 그는, 평상시와 다름없이 자택 근처 아차산 산책을 나갔다가 그만 심정지로 우리 곁을 떠난 것이다.

그의 장례식은 '노동의 가치'를 인정하는 사회를 만들어내자는 결의의 장이었다. 민주노총 위원장과 한국노총 위원장이 두 손을 맞잡고 힘껏 치켜 올렸다. 그해 12월 26일 새벽 여당의원들은 김영삼 정부가 마련한 노동법 개정안은 안기부법과 함께 야당 몰래 날치기 통과시키자, 이는 노동계 총파업을 촉발하여 40일간 350만명이 파업에 참여했다. 김영삼 대통령은 다음해 1월 21일 노동법의 국회 재론을 약속하였고, 국회는 3월 13일 제정의 형식을 빌어 날치기법의 독소조항을 원위치하는 재개정에 이르게 된다. 이 재개정으로 한편으로는 만족스럽지는 않았지만, 민주노총이 합법화되고, 3자개입 금지조항이 삭제되고, 노동조합의 정치참여가 인정되고, 공무원과 교원도 노동조합을 설립할 근거가 마련되었다.

김말룡은 우리에게 진정한 노동운동가의 전설을 남기고 떠났다. 그는 노동운동이 극도로 탄압을 받던 시기에 타협 없는 원칙으로 역사를 쓴 분이다. 그는 편한 길을 택하지 않았다. 그가 한평생 살아온 길은 고통스러운 십자가의 길이었다.

그러나 중대재해처벌법을 포함한 '전태일 3법'이 국민청원으로 국회에 제출된 이 시점에 김말룡 의원이 새삼 그리워진다.

이제 또 다른 김말룡의 등장을 기대하며 불굴의 노동운동가 김말룡의 한평생 이야기를 전개한다.

1장

—

식민지 백성으로 태어나

1945년

1945년은 세계사의 일대 전환기였다. 1939년에 시작된 제2차 세계대전이 6년 만에 종료되었으나, 전쟁을 거치면서 세력을 확장한 소련과 미국, 그리고 두 나라의 동맹국 사이의 보이지 않는 전쟁 - 냉전(Cold War)이 시작된 해였던바, 그 냉전은 안타깝게도 한반도를 둘러싸고 벌어졌다. 한반도의 38선은 두 강대국의 극단의 대치점이 되었다. 그해 12월, 한반도의 운명을 가르는 미·영·소 3국 외상이 모인 모스크바 삼상회의가 열렸다. 그런데 이 회의를 둘러싸고 한반도의 좌우대립이 격화된다. 8월에 38선이 그어지면서 남북분단이 시작되었다면, 12월의 신탁통치 논란은 좌우분열의 시작이었다. 그야말로 한반도는 사분오열의 세상으로 바뀌었다.

세계노동운동계 또한 격변기였다. 1943년, 파시즘 척결을 위해 코민테른을 해산한 뒤 이렇다 할 국제 연대조직을 갖지 못하고 있던 세계노동운동계는 1945년 10월, 전쟁에서 승리한 소련과 미국, 유럽 등의 노동자들이 주동하여 전 세계 노동조합 대표들이 파리에 모였다. 이들은 세계노동조합회의를 열고 그동안 이념과 사상에 따라 분열을 거듭했던 세계노동운동의 통일단결을 위해 세계노동조합연맹世界勞動組合聯盟, World Federation of Trade Unions, WFTU을 창립했다.

이러한 세계사적 격변기에 식민지 조선의 청년 김말룡도 해방의 기쁨을 안고 일본 오사카에서 고향 경주로 돌아온다. 그는 잠시 고향에서 몸을 추스른 뒤, 서울로 올라와 1945년 11월 한 공장의 노동자가 된다.

출 생

김말룡은 1927년 2월 2일 경상북도 경주시 양남면 나산리 502번지에서 부친 김동진金桐進과 모친 박화동朴化洞의 넷째아들로 태어났다. 당시에는 경주시가 아니라 월성군이었다. 이 마을은 5백여 년 전에 형성된 김녕김씨 집성촌이며, 지금도 140세대 중 70세대가 김녕김씨이다. 이 마을 근처에는 현재 월성원자력발전소가 있는데, 김말룡의 생가에서 발전소까지는 직선거리로 500미터도 채 안 된다.

마을이 등지고 있는 봉금산 북사면에는 보덕암普德庵이라는 작은 암자가 있는데, 그곳에는 세 사람 정도가 들어갈 만한 자연동굴이 하나 있는데, 신라말 경순왕이 나라가 망할 때 피신했던 굴이라고 한다. 그래서 이 굴을 국구암國求岩이라고 부른다. 또 마을 한가운데에는 단종의 복위 모임에 참여하였다가 순절한 백촌 김문기를 기리는 나산사羅山祠가 있다.

김말룡 생가(경북 경주시 양산면 나산리)

김말룡의 집안은 부유하지도 가난하지도 않았다. 그냥 그럭저럭 먹고 살 만했다. 김말룡은 7세까지 서당을 다녔는데, 천자문을 한 달 만에 떼어 주변을 놀라게 했고, 연이어 명심보감과 소학도 비슷한

속도로 끝내자 집안어른들이 신동이 났다며, 초등학교를 보내야 한다고 나섰다. 양남면에는 1923년에 개교한 하서공립보통학교가 있었다. 1926년 7월 19일자 동아일보에 의하면, 이 학교에는 남자 186명, 여자 11명이 다니고 있었다. 이 학교는 1938년에 하서공립심상소학교로 바뀌었다가 김말룡이 졸업한 다음 해인 1941년에 하서공립국민학교로 다시 바뀌었다가 해방을 맞는다. 현재 양남초등학교가 그 후신이다.

오사카에서 보낸 청소년기

　김말룡이 일본으로 건너간 1940년은, 1937년에 발발한 중·일전쟁이 한창일 즈음이면서 1941년에 시작하는 태평양전쟁 발발 직전으로, 전쟁을 위한 일제의 조선수탈이 한층 강화되던 시기였다. 당시 조선총독 미나미 지로南次郎(1874~1955)는 육군대장 출신으로, 두 전쟁에 병사를 충원하고 군수물자를 조달하기 위해 조선인들 동원하기로 한다. 그 수법의 하나가 '내선일체'와 '창씨개명'이었다. 한마디로 조선인을 일본인으로 개조하려는 수작이었다. 일본군에 박정희를 비롯한 조선인 장교들이 탄생한 것도 그 즈음이다.

　일제의 수탈이 강화되자 초등학교를 갓 졸업한 김말룡은 월성에서는 더 이상 기대할 것이 없었다. 부친을 도와 농사를 지어도 일제에게 몽땅 빼앗겨버리는 현실을 목도해야 했고, 자신도 고향에 계속 머문다면 일제의 종노릇 외에 할 것이 없을 것이라고 생각했다.

　일제는 병력보충을 위해 조선인을 강제로 징집하고, 군수물자 생산 공장과 그 원자재 수급을 위해 광산 등지에 조선인을 징용으로 끌고 가 노동력을 착취했다. 정상적인 방법으로는 조선인들을 끌어들일 수 없기에 큰돈을 벌 수 있다는 거짓 선전을 했다. 이렇게 일본으로 건너간 조선인 노동자들은 일본인들의 임금에 반도 미치지 못하는 액수를 받았으며, 온갖 차별과 멸시를 당해야 했다. 조선인들은 주로 도쿄, 오사카 등 공업도시로 이주하여 일본인들이 꺼리는 토목, 광업, 운수업 등에 종사했다. 이 시기 무려 150만 명이나 되는 조선인들이 일본으로 끌려가 강제노역에 시달려야 했다. 군위안부도 마찬가지다. 공장에서 직공을 모집하는 것처럼 소문을 내고는 꽃다운 조선 처녀들을 군위안부로 끌고 갔다.

김말룡도 이러한 일제의 거짓 선전에 속아 일본으로 건너갈 결심을 했을 것으로 보인다. 마침 일본 서부(도쿄를 기준으로 서쪽에 있는 지역들)의 최대도시 오사카大阪에 큰형님 김상룡이 있었다. 하지만 오사카로 가는 길은 수월하지 않았다. 당시 오사카로 가려면 부산에서 관부關釜연락선을 타고 240km의 뱃길을 거쳐 시모노세키下關에 도착하여 다시 해로나 육로를 이용하여 500여 km를 이동해야 했다. '관부연락선'은 부산釜山과 시모노세키下關에서 하나씩 따 지은 이름이다. 1905년에 처음 다니기 시작한 이 연락선은 이키마루壹岐丸라는 배로 11시간 반이 소요되었다.

당시 관부연락선은 일본인들에게는 출세와 돈벌이의 길을 열어 줄 뱃길이었지만, 조선인들에게는 수탈의 뱃길이었다. 게다가 조선인들은 배를 타는 것조차 매우 어려웠다. 일제가 일거리를 찾아 일본으로 건너가는 조선인들도 쉽게 연락선을 이용할 수 있게 허용한 것은 1940년 전후부터였다. 하지만 조선인들의 대부분은 객실이 아닌 화물칸에 탑승해야 했다. 천신만고 끝에 열네 살의 김말룡도 2천리에 가까운 해로와 육로를 거쳐 어렵사리 큰형님을 찾아갔다.

부모에게 여비를 타기는 택도 없는 일이어서 빈손으로 부산에 도착, 관부연락선을 타는 줄에 낀다. 허나 선표船票를 검사하는 것도 아닌 줄에서 그는 쫓겨난다. 열네 살 때였다. 곰곰 생각해 본 끝에 옷이 남루했기 때문으로 짐작한 그는, 취직자리를 찾다가 일본인 치과병원 앞에 붙은 '고스까이小使' 모집

광고를 보고 들어간다. 그곳에서 두 달 월급을 모아 중학생 모자와 옷을 사 입고 다시 배 타는 데로 간다. 다행히 통과가 되었으나 이번에는 시모노세키 에서 걸린다. 일본인 순사에게 사정사정해서 오사카에 도착, 형님 주선으로 중학교에 다니게 되었다. 마차를 끌며 짐을 실어 나르던 형이 실패하는 바람 에 고무공장과 세탁소를 전전하면서 야간중학교에 다녔다. (최일남, 「노동운동을 치안문제로 다뤄선 안 돼 / 김말룡 대담」, 『신동아』, 1985년 8월호)

김말룡이 오사카에 살면서 그곳의 공산주의자들이나 아나키스트들과 어 울렸다는 기록은 없지만, 일본공산당사와 레닌의 저서들을 읽었다는 것으로 보아 이들과 어느 정도 접촉은 있었을 것으로 보인다.

당시 야학은 재일동포 노동자가 노동현실에서 느끼는 민족적 차별의식과 모 순을 식민지 지배라는 구조적인 문제의식으로 확대하는 데 영향을 주었다. 당시 오사카 재일 여성노동자의 경우 문맹률이 높았다. 대부분의 여성노동자 는 고향에 편지를 쓰지도 읽지도 못하는 형편이었다. 이에 공장 내에 야학이 개설되어, 주간근무를 마친 후 밤에 수업이 진행되었다.
　재일동포는 자녀들에게 한글·조선사·전통문화·일본어·산수 등을 가르 쳤으며, 또 노동운동·웅변대회·계몽강연회 등을 통해 계몽과 민족의식을 고 취했다. 오사카에서는 재일동포 노동자가 이밖에도 일본노동조합이나 사회운 동단체가 운영하는 노동야학과 야간학교를 통해 세계노동자의 계급의식 성장 과 세계노동시장의 정황, 일본사회운동의 현상을 습득할 기회가 적지 않았다.
　이상과 같이 일제강점기 재일동포 민족교육은 동화교육의 틀에서 제 국의 통치구조 속에 있었다. 한편 재일동포는 저항적 민족학교를 통해 민 족교육의 내용을 채워가기도 했다. 이러한 열기는 항일민족운동과 연계 되어 민족의 정체성과 저항정신을 유지하는 역할을 수행했던 것도 사실

이다.(김인덕·성주현·황익구,「오사카 소재 근현대 한글자료 조사연구용역 결과보고서」, 2016)

당시 오사카에 일본 노동운동가들이나 사회운동가들이 주도하는 조선인을 대상으로 하는 노동야학과 야간학교가 있었다는 이야기다. 큰형님의 파산으로 생활비를 직접 벌어야 하는 처지에 있던 김말룡이 이곳을 이용했을 가능성이 크다. 또 관에서 지원하는 관립야학도 있었다. 관립야학은 1924년 5월 오사카부 내선협화회內鮮協和會에서 설치하였으며, 이 야학은 소학교 정도의 교육과정을 3년간 가르치는 곳으로, 학령을 초과한 조선인을 대상으로 하였다. 정원은 150명이었다. 내선협화회는 야학뿐만 아니라 조선인들을 대상으로 하는 공동숙박소, 직업소개소 등을 설치하여 친일 성향의 조선인들을 길러내는 목적을 갖고 있었다.

이에 반해 노동야학은 일본에서도 민족의식을 잊지 않으려는 양심세력에 의해 만들어졌다. 1928년 7월 15일, 히가시나리구東成區 우로쵸浦生町 1번지 소재 오사카조선노동조합 동북지부 우로분회에 우로야학부가 최초로 설립되었다. 수업은 7월 23일부터 시작했고, 교장과 강사는 오사카조선노동조합 간부들이 맡았다. 교장 마찬규, 강사 마희규, 이동화, 김상구, 김광, 김문준 등이었다.

일제강점기 오사카에는 다수의 조선인 아나키스트들도 활약하고 있었다. 1926년 조선인신진회朝鮮人新進會를 조직한 이춘식李春植, 고제균高濟均, 윤혁제尹革濟 등이 대표적인 인물이다. 조선인신진회는 오사카에 거주하는 조선인들의 권익단체인데, 조선인들의 주거권·해고방지·직업소개 등의 활동을 펼쳤으며, 친일파 이선홍李善洪이 친일단체를 결성하려 하자 직접 행동에 나서 중단시키기도 했을 정도로 행동파 아나키스트들이 많았다.

물론 일제가 전쟁을 치르면서 일체의 사회활동을 금지한 1940년대에는 아나키스트나 공산주의자들의 공개적인 활동에는 상당한 제약이 따랐을 것이다. 다만 그러한 전통들이 조금은 남아 김말룡도 그들과 접촉할 수 있었을 것으로 보이지만, 김말룡은 아나키스트나 공산주의자로 성장하지는 않았다. 그는 아나키스트나 공산주의자들이 노동자를 탄압하는 자본가와 권력에 저항한 점에 대해서는 인정했지만, 공산국가가 되거나 무정부 세상이 되더라도 권력자만 바뀔 뿐 노동자에 대한 탄압은 계속될 것으로 생각했다.

그는 일본에 있을 때 『일본공산당사』를 읽은 적이 있었다. 거기서 그는 천황제 폐지 등으로 투쟁하다가 사형까지 당하는 일본공산당에 주로 일본의 명문 동경대 출신이 많음을 보았다. 동경대 출신이면 고등관이 되는데 우리로 따지면 군수였다. 그들이 왜 그런 고통스러운 길을 갈까하는 의문을 품던 그는 그들이 더 큰 욕심, 천하를 먹으려고 하는구나, 하는 생각을 하게 되었다고 한다. 레닌의 혁명사도 읽었지만 결국 혁명 후 노동자들이 지식인들에게 이용당하는 게 아닌가 하는 생각을 하게 되었다는 것이다. 공산주의에 대한 기이한 해석이기도 하지만, 우익적 시각에서는 일반적인 해석이다.(윤철호, 「노동위 돈봉투 사건의 김말룡 의원」, 『사회평론·길』 1994년 3월호)

동경대 출신은 아니지만, 일본공산당원으로 천황제 폐지운동을 벌이다가 사형당한 난바 다이스케難波大助(1899~1924)가 있다. 난바는 1923년 12월 27일, 제국의회 개원식에 참석하기 위해 의회로 가던 히로히토裕仁 황태자를 도라노몬虎ノ門에서 저격했다(도라노몬 사건). 난바는 그 자리에서 바로 체포되었고, 재판과정에서도 천황제를 부정한다는 주장을 굽히지 않아, 결국 대역 죄인으로 확정되어 사형에 처해졌다. 또 조선인 박열朴烈(1902~74)도 있다. 박열은 동경대지진 이후 조선인에 대한 탄압에 저항하다가 1923년에 히로히토 황태자의 혼례식 때 암살을 기도하다가 체포되어 사형선고를 받았다가 무기징역으로 감형된 후, 1945년 일제가 패망한 뒤 미군에 의해 석방되었다. 22년간 투옥된 셈이다.

조선펌프제작소 입사

　1945년 8월, 열아홉 살 김말룡은 돗토리鳥取현 미야꼬라는 시골에서 도로포장공사 일을 하다가 해방을 맞이하여 귀국하게 된다. 귀향 후, 미군정기 동안 김말룡의 행적은 그가 직접 쓴 글이나 인터뷰를 통해 정리해볼 수 있다.

> 김말룡, 『현대적 노사관계 - 우리나라의 경영자 와 노동조합의 과제』, 저자 서문, 1973.
> 최일남, 「노동운동을 치안문제로 다뤄선 안돼 - 김말룡 대담」, 『신동아』 1985년 8월호.
> 이재화, 「해방3년 노동운동사 발굴 ①비극의 뿌리, 대한노총의 전평파괴 공작」, 『월간노동자』 1989년 3월호.
> 『노사광장』 1994년 3월호, 「김말룡 의원 그는 누구인가」
> 윤철호, 「노동위 돈봉투 사건의 김말룡 의원」, 『월간사회평론·길』 1994년 3월호.

　이 자료들을 중심으로 김말룡의 미군정기 행적을 살펴보면 대략 다음과 같다. 일본에서 귀국한 김말룡은 1945년 12월경 영등포의 한 공장에 취직을 한다.(공장 이름은 윤철호의 인터뷰에서는 조선기계제작소, 이재화의 인터뷰에서는 '영등포에 있는 기계제작소', 최일남의 인터뷰에서는 '영등포에 있는 조선펌프제작소'로 각기 다르다)
　'조선기계제작소'라는 이름의 공장은 인천항 내에 있었던 일제의 군수

물자 제작공장으로, 현재 두산인프라코어가 그 자리에 있다. 당시에는 1공장과 2공장으로 나뉘어 있었는데, 1공장에는 조선인 3천여 명이 근무하고 있었다고 하며, 이들은 어디에 사용되는 부품인지도 모르고 일본인의 지시대로 일하고 있었다. 2공장에는 일본인 2천여 명이 근무하고 있었으며, 일본육군의 수송용 소형잠수함까지 만들었다고 한다. 이 공장은 해방 후 미군정이 접수하기 전까지는 노동자들의 자주관리에 의해 운영되고 있었으므로 조선기계제작소는 김말룡이 다닌 회사가 아니었다.

(1930~40년대) 경인공업지대는 각종 공장의 집중지로서 조선 전체 공업생산총액의 20.4%를 점유하였고, 전국 기계공업총생산의 55.2%가 이 지역에 집중되었다. 서울 부근의 주요 기계공장 분포를 보면 영등포에 용산공작영등포공장, 관동기계, 일본정공, 그리고 시내에 조선착암기, 홍중상공, 용산공작용산공장, 조선계기 등 여러 공장이 있고, 대공장은 대체로 서울 서남부 즉 용산, 영등포 방면에 집중되었다. 그리고 경인 중간에 위치한 부평지방에 미쯔비시중공업 부평공장, 디젤자동차 부평조립공장, 국산자동차 부평스프링공장을 위시하여 광대한 육군조병창이 주목할 만하였다. 또한 기계공장지대로서 인천 방면에는 조선기계, 동아교통기자재, 일본차량을 위시하여 히다찌제작소, 조선중앙전기, 조선강업, 조선제강 등의 공장이 위치하였다.(조명제, 「한국기계공업의 역사를 말한다(2)」, 『월간기계기술』 2008년 7월호)

영등포 공장지대는 1899년 경인선, 1904년 경부선 철도가 완성되면서 분기점인 영등포가 교통의 요지로 주목받으며 형성되기 시작했다. 1911년 조선피혁주식회사 외 방직·식품공장이 들어섰고, 1934년에는 대일본맥주(조선맥주, 1933년부터 크라운맥주, 현 하이트진로맥주)와 기린맥주(해방 후 동양맥주, 현 OB맥주) 공장이 들어섰다. 방직회사로는 1919년 경성방직과 1935년에 종연방적, 1937년 동양방적 등이 들어섰다. 그리고 일제가 침략전쟁을 벌이기 시작한 1930년대부터는 금속·기계 등 군수 관련 업종들이 들어서기 시작했다.

1942년 동아경제시보사가 펴낸 『조선은행회사조합요록』을 보면, 영등포 지구에 펌프 만드는 공장으로 '조선펌프제작소'가 등장한다. 자본금은 25만 원으로, '각종 펌프 및 기타 제 기계기구의 제작 판매, 이상에 부대하는 일체의 업무'를 하며 사장은 나까야마中山秀一, 오까메岡部岩吉 2명이었다. 1942년 8월 7일에 설립되었으며 '경성부 영등포정 337'이 소재지였다.(현 영등포 청과시장 부근)

조선 유일의 펌프제조 기업으로 해방 당시 자본금은 100만 엔(전액 불입), 연간 펌프 생산능력 200톤, 1944년도 생산실적 178톤(39만4,000엔)이었다. 해방 당시 구성원은 14명의 직원과 72명의 종업원, 총 86명이었고, 기술자는 직원 중 8명, 종업원 중 65명이었다. 한국인은 직원 14명 중 8명, 종업원은 72명 전부였다. …

사실 대동공업이 조선펌프제작소라는 귀속기업체였다는 것은 일기에서도 살짝 드러난다. "대동공업 시절에 가져온 각종 주조일지 등, 책상도 현재 쓰고 있는 나의 것은 대동공업 일본인 야마모토山本가 쓰던 것"이라고 했기 때문이다. 조선펌프제작소와 대동공업은 공장 소재지도 '서울시 영등포구 영등포동 337번지'로 완전히 일치한다.

다음으로 보다 중요한 사실인데, 조선펌프는 일본 오사카의 도리시마제작소酉島製作所의 기술지원을 받았다. 1969년 11월 7일 일기에 저자가 18세에 주물기술을 배운 공장을 다시 방문했다며 기록한 이름 '鳥島펌프공장'은 현재도 중견 펌프업체로 존속하고 있는 도리시마제작소이다. 당시 조선펌프는 도리시마제작소와의 기술적 관계가 끊어지면 생산이 불가능한 상황이었다.(배석만, 「어느 주물기술자의 일기로 본 기업경영사」, 2012)

영등포 조선펌프제작소가 등장하는 논문이 또 있다.

그의 첫 직장이었을 가능성이 높은 '대동공업'은 펌프를 생산하는 전문업체로 일본 에바라제작소Ebara Corp.의 분공장이었다. 영등포에 위치해 있던 이 공장은 해방 이후 불하과정에서 동경제국대학 출신의 토호였던 장병찬이 인수하여 펌프와 양수기 등을 제작하였다. 대동공업은 1958년 인천시 화수동에 있던 이천전기利川電機工業株式會社와 합병하였다. 1959년 말에는 영등포의 대동공업을 정리하고, 공장을 완전히 인천으로 이전하였다. 이때 대동공업에서 일하던 박○현도 이천전기로 옮겨 주물계장이 되었고, 인천으로 가족모두가 이주하였다.(이성호, 「1950~60년대 노동자의 도시경험」, 2018)

위 배석만과 이성호의 논문은 해방 후 대동공업에서 일했던 '박○현'의 일기를 토대로 작성되었다. 이 두 논문에서 '조선펌프제작소'는 영등포에 있었으며, 오사카의 도리시마제작소에서 기술지원을 받아 펌프를 제작한 업체로 소개되고 있다. 일기의 주인공 '박○현'은 1926년 충북 옥천 출신으로, 18세가 되던 1943년에 오사카로 건너가 조선펌프제작소에 기술지원을 하던 '도리시마제작소' 주물부에서 일을 했고, 해방 후 조선펌프제작소(대동공업)에서 근무했다.

인수 시기는 확실하지 않지만, 장병찬이라는 사람이 조선펌프제작소를 미군정으로부터 불하받아 회사 이름을 '대동공업'으로 바꾸었다. 장병찬은 미군정기에 남선전기(현 한국전력 전신)의 사장을 역임한 장직상의 장남이자 수도경찰청장 장택상의 조카였고, 화신백화점 사장이었던 친일파 박흥식의 큰사위였다. 장병찬은 이러한 집안 배경을 이용하여 '조선펌프제작소'를 불하받은 것이다. 『경제연감』 1949년 판(조선은행 조사부)까지는 '조선펌푸제작소'라는 이름으로 등재된 것으로 보아, 회사 이름이 '대동공업'으로 바뀐 시기는

1950년경이었을 것으로 추정된다.

김말룡도 '박○현'의 경우처럼 일제강점기에 오사카로 건너가 고무공장을 비롯하여 여러 공장을 전전했다. 해방 후 갓 귀국한 김말룡이 아무런 연고도 없이 당시 서울지역의 최대 공장 밀집지역인 영등포에서 바로 취직이 가능했던 것은 이러한 오사카의 인연 때문이었던 것으로 보인다. 게다가 배치된 부서가 '주물부'라면 일본에서 주물과 관련된 기술을 익힌 것으로 보인다.

이상의 자료와 김말룡의 인터뷰 내용으로 판단해 볼 때 그가 다닌 공장은 영등포의 '조선펌프제작소'인 것으로 판단된다.

대한노총의 결성과 참여

조선노동조합전국평의회(전평)는 1945년 11일 5~6일 이틀에 걸쳐 서울 중앙극장에서 결성되었다. 이날 결성대회에는 남북한 전 지역의 1,194개 노조에서 선출된 대의원 505명이 참석하였다. 전평은 금속, 섬유 등 16개 산별 노조와 11개 지역별 평의회로 구성되었다. 영등포의 공장지대는 일제강점기부터 노동운동이 활발하게 전개되었던 지역이었으므로 김말룡이 다니던 회사의 노동조합도 전평 초기부터 가입했을 것이고, 금속노조에 소속되었을 것으로 보인다.

대한독립촉성노동총연맹(대한노총)은 1946년 3월 10일 결성된다. 여기에는 영등포에 있는 용산공작소, 한강 건너 용산에 있었던 경성철도공작소, 한국전력의 전신인 경성전기 등 15개 공장에서 48명이 참가했다. 창립대회는 전평 창립대회에 비해 상당히 초라한 상태로 진행되었다.

전진한은 '독청' 내에 노동부를 신설하고, 홍윤옥을 부장으로 하여 용산공작소,

조선피혁회사를 비롯한 영등포의 각 공장과 경전 전차직장 등에 조직적 침투를 전개하게 되었는데, 용산공작소에서는 1945년 말에 공장 내의 김재희金在禧, 김제성金濟成 등이 독청의 배창우, 김구金龜 등과 연결되어 독청 용산공작소 지부연맹을 조직하는 데 성공했으며, 1946년 초에는 경전과 영등포 각 공장에도 침투하게 되었다. 그 후 1946년 1, 2월 반탁시위의 과정에서 청년운동단체와는 독립된 우익노동단체의 필요성을 더욱 절감한 우익지도자들은 독청과는 별개의 독자적인 노동단체를 조직하려는 움직임을 보이기 시작했다. 즉 독청의 청년부 차장 김구는 미군정의 노동부 차장 박택朴澤을 찾아가 전평을 상대로 할 노동조합운동을 일으킬 의사를 표시하여 그 자리에서 합의하고 즉시로 조합조직에 착수한 일도 있었다고 한다. 이리하여 대한독립촉성노동총연맹의 결성은 준비되어 갔던 것이다. 대한독립촉성노동총연맹 즉 대한노총의 결성대회는 국내에서 노동운동이 크게 앙양되고 있던 1946년 3월 10일 상오 10시에 서울시내 시천교당에서 김구金九, 안재홍, 조소앙, 엄항섭 등 우익계 정치인을 내빈으로 하고 개최되었다.(한국노총, 『한국노동조합운동사』, 297~98쪽)

'독청'은 1945년 11월 21일 임정을 지지하는 43개 청년단체들이 참여하여 결성된 '대한독립촉성전국청년연맹'을 말한다. 독청은 1945년 12월부터 벌어지는 반탁운동에 적극적으로 참여하였고, 전평이 찬탁을 주장하게 되자 전평 소속의 노조를 포섭할 목적 하에 노동조직으로 급조되었다. 독청은 이후 대한노총의 모체가 되었다.

김 소장의 노동운동은 이때부터 시작된다. 4백 명 직원의 태반이 좌익계인 全評에 가담하고 있는 것과는 별도로, 그는 46년 초 직원 40명과 함께 대한노총 분회를 만들고 자신은 선전부장이 된다. 그 이전에 전평 가입을 권유받았으나, 일본서 공부할 때 공산주의가 어떻다는 것을 조금은 알았기 때문에 거절한 일이 있었다. 한 달 후 그는 부분회장이 되고, 46년 3월 10일 시천교당(종로구 견지동 천도교당)서 열린 대한노총 결성대회에 분회 대표로 참가한다. 김구 선생이 축사를 했다.(최일남, 김말룡 인터뷰)

곧 김말룡이 조선펌프제작소에 입사했을 때는 전평 소속 노조가 있었으나, 자신은 대한노총 창립을 계기로 펌프제작소 노동자 40여명을 모아 분회를 조직했다는 것이다. 그리고 몸이 아픈 분회장을 대신해서 부분회장인 자신이 대한노총 창립대회에 참석하였다고 한다. 다만 「故 김말룡 선생 민주사회장 보도자료」(1996)에는 '조선기계제작소 노조 선전부장'으로 나오는데, 앞서 살펴본 대로 '조선기계제작소'가 아니라 '조선펌프제작소'이며, 노조의 선전부장과 부지부장을 겸했던 것으로 보인다. 그렇게 해서 김말룡은 대한노총 창립대회 참석자 48명의 한 명이 되었다. 또한 전평이 차지하고 있었던 조선펌프제작소에 대한노총 분회가 생긴 배경에는, 수도경찰청장인 삼촌 장택상의 지시를 받은 관리인 장병찬이 있었던 것으로 보인다.

그 뒤 그는 첫 사업으로 '임금 100% 인상투쟁'을 벌인다. 공장 재산의 85%가 적산敵産이라 미군정이 관리인을 임명하고 있었는데, 그 관리인도 공산당 조직이 공장을 석권하고 있는 처지라 全評 고문이란 직책도 갖고 있었다. 그때 그는 몸이 아픈 분회장 대신 분회장직을 맡고 있었다. 회사의 재무제표는 일본인이 남기고 간 원료 등이 많아, 임금을 10배쯤 올려도 되게 되어 있었다. 그러나 관리인은 인상 요구를 거절했고, 다시 사장배척운동을 하던 그는, 서대문경찰서에 끌려가 26일 구류를 산 끝에 "너의 전도前途가 아까워 기소유예로 풀어준다"는 검사의 말과 함께 석방된다. 그는 그 길로 회사를 찾아가 사장과 담판, 임금을 올리는 데 성공한다.(최일남, 김말룡 인터뷰)

이렇게 김말룡의 노력으로 임금인상에 성공하자, 영등포 일대의 공장들은 김말룡을 따라 임금인상투쟁에 나선다. 이 일로 그는 영등포에서 유명세를 치르고, 이를 시작으로 김말룡은 '자주적이고 민주적인 노동조합건설운동'에 관심을 두고, 평생을 한길로 걸어가게 된다.

그런 방법이 영등포 일대에 파급되니까 저는 기업주들의 눈총을 받게 되었습니다. 자다가 테러를 당한 것도 그 무렵이었습니다. 복면을 한 네 명의 괴한이 사시미 칼을 들이대고는 저를 당산동 한강 둑으로 끌고 가서 배를 태워 없애려는 순간, 마지막으로 담배 한 대를 청해 담배를 태우는 척하다가 치고 달아나, 구사일생으로 살아났습니다. 복면했기 때문에 그것이 어느 쪽의 테러인지 모르죠.(최일남, 김말룡 인터뷰)

당시 김말룡의 노동조합에 대한 생각은 마르크시즘보다는 영국 노동당 집권 시기 장관을 지낸 페이비언주의자 시드니 웹이 주장한 관점에 가까웠다. 웹은 "노동조합이란 임금노동자가 노동생활의 제 조건을 유지 또는 개선을 목적으로 하는 항상적 단체이다"라는 고전적인 명제를 제시하고, 노동조합은 첫째 임금노동자의 자주적 조직, 둘째 노동생활의 제 조건을 유지 또는 향상시키는 조직, 셋째 항상적으로 운영되는 단체 등을 실천과제로 내세웠다.

1946년 대한노총 결성 배경

전평과 대한노총의 갈등은 신탁통치를 둘러싼 좌우익의 대립과정에서 시작되었다. 전평은 민족자주세력의 지원을 받는 조직이었고, 대한노총은 친일파와 우익정치가들의 지원을 받고 있었다. 정치적으로도 전평은 조선공산당의 지원을 받았고, 대한노총은 이승만과 김구가 지원했다. 전평의 명예의장은 박헌영, 김일성, 레옹 주오Léon Jouhaux[1], 마오쩌둥毛澤東 등이었으며, 대한노총의 고문은 이승만(민주의원[2] 의장), 김구(민주의원 부의장), 김규식(민주의원 부의장), 안재홍(국민당)[3], 조소앙(한독당)[4] 등이었다.

대한노총 결성을 주도했던 인물들로 전진한錢鎭漢, 홍윤옥洪允玉, 김구金龜 등이 있다. 전진한은 김성수의 지원으로 와세다 대학을 졸업하고 한민당[5] 결성에도 참여했던 인물이었다. 전진한은 일제강점기 시절부터 협동조합운동에 관심을 두고 있었다. 이후 그는 대한노총의 위원장에 취임하자마자 노동자소비조합 사업을 전개하였지만, 이승만과 지주들의 반대로 성공하지 못한다.

홍윤옥은 안재홍이 주도하여 만든 중도우파 정당인 국민당의 청년부장을 역임했던 사람이다. 대한노총 초대 위원장이 되었지만, 1946년 9월 전평의 총파업이 벌어질 때 이승만 – 전진한파에 의해 대한노총에서 축출되었다. 김구는 지주였던 부친으로부터 철공장을 상속받아 운영하다가, 해방 후 노동자들의 공장자주관리운동에 의해 노동자들에게 공장을 빼앗기게 되자, 미군정의 도움으로 공장을 이를 막을 수 있었고, 그것이 인연이 되어 대한노총 결성에 참여했다고 한다. 대동청년단 단원이자 대한노총 초기 선전부 차장을 지냈던 문한영(1920~66)의 증언이다.

> 문한영의 증언에 의하면, 김구는 국민당에 가담하여 홍윤옥과 친하게 되었고, 홍윤옥과 같이 대한노총을 만들었지만 전진한의 등장 이후 이승만 계열로 흡수된 사람이었다고 한다. 아무튼 한독당이 국민당, 신한민족당[6]과 합당[7]한 영향에 의해서인지 모르나 김구는 구 국민당세력과 같이 활동하였다.(임송자, 「대한노총연구(1946~61)」, 2003)

여하튼 대한노총 창립을 중심적으로 이끈 이 세 사람은 노동자가 아니었다. 당시 노동조합운동은 좌익운동가들이 하는 것으로 인식되고 있었다. 곧 친일 지주세력은 미군정과 우익정치가들의 도움을 받아 재산과 목숨을 유지 하는데 혈안이 되어 있었을 뿐, 노동조합을 결성해야 한다는 생각은 꿈도 꾸 지 못한 일이었다. 게다가 해방이 되자 일본인 주인이 사라진 공장들은 노동 자들이 스스로 운영하는 '공장자주관리제'가 실현되고 있었고, 조선인 자본가 들이 운영하는 공장에서도 노동자들이 '자주관리'를 주장하며 경영권을 위협 하는 상황이었다.

그러한 상황이니 자본가들에 있어 노동조합은 기피대상이었다. 당시 좌 익진영이 찬탁으로 돌아서고 나서 반탁집회에 모인 군중은 수천 명에 불과했 는데, 찬탁집회에는 10만 명 이상의 인원이 집결했다. 조직력과 동원력에서 우월했던 전평 소속 노동자들이 대거 참여했기 때문이었다. 당연히 이승만· 김구 등 우익진영에서는 찬탁세력을 약화시키기 위해 노동자들을 좌익진영에 서 떼어낼 필요도 있었고, 전평과 같은 전국적인 노동조합 조직이 필요하다고 판단한 것이다.

이들은 뒤늦게나마 노동자들을 포섭하기 위해 방법을 강구했다. 이들은 우선 한민당의 '청구회'를 중심으로 하여 우익청년단체들을 끌어들이기 시작했다. 그러나 남조선의 청년들은 이들의 행동에 미동도 하지 않았다. 이미 건국준 비위원회 등 애국적인 단체가 널리 그 조직을 형성하고 있던 터이기 때문이 다. 이들은 먼저 부랑자와 북조선에서 쫓겨 온 지주의 아들, 그리고 테러분자 들 쪽으로 그 눈을 돌렸다. … 이들 중 노동문제에 밝은 사람은 아무도 없었던 상태에서 조직이 비대해지면서 이들 내부엔 여러 가지 의견갈등이 일어났다.

한편 이 무렵 전평은 날로 그 조직이 번창했고 투쟁 또한 힘차게 전개 해 조국 건설의 중추세력으로서의 확고한 지반을 닦아가고 있었다. 당면투쟁 으로 산업건설운동을 전개해나가면서 애국적 열의를 다지는 한편 악덕기업주와의 투쟁을 전개해나갔고, 정치투쟁으로서는 그 조직의 총력을 기울여 찬탁 캠페인을 벌여나갔다.

1946년 1월 3일에 40여 개 단체가 공동주최한 '민족통일 자주독립 촉성 시민대회'에는 30만 명을 동원했는데 이중 전평 산하 노동자들은 무려 10만이 넘었다. 이러한 찬탁의 대중운동과 그 과정에서 발휘된 조직력을 목격한 우익 정치인들은 노동대중으로의 침투를 서두를 수밖에 없었다.(이재화, 「해방 3년 노동운동사 발굴 – 비극의 뿌리, 대한노총의 전평 파괴공작」, 『월간노동자』 1989년 3월호)

그렇게 기세등등하게 출발했지만, 대한노총은 얼마 안 가 그 기가 꺾이었다.

해방 후 처음으로 거행된, 인류 역사를 창조한 노동자의 날이자, 노동자 축제의 날인 메이데이 행사는 전평이 서울운동장 야구장에서, 대한노총이 육상경기장에서 각각 주최했다. 이날 행사의 분위기는 너무나 대조적이었다. 전평이 주관하는 야구장에는 20만의 노동자들이 운집하여 입추의 여지가 없이 성대한 기념식이 거행되었는데 반해, 담장 하나 사이의 더 넓은 공간에서 거행된 대한노총의 행사장에는 영등포·용산 등지에서 모인 노동자 2백여 명과 우익단체 1백여 명 등 8백여 명이 참석한 가운데 열려 초라하기 짝이 없었다.(이재화, 위 글)

대한노총은 결성된 지 두 달도 채 되지 않아 메이데이를 맞이하였다. 메이데이 행사는 전평과 대한노총에서 각기 따로 개최하였다. 8·15해방 이후 처음 맞는 메이데이를 위하여 대한노총은 '기념행사 준비위원회'를 구성하고 위원장에 홍윤옥, 부위원장에 김구를 선출하였다. … 그런데 대한노총 내에는 홍윤옥을 중심으로 한 국민당 세력에 대항한 파벌이 존재하였다. 메이데이 행사가 끝난 후 전평 주최의 메이데이 행사와 대조를 이룰 정도로 노동자 동원에 실패했다는 책임을 지고 홍윤옥이 위원장직에서 물러나게 되었지만, 그 실상은 파벌투쟁과정에서 빚어진 것으로 보인다. 대한노총은 우익세력을 결집시키고자 의도된 조직이었으므로 조직과정에서 이승만·한민당 세력, 한독당 세력, 구 국민당 세력 간의 파벌대립을 잉태하고 있었다.(임송자,「대한노총연구 (1946~61)」, 2003)

홍윤옥은 물러났지만, 아직 대한노총은 국민당 세력이 장악하고 있었다. 홍윤옥은 자신의 후임으로 조시원趙時元을 내세운다. 조시원은 한독당의 이론가 조소앙의 친동생이었다. 조시원은 일제강점기 원산청년회의 핵심 멤버로 임정 의정원 의원과 광복군총사령관 부관을 지냈다. 해방 후 대한노총이 만들어지자 거액의 후원금을 내 위원장에 오를 수 있었다.

조시원이 위원장직을 맡게 된 것은 홍윤옥 계의 물밑작업에 의해 이루어진 것으로 보인다. 문한영의 증언에 의하면 구 국민당 세력이 힘이 약하여 한독당의 조소앙을 위원장으로 앉히고자 하였으나, 조소앙이 "명색이 임정의 외교부장인데 노동단체의 위원장이 될 수 있느냐"면서 거절하고, 조시원을 추천하였다고 한다.(임송자, 위 논문)

그러나 조시원 체제는 오래가지 못했다. 1946년 6월, 위원장 조시원과 부위원장 차고동車鼓東은 선임된 지 한 달 만에 사임하고 만다. 그리고 원래대로 홍윤옥·김구 체제로 되돌아간다. 조시원은 대한노총을 떠난 후 '한국노동자 자치연맹'을 결성했다.

9월 총파업과 전평 파괴공작

대한노총을 키워 자신들의 지지기반이자 반공의 보루로 삼으려 했던 미군정과 이승만 우익세력은 대한노총 내의 파벌싸움으로 이렇다 할 성과를 내지 못하고 있었다. 그러다 전평의 9월 총파업[8]이 시작되면서 조직이 커지기 시작했다. 총파업이 일어나자 대한노총은 9월 24일 이승만을 임시위원장으로 추대하면서 독청에 소속된 우익계열 청년단체 40여 개로 구성된 '파업대책위원회'와 연합하여 '전선파업대책협의회'를 조직한다. 그리고 전평의 파업에 반대하는 성명서를 냈다.

남조선 철도를 중심삼은 파업문제는 민생문제가 긴급한 때인 만큼 노동대중의 생활은 극히 동정할 바 있으나 민중의 기근을 이용하여 일부의 책동으로 일반을 부화뇌동시키는 것은 부당한 일이다. 진실로 국가와 민족을 사랑하는 노동대중은 침착 냉정하여 직장을 사수하며 진정한 합법적 수단으로 우리의 생활문제 해결을 도모하는 것이 건설부면建設部面을 맡은 노동대중에 바른길인 줄 안다. 우리 대한독립촉성노동총연맹의 50만 맹원은 일사보국一死報國의 정신으로 직장을 사수하여 건설일로建設一路로 매진코자 하는 바이니 대중은 우리 대한노총의 뒤를 밀어주기 바라는 바이다.(「대한노총, 철도파업에 관한 담화 발표」, 조선일보 1946년 10월 5일)

담화문에서는 '대한노총의 50만 맹원'이라고 하고 있으나, 미군정 노동부의 공식통계로는 이 시기 전평은 1,111개 노조와 조합원 246,777명이었고, 대한노총은 68개 노조와 조합원 57,228명에 불과했다. 당시 김말룡은 용산철도파업 진압대원으로 김두한과 함께 등장한다.

필자는 노동운동에 투신한 지 어언간 27년, 당초에는 남로당과 그 산하단체인 전평(조선노동조합전국평의회)의 기만과 횡포에 격분하여 이를 타파하기 위하여 대한노총의 조직대열에 참여하여 일선운동에 활동하여 왔으나, 이에 실무의 필요에서 노동운동의 이론과 역사 등을 살폈고, 또 선진 외국의 예도 찾아보는 과정에서 소련 등 전체주의 국가가 미국 등 민주주의 사회보다 경제발전이 뒤떨어지는 가장 근본적인 원인이 앞서 설명한바와 같이 자유, 즉 현대적인 노사관계의 결여에 있으며, 노동운동의 건전한 발전은 민주발전과 직결되는 것이며, 또 승공의 보루임을 인식하게 됨에 노동운동자의 한 사람으로서 긍지와 보람을 느끼며 앞으로 더욱 정진할 것을 맹서하지 않을 수 없었던 것이다.(김말룡, 『현대적 노사관계 - 우리나라의 경영자와 노동조합의 과제』, 1973)

김말룡은 '전평의 찬탁운동'과 '미군정의 탄압으로 인해 벌어진 전평의 총파업투쟁'을 일본에서 본 '극좌파 행위'로 판단했다. 그렇다면 본인은 어떠한 이념을 추구했을까? 그의 생애 전반에 걸쳐 판단해 보면 '극우적 반공투사'라고 판단하기에는 무리가 있어 보인다. 다만 평생 노동자의 권익실현이라는 목표 하에 '노동조합을 정치적 이념대립의 도구로 사용되는 것'을 반대했다는 점은 분명해 보인다. 1950년대에는 대한노총이 이승만의 사병 역할을 하는 것에 반대했으며, 박정희 정권 시절에도 노총 선거에 중앙정보부가 개입하는 것을 철저히 반대했다.

영등포 등지에서 온 대한노총원 2천여 명은 후문 경비를 보고, 김두한씨의 대동민청[9]과 그때 발족된 서북청년단은 무장을 하고 있었다. 당시 대한노총 영등포기계제작소 분회 선전부장이었고, 이 사건 당시 후문 소대장을 맡았던 김말룡씨(현 가톨릭노동문제상담소장)는 그때의 상황을 양심껏 이야기한다며 이렇게 털어놓았다.

"30일 아침부터 영등포 지역 대한노총원들과 함께 출동하여 외부세력이 들어오지 못하도록 경비를 섰습니다. 후문 쪽에는 김두한이 쌍권총을 들고 서 있는 것을 목격했습니다. 긴장되는 순간이었지요. 오후 2시쯤이나 되었을 겁니다. 후문 저편에서 전평 노조원을 구출하기 위해 수백 명의 민애청民愛靑[10] 사람들이 몰려오고 있었어요. 저는 처음엔 우익 사람들인 줄 알고 대한노총 완장을 그대로 낀 채 마중을 나갔습니다. '고맙소'라고 인사를 했더니 아무 대답이 없었습니다. 우리들의 반대편 사람들인 줄 그제서야 느끼게 되었지요. 그래서 재빨리 피신한 후 강둑 위에 올라가 상황을 지켜봤어요."

이들은 후문 부근에 도착하면서 와아아~ 함성을 지르며 돌격해 들어갔다. 이때부터 20~30분 동안 전쟁을 방불케 하는 총격전이 벌어졌다. 대한노총과 우익청년단, 그리고 경찰의 합동병력과 소수의 민애청과의 대결은 불과 20~30분 만에 끝났다. '동지들을 구출하겠다'라는 일념으로 구출투쟁을 벌인 민애청 소속 청년들은 결국 후퇴할 수밖에 없었다. 다시 김말룡씨의 목격담을 들어보자.

"9월 말인데도 그 사람들은 모두가 반소매의 흰옷을 입고 있었는데, 총격전에 밀린 흰소매 부대들은 마포강 쪽으로 후퇴하기 시작했고, 우익들이 그 뒤를 쫓아가면서 총을 요란하게 쏘아댔습니다. 총을 피해 강으로 뛰어든 사람도 있었고, 사살된 사람도 수십 명이 되었습니다."

이렇게 해서 용산철도공작소의 투쟁은 아무도 알 수 없는 수의 사람들이 사살되고 노동자 1천 2백여 명이 검거되는 참사를 치루면서 끝이 났다. 대한노총은 전평 노동자들이 검거되고 해고된 그 자리를 진압작전의 일등공신인 서북청년단 등 우익청년단원으로 메웠다. 그리고 이들을 중심으로 소위 '건설대'를 결성, 경부선을 따라 각 역마다 소대별로 분산 배치해 대한노총분회 작업에 박차를 가했다. 대한노총은 그 후 미군정의 힘을 배경으로 각 직장에서 전평의 주도권을 찬탈하는 공세를 계속했다. 이렇게 해서 민족의 운명을 양어깨에 짊어졌던 조국

건설의 주력군인 전평의 위력은 서서히 그 빛을 잃기 시작했다.(이재화, 앞의 글)

　위 글을 보면 철도노동자들이 총파업과정에서 어떻게 희생되었는지 자세히 나와 있다. 또 당시 대한민청 감찰부장 김두한은 자서전에서 "철도파업 진압 때 내 부하가 8명의 전평 간부를 생매장했는데, 너무 급히 서둘렀기 때문에 콘크리트가 마르지 않았고, 미 CIC에서 즉시 매장현장을 발견하고 시체를 끌어냈으나, 우리의 작업현장을 못 보았기 때문에 나를 정식으로 못 잡았다"라며 자신의 살인교사행위를 자랑스럽게 이야기하고 있다.

　당시 대한노총과 반공청년단의 전평 파괴공작은 잔인무도했다. 이에 대해 반기를 든 사람들도 있었다. 동아일보 1946년 11월 1일 자는 '대한독립촉성노동총연맹에서 홍윤옥·류화룡 등 12명 탈퇴'라는 제목으로 "노력대중의 생활안정과 복리를 증진하기 위하여 조직된 대한독립촉성노동총연맹 중앙상무위원 홍윤옥·류화룡 등 12명은 이제까지 걸어온 동 연맹노선이 진정한 노동계급 옹호의 길이 아니었다고 하여 31일 동 연맹 탈퇴를 성명하였다"는 기사를 실었다.

　이때 김말룡도 홍윤옥과 행동을 같이했으면 하는 아쉬움이 남는다. 하지만 당시 김말룡은 국민당계가 아닌 전진한계에 속해 있었기 때문에 당시 분위기에서는 탈퇴를 결행하기가 쉽지 않았을 것이다. 홍윤옥이 대한노총을 탈퇴하자, 그동안 배후에서 움직였던 전진한이 위원장이 되고, 이로써 대한노총에는 이승만지지 세력만 남게 된다. 전진한은 이승만과 결별하는 1952년까지 대한노총 위원장 자리에 있었다.

　이때 대한노총과 결별한 또 한 명이 있다. 대한노총 초기에 선전부 차장(선전부장은 양창우)을 맡았던 문한영이다. 그는 1919년 함남 원산 태생으로 10대의 어린나이에 원산파업(1929)에 참여하였으며, 이후 원산 삼진철강소와 미곡창고 계원으로 일하다가 해방 후 서울에 왔다. 1946년 조윤제·김시현·

이종률·유시태·박영식 등과 함께 '민족건양회'를 창립하고 책임간사를 맡았다. 1947년에는 지청천이 주도한 대동청년단에 참여했고, 원산파업의 경험을 살려 대한노총 중앙간부를 맡았다. 그러나 문한영은 9월 총파업에서의 잔혹한 행위에 반대하여 대한노총과 결별하게 된다. 그는 1948년 출판사 '청운사'를 창립하여 민족운동을 지속하다가, 4월혁명 시기에 민족자주통일중앙협의회[11] 조직위원장을 맡게 된다.

전진한

1946년 11월 초, 홍윤옥이 대한노총 위원장직에서 물러났다. 이승만의 지시를 받은 대한노총 중앙집행위원회는 대한독립촉성청년총동맹 위원장 전진한을 대한노총 위원장으로 추대했다. 전진한이 대의원대회에서 정식 위원장으로 선출된 것은 그 다음 해인 1947년 3월이었다.

전진한은 1901년 경북 문경의 빈농 집안에서 태어났다. 그는 17세에 서울로 올라와 사환, 점원, 급사 등으로 일하다가 1920년 '기미육영회'의 장학생으로 선발되어 일본 와세다 대학으로 유학을 떠났다. 전진한은 그곳에서 김성수·송진우·현상윤 등과 친분을 맺었으며, 1926년에는 항일운동을 목적으로 '협동조합운동사'를 조직했다. 이후 귀국한 전진한은 전국을 순회하며 '협동조합결성운동'을 벌였다. 1927년에는 동경으로 다시 건너가 신간회 동경지부에서 활동하다가 1928년 '비이론파 공산당 사건'[12]에 연루되어 일제경찰에 체포되고, 출옥 후 금강산·오대산 등지에서 칩거하다가 해방을 맞이했다. 해방 후에는 일본에서 친분을 쌓은 김성수 등을 따라 한민당에 참여한다.

나는 공산측에 대하여 그대들이 전국노동조합평의회, 농민조합, 인민위원회 등 대중조직을 장악하고 있으니 우선 임시정부를 주축으로 정부를 조직함으로써 국론을 통일하여 민족혁명과업을 완수한 후에라도 그대들이 가진 대중조직을 통하여 그대들이 원하는 사회혁명을 점차 수행할 수 있을 것인즉 고집을 버리고 임시정부를 지지하자고 설득했으나, 그들은 해방 후 며칠 안 된 9월 7일 하룻밤 사이에 소위 '조선인민공화국'을 조직, 발표하였으므로 나는 그들과 일체의 교섭을 단념하고 그들을 박멸하기로 결심하였던 것이다.(매일경제신문 1969년 3월 17일,「나의 편력, 전진한」⑥)

전진한은 해방 후 조병옥·김성수 등이 주도한 '임시정부 및 연합군환영준비회'의 선전부원으로 활동하다가, 한민당 결성 초기에 노동부 위원이 되어 '소작료 3.7제 선포, 농민협동조합과 민주노조운동 적극 전개' 등 일제강점기의 협동조합운동을 통해 인식한 노동 관련 과제를 당에 제출했지만 받아들여지지 않자 한민당에서 이탈했다. 전진한은 좌우 진영 모두에서 외면하자, 대한독립청년단의 황학봉, 와세다 대학 후배 유진산, 일제강점기에 유진산과 함께 농민운동을 했던 김산金山, 일제강점기 조선일보 편집국장 최일영 등과 모여 비공개 우익청년운동 결사체인 '흥국사'를 조직한다.

이후 전진한은 흥국사를 기반으로 대한독립촉성청년총연맹(독청)의 초대 위원장이 되고, 대한노총의 위원장 자리까지 차지하게 되었다. 그러나 그는 대한노총의 총재인 이승만을 비롯한 반대파들로부터 끊임없는 견제를 받았다. 그 대표적인 인물이 대한노총 창립 때부터 부위원장이었던 김구金龜이다. 김구는 전진한이 1948년 정부수립 후 초대 사회부장관이 되자 위원장직을 내려놓아야 한다고 주장했으나, 전진한은 "사회부장관 겸임은 노동운동에 아무런 지장을 가져오지 않을 것이며, 오히려 노총의 이념을 정치면에 구현하는 좋은 기회가 될 것이다"라며 물러서지 않았다.

이에 김구는 1949년 3월, 대의원대회를 열고 유기태를 위원장으로 뽑았다.(3월파) 그러자 전진한은 4월에 대의원대회를 다시 열고 반대파를 제명시키고 자신의 위원장직을 계속 유지하였다.(4월파) 이렇게 3월파와 4월파가 대립하자 이승만의 명령으로 7월 19일 통합대회를 열게 된다. 통합대회에서는 '위원장제'를 없애고 '최고위원제'를 두어 두 파의 핵심인물들을 배치한다. 그러나 전진한은 사회부장관에서 물러난 후인 1950년 3월 대의원대회를 열어 다시 위원장제로 돌려놓고 위원장에 선출된다.

노동계급이 아니었던 전진한이 대한노총의 위원장이 된 것은 이승만과 와세다대 후배인 유진산의 도움이 컸다. 대한민주청년동맹(대한민청)과 청년조선총동맹[13] 회장으로 있으면서 이승만과 한 배를 탔던 유진산은 당시 좌우파로부터 소외되었던 전진한을 적극 후원했다. 유진산은 이승만에게 전진한을 소개했다. 9월 총파업으로 무너진 전평 조직들을 대한노총으로 흡수시키는데 전진한이 큰 역할을 하였다. 이후 이승만은 대통령이 되자 전진한을 초대 사회부장관으로 임명하는 등 끈끈한 관계를 유지한다. 하지만 이들의 관계는 오래가지 못한다. 유진산은 1949년의 반민특위에 적극적 지지자였으나, 이승만은 반민특위를 해체하려 했다. 이 과정에서 유진산과 이승만은 다른 길을 가게 되었고, 전진한은 1951~52년 부산 조방파업을 지지하면서 이승만과 결별하고 대한노총 위원장직에서도 축출된다.

정부 수립 전, 전진한은 경북 상주군 을구에서 제헌의회 국회의원으로 당선되었다. 그러므로 당시 전진한은 대한노총 위원장과 국회의원, 사회부장관 등 세 직책을 겸직하면서 제헌헌법에 노동자의 권익 관련 조항을 넣기 위해 노력했다.

나는 제헌국회에서 노동자 이익균점, 노동자 기업참여, 농민에의 토지분배 등 노농 8개 조항을 제출했다. 내가 이 안을 제출하자 상공회의소 측에서 이것을 부결해버리려는 운동이 맹렬히 일어났다. 회의에서 이 안이 거의 다 통과될 기세가 보이자 이박사가 의장을 보다가 신익희 부의장에게 맡기고 나갔고,

김말룡 평전

신 부의장도 어물어물하다가 산회를 선포하고 퇴장하고 말았다. 다수 의원들은 퇴장을 하지 않고 나를 임시의장으로 추대하여 이 안을 즉석에서 통과시키려 했었는데, 2, 3일 후 다시 회의가 열렸을 때는 의원 중에 상당한 수가 회유를 당해서 '노동자 기업참여'만은 부결되고 노동자 이익균점을 위시한 다른 항목들은 대개 통과가 되었다.(앞의「나의 편력, 전진한」⑧)

실제 제헌헌법에는 제17조에서 "모든 국민은 근로의 권리와 의무를 가진다"는 조문 아래 "근로조건의 기준은 법률로써 정한다"와 "여자와 소년의 근로는 특별한 보호를 받는다"라는 조항이 들어 있으며, 제18조에서는 "근로자의 단결, 단체교섭과 단체행동의 자유는 법률의 범위 내에서 보장된다. 영리를 목적으로 하는 사기업에 있어서는 근로자는 법률의 정하는 바에 의하여 이익의 분배에 균점할 권리가 있다"라는 조문이 들어 있고, 제86조에는 "농지는 농민에게 분배하며 그 분배의 방법, 소유의 한도, 소유권의 내용과 한계는 법률로써 정한다"라는 농지분배에 대한 내용도 들어가 있다.

그러나 전진한의 노력에도 불구하고 위 헌법 조문은 이승만 정권 내내 제대로 지켜지지 않았다. 제헌헌법에서 정한 '근로조건의 기준을 담은 법률'도 제헌국회가 아닌 1953년 5월 11일 2대국회에서 제정되었다. 전진한의 회고다.

대한노총 발족 당시에는 공산분자 타도의 전위 임무를 수행했으므로 자본가·기업가들이 이를 절대 환영했었는데, 우리 정부 수립 후 좌익분자가 점차 표면에서 자취를 감추자, 자본가·기업가들은 노총을 도리어 귀찮은 존재로 여겨 노동자의 정당한 요구도 빨갱이라고 몰고, 경찰 심지어는 군대의 힘으로 노동자를 괴롭히기 시작하였다. 나는 이 반동적 자본공세에 대하여 일대 반격을 준비하던 차 6·25사변이 돌발하였다. 그 후 나는 부산에서 조방파업을 일으켰고, 마침내 나는 불법하게 노동운동에서 추방당하고 말았다. 나는 정치

방법에 의하여 이 나라 근로대중을 구출하고, 그들을 주도세력으로 남북을 통일하여, 이 민족의 항구적 자유와 번영의 터전을 닦으려고 몇 해 동안 노동당 결당을 준비하여 왔으나, 환경이 용납지 않아 결당이 지연되어 오다가, 사사오입 헌법 파동 후 정계개편의 기회를 타서 1955년 2월 15일 시내 문화극장에서 그 결당을 보게 되었다.(앞의 「나의 편력, 전진한」 ⑫)

김말룡은 대한노총 참여 초기부터 전진한계로 분류되어, 전진한이 대한노총에서 축출되기 전까지 함께 한 것으로 보인다. 전진한과 김말룡의 관계를 리얼하게 증언하는 인터뷰도 있다.

Q 전진한씨도 만나보신 적이 있으셔요?
A 전진한이는, 하이 참 옛날이야기다. 참 전진한이 … 김말룡이가 전진한이를 '오야붕'급으로 취급 안 했나? 전진한이가 말룡이를 많이 키웠어요. 본래 중앙에 있던 전진한이 말룡이를 끌어들인 거지. 그 덕분에 말룡이가 영등포에서 노동운동을 시작해서 전국 위원장이 된 거 아이가? 그때 말룡이가 전진한이 하고 연결되어 가지고 인정을 받았어. 그만큼 말룡이가 전진한을 좋아했어. 대인관계 깊이는, 그런 건 난 잘 모르고 … 말룡이를 전진한이가 좋아한다. 말룡이가 전진한이 '꼬붕'이었다라는 건 알지.(권오봉 인터뷰, 2009. 1. 10)

권오봉은 1925년 경북 영주에서 태어났다. 1951년 1·4후퇴 때 대구로 와 청구대학 야간부에 입학하였는데, 재학시절 대한방직의 노무과장으로 있었던 사촌형 권종백의 도움으로 대한방직에 입사하였다. 1954년, 이승만의 지시로 설경동이 사장으로 내려와 쟁의가 발생하자 노사 교섭위원(7인)으로 참여했다. 권오봉은 이 과정에서 김말룡과 만나게 되었다.
전진한과 김말룡의 밀접한 친분을 확인하는 또 다른 증언도 있다. 김말룡의 부인 박귀연의 회고다.

"(1953년) 경주 시골(고향마을)에서 결혼식을 했는데, 국회의원(전진한)이 차를 타고 결혼식장에 오는 바람에 동네가 좀 시끌벅적했죠."

대구로 내려가다

1946년 9월 전평의 철도파업 때는 용산공작창을 지키는 소대장 노릇도 했고, 대구10·1폭동 이후는, 30명을 이끌고 현지에 가서 공장마다 있는 전평을 없애며 수습, 나중에는 노총 경북지부장을 맡았다.(최일남, 김말룡 인터뷰)

1947년 12월 2일에는 대한노총 대구지구연맹을 결성하기 위해서 대한노총원 55명이 대구에 파견되었다.(임송자, 「대한노총연구(1946~61」)

전평의 9월 총파업이 참담한 패배로 끝나자, 김말룡은 12월 2일경 전평 소속 노조들을 접수하기 위해 대구로 내려갔다. 당시 김말룡의 기록들을 보면, '경북지부장'과 '대구지구위원장' 등이 혼재되어 나타나는데, 김말룡에게 '위원장'이라는 호칭이 붙은 것은 1954년이었다. 경향신문 1954년 11월 4일자 기사에 "대한노총 대구지구노동조합연합회 대의원대회는 현 위원장 김상진씨 파와 전 위원장 김말룡씨 간의 분규로 양파 각각 개별적인 대회를 개최하려다가 결국 유회되고 말았는데 … "라는 구절이 나온다. 이 기사 내용대로라면 김말룡은 1954년 이전에 대구지구연합회 위원장직에 있었던 것으로 추정할 수 있지만, 확실하지는 않다. 이 시기 김말룡은 '내외방직쟁의대책위원장'을 맡고 있었기 때문이다.

"1948년 5월 30일(5·30선거) 제헌의원 선거에 출마한 사람 중에 대한노총 경북연맹위원장으로 조환규趙環奎가 출마했다"는 기사와 "1950년 5월 1일 대구역전 광장에서 열린 대한노총 경북도노총의 메이데이 기념행사에서 경북도 위원장 조룡기趙龍基"라는 기사(남선경제신문 1950년 5월 3일자)가 있고, 임송자의 논문도 1952년에 활동한 조선방직쟁의대책위원회 위원 중 한 사람이 김말룡이었는데, 그때 김말룡의 지위는 '경북연맹 쟁의부장'이었다고 적고 있다.

김말룡이 1946년 '10월항쟁'**14** 이후 대구로 내려가 약 4년간 그곳에서 무엇을 했는지를 밝혀주는 기록은 없다. 다만 김말룡의 미발표 원고『한국노동운동사: 해방 후에서 4·19까지』를 보면, 1948년 11월 '대구경북여객노조 쟁의'라는 구절이 나오는데, 이 쟁의는 다른 노동운동사에는 등장하지 않는다. 김말룡이 대구에 머물면서 이 사건에 관여한 것으로 보이는 대목이다. 원고에 수록된 관련 내용이다.

경북여객은 경북에서 유일한 버스업체로서 이 회사의 노조는 조합원 800여 명에 이르렀다. 경북여객노조는 1948년 11월에 임금을 50%인상할 것을 요구하였다. 그러나 12월에 대구지구헌병대가 개입하여 노조위원장인 김태현과 부위원장인 김영겸 및 노조간부 13명의 집에 대한 가택수색을 하였다. 이때 가택수사에서 좌익삐라가 나옴으로써 경북여객노조의 임금인상 요구가 공산당의 사주에 의한 것이 아니냐는 의혹을 받게 되었다. 그런데 얼마 후 같은 내용의 삐라를 경북여객회사의 담 너머로 뿌리는 자가 있어서 회사의 경비원이 잡고 보니 헌병대의 이중사였다. 당시 경북여객회사에는 헌병들 1개 소대가 배치되어 있었고, 이중사 역시 그 중의 한 사람이었다.

한편 노조위원장과 그 밖의 노조간부 12명은 대구헌병대에 구속되어 갖은 고문을 받으면서 가택수사에서 발견된 삐라가 간첩으로부터 건네받은 것이라고 자백할 것을 강요받았다. 이에 이 사실을 국방부 장관인 신성모에게 진정하여 국방부조사단이 구성되었다. 조사단원으로는 단장에 채병덕 참모총장, 송요찬 헌병총사령관, 안춘생 감찰감 외 중령 1인으로 구성되었다. 이들이 대구에 와서 조사한 결과는 다음과 같다. 즉 대구헌병대의 대장인 안 중령이 주재하는 과장회의에서 경위經緯를 공모하여 삐라를 등사기로 제작한 후 다음과 같은 사건 조작시나리오를 실행하고자 하였다.

이들은 일차적으로 이 삐라가 각각의 조합간부 13명의 집에 대한 수색과정에서 나오도록 한 후, 회사 구내에도 한밤중에 동일한 삐라를 살포하였다. 이 삐라는 영덕국도를 지나가면서 산에서 내려오는 간첩으로부터 노조원이 받은 것으로, 이들이 경북 일원에 살포하기로 하였다는 정보를 헌병대가 입수해서 사전검거를 한 것으로 날조를 하였다. 또한 이들은 증거를 인멸하기 위해 영덕산 산길에서 간첩과 접선한 지점에서 현장검증을 하면서 범인들이 산으로 도피한 것으로 꾸미고, 실제로는 이들 13명을 뒤에서 모조리 총질을 해서 없애기로 각본을 짜고 있었다.

그러나 국방부조사단에 의해서 진상이 탄로 났다. 당시 헌병대 사무실 여사무원이 사실을 제보한 것이다. 조사 결과 회사에서 700만원의 거액을 받아 후생사업의 명목으로 거사를 하였다고 한다. 결국 안중령은 군법회의에서 20년의 형이 확정되고 과장 5명은 전원 파면 처리되었다. 그 후 조사단은 이 사실이 일체 외부에 발설되지 않도록 당부하였고, 회사는 민간인이므로 군에서 조사할 수 없으니 검찰에 고소하면 조사사실을 검찰에 넘겨주겠다고 약속하였다.

이 사건에서 12명은 12일 만에 석방되었으나 심한 고문으로 고통을 겪어 결국 김응경 위원장(김태현 위원장, 또는 김영겸 부위원장의 오기일 듯)은 석방된 지 1개월 만에 사망하였다. 이 사실을 대구지검에 제소하였으나 당시 회사의 전무 정주영이 대구지검 사법보도위의 간사로 있었으므로 검찰에서는 사건 조사를 미루어 왔고, 1950년 6·25사변으로 이 사건은 매몰되어졌다. 그 후 1952년 10월에 경북여객이 대구대학 재단으로 불하되어 회사간부는 모두

김말룡의 미발표원고 「한국노동운동사」 목차

물러나게 되었다. 그 후 노조가 제기하여 노조위원장인 이팔갑이 회사중역회의에 참석하여 회사운영에도 참여할 수 있게 되었다. 이팔갑은 나중에 김말룡이 결성하는 전국노동조합협의회의 중앙위원이 되었다.

조선은행 조사부에서 펴낸 1949년판 『경제연감』에 의하면, 경북여객은 경상북도 대구부 태평동에 있는 경북여객자동차(주)로 보인다. 사장은 이원희李元熹이고, 업종은 운수창고업,' 사업목적은 '육상운송'이었다. 1956년 엄보익嚴輔翼으로 업주가 바뀌었고, 1958년에는 안주홍安周洪으로 다시 바뀐다.

【대구 23일발 합동】교통부 직속으로 운영되고 있는 대구시내 경북여객자동차회사 사장 이원희의 배임죄 혐의에 대해 그동안 대구지방검찰청 주검사 담당으로 연일 소환문초를 거듭하여오던 바 드디어 범죄사실이 드러나 22일 배임죄로 기소되었다 한다. 전기 이사장은 동회사 공금 약 120만원을 횡령 소비하였다 한다.(남조선민보 1950년 2월 24일)

이 사건은 국방부장관에게까지 올라갔던 큰 사건이었다. 하지만 철저한 통제 속에서 조사가 진행되었고, 이어서 검찰 수사도 들어갔으나, 한국전쟁으로 결말은 흐지부지 끝났다. 경북여객을 인수한 대구대학(현재의 영남대학교)은 경주 최부자집 후손인 문파汶坡 최준崔浚(1884~1970)을 비롯한 대구의 독지가들이 모여 해방되던 해 10월에 대학설립준비위원회를 구성하고, 1947년 9월 22일 문교부로부터 인가를 받은 단과대학이었다. 경북지역의 독지가들이 희사한 재산을 기반으로 인재 양성을 통하여 지역사회를 발전시키자는 취지로 설립되었으니, 회사운영에 노동자를 참여시키는 것도 크게 거부감이 없었던 것으로 보인다.

경북여객 노동쟁의는 언론 등 외부에 전혀 알려지지 않은 사건이다. 그런데 김말룡은 자기의 미발표 원고(「한국노동운동사: 해방 후에서 4·19까지」)에서 내부 관련자 이외에는 전혀 알 수 없는 사건의 전말을 상세하게 기술하고 있다. 어떤 식으로든 김말룡이 이 사건에 관련되어 있을 것이라는 추론이 가능하다. 1996년 「故 김말룡 선생 민주사회장 보도자료」에 수록된 김말룡의 약력에는 '1948년 8월에 노사분쟁사건 관련 구속되었다'라는 구절이 나온다. 추정컨대 이 사건과 관련된 혐의로 보인다.

한국전쟁

6·25 당시 그는 대구노동계에서 몇 천 명이 지원부대로 만들어진 덕에 1950년 8월 소령으로 유격총사령부 고급부관 보좌관이 되었다. 서울을 수복한 군대를 따라 올라가 북강원도청 사회과장으로 일했다. 민간인에 대한 배급을 맡은 그에게 군 동료와 상관들은 쌀 1천 석씩 하는 식으로 물자 부당배급을 요구했다. 그는 하루에도 몇 번씩 안 주면 죽인다는 군인들에 맞서는 일을 계속했다. 1·4후퇴가 있기 며칠 전 그는 도저히 못 하겠다며 대구로 내려왔다.(윤철호, 김말룡 인터뷰)

6·25 때는 부산으로 내려갔고, 군대에 갔다 온 후 서울로 복귀한 것은 1954년이었다.(최일남, 김말룡 인터뷰)

김말룡의 나이 스물셋이 되던 해인 1950년, 한국전쟁이 발발한다. 윤철호와 최일남의 인터뷰를 보면, 전쟁이 나자 김말룡은 대구에서 노동자들 조직해 정규군 급의 유격대를 구성해 부관을 맡았고 계급은 소령이었다. 그리고 서울 수복 후부터 1951년 1·4후퇴 직전까지 북한지역의 강원도에 머물렀다는 내용이다.

당시 북강원도 군정관은 박시창朴始昌(1903~86) 준장이었다. 박시창은 일제강점기에 황포군관학교를 졸업하고 광복군으로 활약했으며, 해방 이후 귀국하여 조선경비사관학교 2기생(육사 2기)으로 입학하여 전쟁 시기 장군이 된 인물이었다. 임정의 2대 대통령을 지낸 박은식의 양자이기도 하다. 하지만 박시창과 김말룡이 관련된 기록도 보이지 않는다. 다만, 임송자의 논문「대한노총연구」
에서 전쟁 당시 한국노총이 어떠한 역할을 했는지 보여주는 내용이 있다.

> 대한노총은 전쟁기간 중 별다른 활동을 하지 못하였다. 피난을 가지 못했던
> 대한노총원들은 개별적으로 지하공작으로 타공打共 활동을 한 경우도 있었
> 다. 그리고 대한노총원과 그 가족의 생계를 위해 대한노총은 1950년 7월경
> 전시근로의용단을 조직하여 후방에서 고령 – 청도간의 도로포장공사를 한 것
> 이 회고를 통해 확인된다. 이러한 활동의 목적은 UN군이 진군하는데 편의를
> 제공하기 위한 것이었으나 10여 일만에 대구에서 후퇴함으로써 근로의용단
> 은 자연 해소되었다. 전쟁 중 대한노총 산하조직으로서 조직적으로 반공활동
> 을 펼친 사례는 동해지구해상연맹에서 찾을 수 있다. 1948년 3월 28일 결성
> 된 동해지구해상연맹은 방계조직으로 해상방위대를 조직하였다. 해상방위대
> 는 정·부대장과 4개 참모, 5개 지구대로 편제되었는데, 전쟁 중 해상방위 임
> 무를 담당하였다. 동해지구해상방위대에 이어 경남지구해상방위대가 1950년
> 7월에 조직되어 해상루트를 타고 피난민으로 가장 침입하는 간첩색출과 전남
> 지방으로부터 밀려들어오는 피난 선박의 질서유지 활동을 하였다. 동해지구
> 해상방위대와 경남지구해상방위대는 1951년 7월에 해산되었다.(96~7쪽)

북조선조직파견선도위원[15] 신설은 점령지역에서 조직적인 활동을 펼치기 위
한 것으로 보인다. 물론 자료상의 한계로 구체적인 사실을 밝히기 어렵다. 다
만 철도연맹위원장이었으며 북조선조직파견선도위원이었던 주종필이 UN군
과 함께 대한노총에서 파견하는 이북조직의 제1진으로 출발하였다는 기록만
있을 뿐이다.(97쪽)

이 같은 기록을 볼 때 대한노총의 노동자들은 군 후방대로서의 역할을

한 것으로 보이고, 김말룡도 한국전쟁에 참전은 했지만 전쟁과 관련된 보훈기록이 없는 것으로 보아 큰 역할을 하지는 못했을 것으로 보인다. 다만 이 경력으로 군 의무복무를 대체했고, 이후 노동운동과정에서 그를 좌익으로 몰려는 세력에 대항하여 단골 메뉴처럼 써먹는 경험담이 되었다.

반공투쟁경력이 그 후 그의 생명을 부지케 하는 데 엄청난 도움이 되었다. 그는 4번에 걸쳐 간첩사건에 연루될 뻔했지만, 그때마다 이렇게 싸웠다. "내가 유격대로 소령일 때 전두환이가 이제 소위 달고 있었어. 내가 바로 공산주의랑 맞섰던 사람이야. 니네들이 공산주의가 뭔지나 알고 수사를 하고 나를 얽어매려고 하냐?"(윤철호, 김말룡 인터뷰)

6, 70년대의 대한노총과 한국노총은 그야말로 독재정권의 하수인이었다. 그러다 보니 노총의 민주화와 자주화를 주장하는 김말룡은 정권의 눈엣가시였다. 특히 노총 내 친정부세력은 김말룡을 툭하면 빨갱이로 몰아세웠다. 정보기관에서도 그를 빨갱이로 몰아 감옥에 넣으려 했으나, 한국전쟁 참전경력을 들이대면서 저항하는 김말룡을 어쩌지는 못했다는 이야기다.

2장

─

이승만 독재정권과
맞서 싸우다

조방파업대책위원회

한국전쟁이 한창인 1951년 12월, 부산 조선방직(이하 조방)에서 파업투쟁이 일어났다. 일제가 남긴 적산기업인 조방은 당시 종업원이 6천 명이나 되는 부산의 대표적인 기업체였다. 해방 후 조방의 실질적인 경영자는 김지태였다. 그는 1951년 3월 14일, 전격적으로 구속이 된다. 그 사유는 당시 조방에서 군수용 광목을 만들었는데, 큰 이익을 보기 위해 낙면(불량 면)을 섞어 질을 떨어뜨렸다는 것이었다. 일명 '조방낙면사건'이다. 그리고 새로운 관리자로 이승만의 양아들을 자처하며 이승만에게 정치자금을 제공하던 강일매姜一邁가 임명되었다. '조방낙면사건'은 김지태의 경영권을 빼앗기 위한 조작사건이었다.[1]

새로 조방을 틀어쥔 강일매는 자신을 밀어준 이승만에게 바칠 정치자금을 만들기 위해 노동자들을 착취하였다. 그는 종업원들의 해고를 일삼았으며, 임금도 차별적으로 지급하였다. 조방의 노동조합이 가만히 있을 수 없었다. 노조는 강일매와 십여 차례 협상을 진행하였지만, 강일매는 꿈쩍도 하지 않고 오히려 노조간부인 한승룡과 안종우를 해고한다. 이에 대한노총은 조방쟁의 대책위원회를 구성하고 12월 14일 전진한 위원장이 직접 조방을 찾아와 강일매와 협상을 시도하였다.

그러나 이승만의 권력을 등에 업은 강일매는 전진한에게 욕설을 퍼붓고 폭행을 가하며 협상을 거부하였다. 더 이상 방법이 없다고 생각한 노조는 12월 15일부터 공장 굴뚝에 "폭군 강일매는 물러가라"는 플래카드는 걸고 쟁의를 벌이기 시작했다. 그러자 강일매는 새로 선출된 노조위원장 박정태와 부위원장 이상옥마저 해고했다. 쟁의가 계속되자 경찰이 나서 1월 12일까지 쟁의를 중지하고 복귀할 것을 노조에 통고하였다. 하지만 노조는 이에 불응, 쟁의를 계속 진행하고 부산에 내려와 있던 국회를 찾아가 "강일매 사장은 물러가라"라고 시위를 벌였다.

국회는 '조방쟁의조사단'을 파견하였다. 1월 25일 상공부는 국회조사단의 조사결과를 토대로 강일매를 퇴임시키고 해고 종업원을 즉시 복직시키라고 명령했다. 쟁의가 일단락되는 듯했으나, 이승만이 개입하면서 분쟁이 다시 시작되었다. 이승만은 상공부의 명령을 취소하고 강일매를 재임명하였다. 이에 분노한 노동자들은 대책위원회를 열고, 강일매의 퇴진과 3월 3일 24시간 파업을 선언하게 된다. 쟁의가 다시 시작되자 강일매는 위원장을 비롯한 노조 간부들을 모두 해고하고, 이종국을 위원장으로 하는 어용노조를 추진하였다. 또 대한노총 내에 위원장 전진한을 반대하는 주종필 등을 내세워 '대한노총정화위원회'를 출범시켜 대한노총의 내분으로까지 사태가 확산되었다.

1·4후퇴를 전후하여 대구에 내려와 있던 김말룡은 조방쟁의가 일어나자 부산으로 내려가 전진한 위원장이 주도하는 '조방쟁의대책위원회'에서 활동하였다. 「故 김말룡선생 민주사회장 보도자료」 등 일부 기록에서는 김말룡이 1952년 2월(또는 12월) 조선방직쟁의사건 조사단장을 맡았다고 되어 있으나, 단장이 아닌 대책위원이었다. 12월에는 조방파업이 종결된 상태였기 때문에 잘못된 기록으로 보인다.

표면화되기 시작했던 대한노총 간부진 간의 파쟁은 한국전쟁의 진행과정 중에서의 조선방직 쟁의 발생 및 1951년 12월 23일 자유당 결성을 전후하여 자유당 원내, 원외에 정확하게 대응하여 완전히 두 개의 파벌로 분열되는 지경에 이르렀다. 여기서 원외 자유당파는 자유당 부총재 이범석을 배경으로 하여 주종필, 조용기, 조광섬, 이진수, 최용수 등이 중심인물이었고, 이들은 '대한노총정화위원회'란 조직 하에 총괄되었으며, 원내 자유당파는 이갑성 의원을 배경으로 하여 송원도, 우갑린, 박중정, 이진남, 김사욱 등이 중심인물로서 전진한을 비롯한 조경규, 정대천, 임기봉, 김말룡 등을 중심세력으로 하면서 '대한노총조방쟁의대책위원회'란 조직 하에 총괄되었다.(한국노총,『한국노동조합운동사』, 1979, 353쪽)

대한노총 내 정화위원회(원외 자유당)와 조방대책위원회(원내 자유당)로의 분열은 부산정치파동과도 연결되었다. 대한노총정화위원회는 조선방직회사 내에 '민의동원본부'를 두어 땃벌떼, 백골단, 민중자결단 등의 이름으로, 이승만 정부가 내놓은 대통령직선제 개헌안을 부결시킨 국회의원 소환운동을 벌이며 테러(1952. 2. 18)를 자행하고 국회의원들을 협박하였으며, 5월 25일에는 경향신문사를 습격하였다.(임송자,「대한노총연구(1946~61)」, 143~44쪽)

조방에서 실제로 파업이 벌어진 것은 1951년 3월 12일이었다. 하지만 전진한은 이승만까지 나서서 조방파업에 대한 경고를 하자 이에 눌려 하루 만에 파업포기를 선언했다. 노조간부들이 구속되고 전진한마저 파업포기선언을 하자 조방 노동자들은 쟁의를 더 지속할 수가 없었다.

경찰의 강경한 탄압과 이승만의 경고, 어용노조의 준동에 위협을 느낀 대한노총위원장 전진한은 파업을 취소하고 직장에 복귀할 것과 국제기관에 대한 호소도 보류하겠다고 선언했어요. 노동자들은 아무런 성과도 얻지 못한 채 3월 13일 오전 7시 작업에 복귀했죠. 현장에서는 피비린내 나는 보복이 자행되었습니다. 경찰은 26명을 구속했고, 회사는 6백여 명의 여공들을 길거리로 내쫓았습니다. 이렇게 하여 조선방직노동쟁의는 3개월 만에 노동자들의 참담한 패배로 끝나고 말았습니다.(이원보, 『한국노동운동사 100년의 기록』, 한국노동사회연구소, 2005)

김말롱도 경찰진압에 항의하다가 체포되기도 하였다. 그러나 조방파업쟁의가 전혀 성과가 없었던 것은 아니었다. 이에 대해 김말롱은 이렇게 평가한다.

조선방직쟁의는 정부수립 이후 가장 치열하고 규모가 큰 쟁의로서 그 과정에서 노동자들의 치열한 투쟁의식과 더불어 대한노총 지도부의 한계성과 이승만의 대노동자관이 여실히 드러난 싸움이다. 또한 조선방직쟁의는 그 과정에서 국회를 비롯한 사회각계가 참여했던 만큼 이 땅에서의 노동법 제정이 이제 당면의 과제임이 입증되어 노동입법을 급격히 서두르는 역할을 하였다.(김말롱, 앞의 미발표 원고)

노동관계법 제정

조방쟁의가 진행 중이던 1952년 2월 5일, 부산시 제5선거구에서 전쟁 중에 사망한 무소속 최원봉을 대신할 2대 국회의원 보궐선거가 열린다. 이때 조방쟁의대책위원장이었던 전진한이 보궐선거에 출마하게 되고, 조방의 여종업원들이 나서서 전진한의 선거운동을 헌신적으로 도왔다. 덕분에 1950년 5·30 총선거에서 부산시 갑구에 출마했다가 낙선한 전진한이 조방이 위치한 부산시 무구(戊區)에서 당선되었다. 그러나 조방 노동자들에게는 큰 힘이 못 되었다. 국회의원까지 된 전진한 노총위원장이 이승만의 기세에 눌려 파업중단을 선언한 것이다. 조방 노동자들, 특히 헌신적으로 전진한의 선거를 도왔던 여종업원들의 실망은 이루 말할 수 없었다.

1951년 12월 23일, 이승만은 한민당을 떠나 자신의 친위부대로 구성된 자유당을 결성한다. 이승만은 자신의 뜻과 달리 조방쟁의대책위원장을 맡았고, 발췌개헌 당시 자신을 지지하지 않은 전진한을 대한노총에서 제거하기로 한다. 그러나 대한노총정화위원회의 주종필, 조광섭, 이진수 등은 발췌개헌 때 국회의원들을 감금하는 등 폭력을 가한(부산정치파동)[2] 인물들로서 이승만의 신임을 얻고 있었다.

1952년 5월이 되면 대책위파와 정화위파가 번갈아 가며 대의원대회를 열게 되는데, 정화위파에서는 최고위원제를 채택, 주종필 등 5명을 선출했다. 이에 대책위파는 전진한을 다시 위원장으로 선출했다. 이승만은 겉으로는 노총의 내분을 중재한다면서 '노총분규수습통일위원회'를 구성하였고, 11월 8, 9일에 '대한노총통합대회'를 열 것을 지시하였다. 통합대회에서는 전진한과 주종필 두 파의 대표를 대한노총에서 제명하였고, 송원도, 조경규, 이진수 등 3인을 최고위원으로 선출했다.

조방대책위원회파와 정화위원회파로의 분열은 이승만의 정당결성 추진과 연결되어 원내 자유당파와 원외 자유당파로 분열되었다. 원내 자유당 결성에 뜻을 같이한 전진한을 중심으로 한 세력은 조방대책위원회파로 결집되었다. 이러한 과정에서 이승만은 전진한을 대한노총에서 제거하기로 결심하였고, 결국 전진한은 1952년 11월 대한노총 통합대회에서 제거되었다.(임송자, 「반공투쟁의 선봉장, 우촌 전진한 – 노동대중을 위해 이익균점을 주장하다」, 『내일을 여는 역사』 27, 2007년 봄호)

이때 김말룡은 대한노총의 조사통계부장으로 지명된다.(한국노총, 『한국노동조합운동사』, 1979, 355쪽) 아마도 제명당한 전진한계를 배려한 것으로 보인다. 일부 기록에서는 대책위파와 정화위파가 나눠진 시기인 1952년 5월에 김말룡이 노총 조직부장을 맡았다고 되어 있으나, 이는 11월 조사통계부장 지명을 착각한 것으로 보인다.

전쟁이라는 국가위기상황에서 파업을 벌인 곳은 조방만이 아니었다. 1952년 2월 영월, 도계, 장성, 화순 등의 광산노동자들의 쟁의가 있었고, 같은 해 7월에는 부산항 부두노동자들의 쟁의를 벌였다. 휴전 직후인 53년 8월부터 10월까지는 경전노조의 쟁의가 일어났다.

전진한은 대한노총에서 제명은 당했지만, 국회의원 자격은 유지하고 있었다. 그는 11월 25일 제14회 정기국회에서 의원 33인의 동의를 얻어 노동관계법안 상정에 관한 긴급동의안을 제출했다. 그는 국회에서 다음과 같이 법제정 취지를 설명했다.

… 그래서 지금 여러분이 잘 아시는 바와 같이 최근에 와서 조방쟁의를 통해서 노동자가 얼마나 학대받고 얼마나 박해받고 있는가를 잘 아실 것이고, 또 최근에 소위 대구노총대회 운운하는 모순된 불합리하고도 불법적인 모든 현실을 통해서 여러분은 노동자의 고충을 잘 아실 테고 … 전에 제가 외국에 갔을 때에도 한국노동자의 노동법을 내라고 할 때에 못 냈습니다. 대단히 부끄러웠어요. 금번에도 부두에서 쟁의가 났을 때 동경의 크라－크사령부에서 앤톤이라는 분을 만났을 때에 "노동법을 내어놓아라. 그래야만 우리가 부두쟁의 문제를 합법적으로 해결해 주지, 너희 자신이 법이 없는데 우리가 무엇을 가지고 노동문제를 해결할 수 있느냐?" 이럴 때 저는 등 뒤에서 땀이 났습니다. 그것은 노동자가 일상생활을 하는 데에 있어서의 법적으로 보호받을 근거가 없기 때문에 지금 그네들은 어찌할 바를 모르고 헤매고 있습니다. 그래서 노동관계법안이 하루바삐 통과될 것을 아주 일각여삼추같이 기다리고

있습니다. …

「故 김말룡 선생 민주사회장 보도자료」의 김말룡 약력에 '1952년 7월에
노동법제정추진위원(5인위원회)'이었다고 나온다. 국회에서 전진한이 노동관
계법을 추진하던 시기에 김말룡도 대한노총에 남아 노동관계법 제정에 힘을 쏟
고 있었다. 소장파 의원들의 노력으로 결국 노동조합법은 1953년 1월 27일,
노동위원회법은 1월 28일, 노동쟁의조정법은 1월 30일에 국회를 통과하여 같
은 해 3월 8일 공포되었다. 그리고 "근로조건의 기준은 법률로써 정한다"고
한 헌법 조문을 구현하기 위한 근로기준법 제정에 박차를 가하여, 1953년 4월
15일 국회에서 통과되고, 5월 10일에 드디어 근로기준법이 공포된다. 이후 김
말룡은 노동자 탄압에 맞서 법정투쟁을 자주 벌이게 되는데, 1952년부터 노
동법제정추진위원으로 활동하면서 노동법에 대한 상당한 지식을 축적했기 때
문에 가능했다.

하지만 이승만 정권하에서는 노동관계법들이 제대로 지켜질 리 없었다.
이는 미군정의 행태를 계승한 것이었다. 1945년 8월, 한반도 남쪽을 차지한
미군정은 전평 파괴공작을 벌이면서 '노동자의 파업권을 규제'하고, 노사분쟁
을 해결하기 위해 설치한 '노동조정위원회'는 노동자에게 불리한 강제적 조정
을 강요했다. 이러한 미군정의 행태는 좌익으로부터 노동자들을 보호한다는
명분하에 노동자들의 '단결권·단체교섭권·단체행동권'을 박탈한 것이었다.
이승만은 노동관계법이 국회를 거쳐 중앙정부에서 공포했음에도 불구하고 이
를 지키지 않았다.

대다수의 근로자들이 근로기준법의 공포를 보고도 시행령의 공포를 보지 못
하여 직장에서 재해를 당하였을 경우 정당한 위자료를 받지 못하고 있는 실
정 등은 "일하는 자는 누구를 물론하고 그 자신과 가족을 위하여 인간존엄

성에 상응한 생활을 의지할 수 있는 공정 상당한 보수를 받으며 필요한 경우에 다른 사회보장법으로써 보충을 받을 권리를 가진다"는 인권선언에 배치되는 것이다.(1953년 12월 12일자 경향신문, 「인권선을 가다(2) – 사회·보건편」)

법이 통과되었으나 7개월이 지나 12월이 되도록 시행령 하나 만들지 못해 법집행이 늦어지고 있다는 이야기다. 게다가 시행령이 만들어진 뒤에도 복수노조는 사용자 측의 어용노조 결성을 합법화시키는 도구로 전락했고, 사용자의 위법행위를 감시할 근로감독관은 1950년대 내내 시행세칙이 만들어지지 않아 임명된 사람이 없었다. 그 결과 임금체불을 한 기업주, 8시간노동제를 어기는 기업주, 13세 이하 소년을 고용하는 기업주 등 온갖 불법이 활개를 쳤으며, 노동관계법에 의해 보호를 받아야 할 노동자들은 법제정 사실조차 인식하고 있지 못했다. 모든 것은 기업주의 뜻대로 움직이고 있었고, 행여 이에 대항하는 노조나 노동자는 불법화되고 처벌의 대상이 되었다.

결 혼

대한노총 노동법제정위원으로 바쁜 활동을 이어가던 김말룡은 1953년 국학대학 경제학과를 졸업하였다. 국학대학은 1929년 서대문구 현저동에 있었던 보명의숙普明義塾의 후신이다. 해방 후에는 '국학 = 국어와 국사를 중심으로 연구하는 학문'의 이념을 선양하기 위해 교명을 국학대학으로 변경하였다. 초기에는 인기가 높아 초대 학장으로 정인보가 취임했으며, 양주동, 최현배, 이극로 등 당대의 석학들이 강단에 섰다.

김말룡이 다닌 경제학과는 부산 피난시절인 1952년에 설치되었다. 이후 국학대학은 재정난을 면치 못하다가 1966년 우석대학교로 흡수되었다. 우석

대학교도 1971년 고려대학교에 흡수되었다. 1953년 국학대학 졸업식은 전쟁으로 인해 단축수업을 진행한 까닭에 11월 28일(동아일보 1953년 11월 23일자)에 열렸다고 한다. 그리고 1951년 8월 12일, 부산시 부평동 1가 15번지에 있는 건국학회에서 제1회 졸업식이 열렸다(부산일보 1951년 8월 11일자)고 하니, 김말룡은 국학대학 3회 졸업생이 되는 셈이다.

종전 이듬해인 1954년, 김말룡은 박귀연을 중매로 만나 결혼했다.

이웃 동네에 '쓸 만한 총각'이 있으니 한번 만나 보라는 친지의 권유로 만났던 것. 당시 노동운동을 하고 있던 김 의원은 가진 것 하나 없는 '빈털터리'였다. 사람이 건실하고 지조 있게 보이는 것이 박 여사의 마음을 샀다. 그러나 그 결혼이 박 여사에겐 곧 '고생 시작'을 의미했다.(『여원』 1994년 3월호, 「노동위 돈봉투 사건으로 관심 끈 민주당 김말룡 의원의 부인 박귀연」)

결혼을 했지만, 김말룡은 신혼집에 있은 적이 거의 없었다. 활동을 위해 대구에 자취방을 얻어놓고 거의 그곳에서 지냈다. 2년 쯤 그렇게 살다가 박귀연이 남편이 있는 대구로 왔다.

대한생사 노조위원장 장모님 집에서 낳았어요. … 우리 큰애가 굉장히 좀 애가 좀 커 가지고 출산하는데 힘이 들었어요. 대한생사 그 노조위원장 장모님이 나와 가지고 막 우리 의원님 보고 소리 지르는 걸 내가 들었어. "저렇게 색시를 데려다 놓고 죽일라 그러냐고 말이야! 빨리 산파한테 데려가라!"고 막 소리 지르고. 그래가지고 의원님이 놀래 가지고 슬리퍼를 신고 산파 찾아 간다고 그러다가, 슬리퍼 끈이 떨어져 가지고 신도 제대로 못 신고 산파한테 갔죠. 그렇게 고생했어. 노조위원장 장모님이 그 모습을 보고 얼마나 기가 막히겠어요.(박귀연 인터뷰, 2018. 10. 9)

장남 경수는 1955년생, 둘째 한수는 1958년생, 막내 미정은 1960년생이다. 3남매가 모두 대구에서 태어났다. 그리고 단칸방에서 살았다.

그는 당시 노총 경북위원장을 맡으며 노동운동에 본격적으로 뛰어들게 된다. 그렇지만 밖에서 이렇게 활동하고 있는 남편과는 달리 박여사는 어렵게 어렵게 집안 살림을 꾸려가야 했다. 집안일에는 별로 신경 쓰지 않는 남편, 쥐꼬리만큼 갖다 주는 월급, 그것도 정기적이지 못한 월급으로 생활한다는 것은 거의 불가능했다. 궤짝 같은 단 칸 방에서 '말이 아닌 되'로 쌀을 사다 먹으며 근근이 살아 나갔다. 그러나 '슬리퍼 같은 구두'를 끌고 다니면서도 항상 당당하고 열심히 사는 남편을 볼 때면 모든 가난에 대한 설운 심정은 부지불식간에 눈 녹듯이 사라져 버렸다.(『여원』 1994년 3월호, 박귀연 인터뷰)

'이승만 유시' 위반으로 제명

앞에서 언급한 '민주사회장 보도자료'에 소개된 김말룡의 경력사항에는 '1954년 3월 이승만 대통령 유시 위반사건에 관련되어 구속'되었다는 항목이 나온다. 무슨 내용일까? 1951년에 출범한 자유당은 1954년 5월 20일로 예정된 첫 민의원 선거를 앞두고 있었다. 자유당은 창당 초기부터 원외·원내 자유당으로 나뉘어 분란이 끊이지 않아 홍역을 치르고 있었다. 1952년의 발췌개헌으로 대통령에 다시 선출된 이승만은, 자유당 탄생의 주역이자 당내 최대지분을 가진 이범석의 조선민족청년단(족청)[3]을 해산시키고, 완전한 친정체제를 구축하려 했다.

1954년 3월 10일 열린 자유당 제5차 전당대회는 '자유당의 혁신강화와 당면정책' 논의가 주요의제였다. 한마디로 "민의원선거(총선)에서 이승만에 반대하는 세력을 당내에서 완전히 제거하겠다는 의도를 선포하는 대회"였다. 자유당 중앙위원회 의장 이기붕의 개회사에 앞서 발표된 이승만의 '유시'는 다음과 같다.

> 내가 대회에 말하고 싶은 것은 많은 숫자를 모아서 세력과 파당을 만들어 싸움질할 것이 아니라, 민중의 자유와 복리를 위하여 민주주의 발전을 꾀하라는 것이므로 선거에 있어서 투표자나 입후보자가 서로 협잡부동挾雜附同되어 부정한 선거를 함으로써 민족통일의 대과업을 방해하는 일이 있어서는 안 될 것이며, 또한 나는 국회에 나라를 위하여 싸울 사람이 있다는 말을 한 번도 듣지 못하였으니, 바라는 것은 새 의원들을 뽑을 때는 나라와 민족을 자기 생명보다 더 중히 여기는 우수 유명한 인재가 국회에 생기도록 각 입후보자는 제각기 당선되겠다는 생각을 버리고 인재를 구하기에 노력하여 돈 안 쓰고도 공정하고 유력한 인사를 뽑아 국가와 민족을 위하여 도움이 있도록 하기 바란다.

당시 이범석의 족청계와 함께 움직이던 전국 규모의 단체로는 대한국민회, 대한청년단, 대한노동조합총연맹, 농민조합연맹, 대한부인회 등이 있었다. 자유당에서 직책을 맡고 있었던 이 단체들의 간부들은 쫓겨나거나 심지어 구속도 당했다.

전진한이 물러난 대한노총은 자유당의 기간조직이나 마찬가지였다. 당시 대한노총의 조사통계부장을 맡고 있었던 김말룡도 이러한 '이승만의 유시'에서 벗어날 수가 없었다. 전진한 위원장 시절부터 눈엣가시처럼 찍혀 있던 김말룡도 당연히 제거 대상이 되었다. 이로 인해 구속되어 형을 살았는지는 확실치 않지만, 김말룡은 이 사건으로 노총 중앙조직 집행부 구성원에서 제명당했다.

대구 내외방직쟁의 대책위원회 활동

김말룡의 경력을 기록한 다수의 문서에는 '1953년 10월에 대구 내외방직 대책위원장'을 맡았다고 나오는데, 내외방직 쟁의가 시작된 것은 1954년 9월부터이다. 그리고 실제 파업에 들어간 것은 11월이므로 김말룡이 내외방직대책위원회 위원장을 맡게 되는 것은 1954년 9월 이후였을 것이다.

내외방직은 일제의 적산기업인 조선방직의 '대구메리야스공장'을 말한다. 이 공장은 대구시 침산동 1169번지에 있었다. 당시 이 공장의 공장장은 이순희李淳熙였다. 이순희는 1949년 상공부의 방침에 의해 조선방직에서 분리된 대구메리야스공장을 매우 싼 가격에 불하받아, 사장으로 취임하면서 공장 이름을 내외방직으로 바꾼 것이다.

미군정의 상무국이 평가한 우수공장 표창을 알리는 부녀일보 1947년 9월 26일자 기사. 표창 명단에 든 조선방직 대구공장은 메리야스 공장이었다. 그곳의 공장장이자 적산관리인은 이순희였다. 광복 직후 남조선의 산업 기반은 엉망이었다. 기술이 뒤떨어진 데다 열등한 생산시설로 태반이 휴업상태에 빠졌다. 그나마 이를 타개하기 위해서는 관리자의 몫이 컸다. 그는 경영수완을 평가받아 우수관리자로 선정되었던 것이다. 그는 기업인이었다. 대구메리야스공장의 관리인, 공장장, 대표 등을 지내며 내외방직으로 키웠다.(영남일보 2018년 9월 27일, 「영남일보로 보는 인물열전 18 - 이순희」)

공장 인수로 승승장구하던 이순희는 1954년 9월 초, 노조의 강한 반발에 부딪치게 된다. 노조에서는 노동자들의 최저생활 확보를 위해 임금 60% 인상을 주장했다. 이에 이순희는 노조의 요구를 거부하고, 위원장 허근영을 자진사퇴하도록 사주하였다. 그러자 노조는 10월 10일 대의원대회를 개최하고 사퇴한 허근영 대신 김중도를 위원장으로 선출하고, 다시 임금 60% 인상을 회사에 요구하기로 결정하였다. 이렇게 노조와 회사의 대립이 심화되자, 이번에는 전국섬유노조연맹(1954년 3월 창립)에서 간부를 파견하여 노사간의 입장을 조정하여 임금을 40% 인상하기로 합의하였다.(한국노총, 『한국노동조합운동사』)

그러나 이순희는 합의사항을 지키기는커녕 이번에도 김중도 위원장에게 해고통지를 한다. 위원장 해고처분에 반대한 노조는 파업을 벌였으며, 파업 5일 만에 회사는 해고조치를 철회하였다. 하지만 회사는 노조의 파업을 불법이라고 고소하였다. 그리고는 노조간부들이 조사를 받는 사이 남아 있는 노동자들에게 '노조불신임 연판장'을 돌려 어용노조로 바꿔 버린다. 이 쟁의로 노동자 34명이 해고되었다.(김말룡, 미발표 원고)

이 과정에서 한국노총경북연맹 전 쟁의부장 김말룡이 주도한 '내외방직쟁의대책위원회'가 출범했다. 기록에 의하면 대책위원장 김말룡이 노동자들과 함께 투쟁하다가 폭행을 당하기도 했다고 한다. 내외방직노조의 쟁의는 4월혁명이 발발하면서 다시 불이 붙어, 해고되었던 노조위원장 김중도 외 4명이 복직하였다.

대한방직노조 쟁의

대한방직의 쟁의는 1955년 말에 시작하여 1960년 4·19 이후에야 종결되었다. 대한방직은 원래 일제강점기 조선방직(조방)의 대구공장이었다. 1955년, 자유당 정권은 정치자금을 마련하기 위해 조방의 대구공장을 조방에서 분리해 불하를 추진했다. 대한방직은 현재 북구 칠성동 푸르지오 1차 아파트와 쇼핑몰 스펙트럼시티 부지에 있었다. 대한방직 쟁의의 경과는 다음과 같다:

1955년	4월	30일	설경동에게 조선방직 대구공장 불하
1956년	1월	5일	김상연 위원장 선출
	2월	1일	임금인상 등을 내걸고 쟁의 시작
	3월	12일	경북도청의 중재로 합의안 작성
	4월	2일	배형 위원장 선출
	5월	31일	대구노련 김말룡 외 12명의 노동자를 업무방해 혐의로 고소
	6월	1일	국회진상조사단 권고안 설경동에게 제시
	12월	10일	보사부 중재안 제시
1957년	2월	28일	보사부 설경동 고소
1959년	3월	21일	대구지검 이영호 검사가 사장 설경동을 소환하여 조사할 것이라고 경향신문이 보도
1960년	2월	14일	부흥부[4]에서 대한방직 구매계약을 위반한 설경동에게 1년사퇴를 권고
1960년	5월	28일	대한방직 해고자 30여명 공장 앞에서 복직요구 데모 벌임. 데모대 해산을 위해 군인들이 출동해 최류탄 발사
1960년	12월	7일	대구 조선방직 종업원 복직추진위원회와 사장 설경동이 '복직 및 해고 보상금 지불각서' 체결. 약 1천명이 보상 대상
1961년	5월	29일	혁명검찰부, 설경동 부정축재자로 구속
1962년	2월	27일	부정축재 혐의로 5년형을 받았던 설경동, 집행정지로 석방

대한방직 문제는 설경동(대한전선 창업자)이 대한방직을 불하받는 과정에서부터 잉태되고 있었다.

[합동] 30일 모 소식통이 전하는 바에 의하면 그동안 각계로부터 주목을 끌어오던 조선방직 대구공장을 상부의 지시에 의하여 설경동(자유당 재정부장) 씨가 불하받기로 내정되었다 한다. 그러나 재무부 및 상공부 당국자는 전기 사실을 시인도 부인도 하지 않고 다만 정계의 모 요인에게 불하하라는 상부의 유시가 30일 관계당국에 시달되었다고만 시사하였다.(부산일보 1955년 5월 2일)

또, 경향신문 1955년 9월 5일자 '사법기관 취재후기'를 모아놓은 '법창녹음'이라는 지면에 실린 「조방 대구공장은 누구 자식」이라는 기사를 보면, 설경동과 경쟁을 벌이던 삼호방직 이사 이석오와 입찰경쟁이 붙었으나, 깡패를 동원한 설경동 때문에 입찰을 못했다고 한다.

▼동란 이후 왜 그런지 검찰청에는 고소사건 투성이어서 검사들이 비명을 올릴 정도인 요즘 근자에 보기 드문 큼직한 고소사건이 일어나 그 씨름이 볼만한 구경거리 – 이 씨름의 선수들은 전 자유당 재정부장이며 대한산업 사장인 설경동군과 삼호방직회사 상무 이석오군의 대결로써 문제의 조선방직의 불하가 또 문제가 된 것. ▼조방은 이미 설경동군에게 수의 계약된 것이나 이처럼 손쉽게 수의계약된 이면에는 대한산업에서 삼호방직회사에 억환대의 돈을 줄 터이니 경매입찰을 포기하라고 하였기 때문이라는 것이 삼호방직 측의 답변이고. ▼대한산업에서는 그런 것이 아니라 삼호방직에서 조방의 낙찰가격을 올려놓겠다고 협박을 하기 때문에 하는 수 없이 돈을 준다고까지 하였다는 것이어서 알쏭달쏭한 내막. ▼그 후 지난 26일 조방을 입찰 경매하는 날

삼호방직에서도 입찰을 하려고 입찰현장에 나갔더니 이미 대한산업에서는 '어깨'를 동원시켜 갖은 위협을 하기 때문에 결국 입찰도 못 하였다는 것이 삼호방직의 주장이어서 3일 서울지방검찰청에 설경동군을 상대로 입찰방해 혐의로 고소를 제기하였기 때문에 드디어 문제의 조방의 운명을 판단할 수 있게 된 셈. 상대가 모두 돈 많고 힘센 선수들인지라 이 씨름은 볼만한 구경거리.

설경동과 대한방직 노동자들의 갈등은 불하 직후에 벌어진다. 설경동은 불하 직후 대한방직의 노조위원장 권오규와 '공장 재운영에 따른 협약'을 맺는다. 협약내용은, 첫째 공장의 합리적인 운영을 위해 전 노동자를 해고하고, 특별한 경우를 제외하고 현 종업원들을 재채용하기로 한다. 둘째 협약서 조인 즉시 회사는 7월 9일까지 체불임금과 퇴직금을 지불한다. 셋째로 노조는 회사 측에 적극적으로 협조하며 과거의 이해관계로 재차 물의를 벌이지 않는다, 등 일방적으로 노동자에 불리한 조항을 담고 있었다.

그런데 이 협약은 노조원들의 승인 없이 위원장 독단적으로 맺은 것이었다. 덕분에 위원장 권오규는 관리직으로 승진하였다. 게다가 이 협약조차 제대로 이행되지 않았다. 현 종업원을 재채용한다는 조항도 휴지조각이었으며, 체불임금과 퇴직금도 제대로 지불되지 않았다. 퇴직금은 같은 조선방직의 공장이었던 부산공장(사장 강일매)보다 13분의 1이 적었으며, 재채용된 노동자들도 전보다 근로조건이 악화되었다. 근로시간이 늘어났으나 임금은 그대로였다.

또한 다수를 차지했던 여성노동자들은 상시적으로 폭행과 멸시를 당해야 했다. 노동자들의 불만은 높아가고 있었다. 결국 노조는 1956년 1월 5일 대의원대회를 열고 회사 측에 붙어버린 권오규 위원장을 해임하고 김상연을 새 위원장으로 선출했다. 김상연 위원장은 '임금인상, 부당해고자 복직, 단체협약 체결' 등을 내걸고 쟁의에 들어갔다.

특혜로 불하를 받은 설경동은 자유당 재정부장 출신이었다. 그는 불하받은 대한방직에서 돈을 뽑아 자유당과 이승만에게 정치헌금을 바쳐야 했다. 그 손해는 고스란히 대한방직 노동자에게 돌아갔다. 당시 예정가액은 20억 환이었는데, 설경동은 7억 환에 불하를 받았다. 실제로 4월혁명 후, 설경동이 3·15부정선거에 30억 환의 자금을 자유당에 제공하였다는 혐의로 조사를 받았다. 5·16쿠데타 이후 부정축재자로 조사받았을 때는 불법정치자금 3억 7천만 환, 조세포탈 8억 5천만 환이 확인되었다.

3월 12일, 경북도청이 중재에 나서 합의안을 마련하지만, 새로 뽑힌 김상연 위원장마저 석연치 않은 이유로 위원장직을 그만두었다. 설경동의 공작 때문이었다. 자유당과 이승만을 등에 업은 설경동에게 노동관계법은 안중에도 없었다. 형식적인 합의만 해놓고 지키지 않으면 그만이었다. 노조에서는 4월 2일, 대의원대회를 열고 배형을 신임 위원장으로 선출하고 다시 쟁의를 벌였다. 조합원들이 주로 점심시간을 이용하여 단체행동을 벌이자, 회사 측은 정사복 경찰을 공장 내에 상주시키며 조합원들을 감시토록 했다.

당시 경북경찰국장은 김종원(1922~64)이었다. 김종원은 법적으로 보장된 단체행동권을 무시하고, 노동자들의 합법적인 쟁의행위를 빨갱이 운운하며 공산주의 운동으로 몰아가 탄압했다. 또 여성노동자들에게는 "당장 작업에 복귀하지 않으면 공산당의 지령으로 움직이는 것으로 간주할 것"이라는 식의 협박했다고 한다.(조돈문, 「50년대 노동계급의 계급해체: 노총의 호응성 전략과 노동자들의 저동원」,『경제와사회』 1996년 봄호)

김종원은 대한방직의 쟁의를 지원하고 있었던 대한노총 대구시연맹위원장 김말룡이 자신을 폭행했다며 체포하기도 했다. 김말룡의 덩치도 김종원 못지않았던 까닭에 몸싸움 정도는 있었을 것으로 보인다. 또 박귀연의 증언에 의하면, 김종원은 김말룡의 제대증이 없다며 강제로 군 입대를 시키려 했다고 한다. 그래서 포항으로 끌려갔는데, 권력층에 선이 닿아 있는 친구가 자기 상사를 움직여 빼내 주었다고 한다.

김종원은 경북 경산에서 태어나 일제 관동군의 하사관으로 복무한 친일파였다. 해방 후에는 조선경비학교(육사1기생)를 마치고 5연대 1대대장으로 여순항쟁의 진압에 참여하여 항쟁 가담 군인들과 국민들을 잔혹하게 처리했다. 또 한국전쟁 시기에는 임시수도였던 부산지역의 계엄사령관으로 있으면서, 거창양민학살사건의 진상을 조사하러 나온 국회조사단의 조사활동을 방해했다가 직위 해제되었다.

하지만 이승만의 총애를 받았던 그가 그냥 물러날 리 없었다. 그는 군복을 벗고는 경찰로 변신하여 전북, 경남, 경북도의 경찰국장을 역임하고, 1956년 내무부 치안국장으로 승진한다. 4월혁명 후에는 '1956년 장면 부통령 저격사건'을 재조사하는 과정에서 배후로 지목되어 구속되었으며, 1964년 지병인 당뇨로 사망했다. 한국현대사 연구자 서중석 교수는 김종원에 대해 원용덕·김창룡과 함께 '한국현대사에서 있어서는 안 될 인물들'로 평하였다.

제3대 대통령 선거는 대한방직 쟁의가 한창이던 1956년 5월 15일에 실시되었다. 대한방직 노조원들은 설경동을 제거해 줄 사람은 이승만이라 생각하고 이승만 지지운동을 벌였다. 하지만 이승만은 대한방직 노조원들의 편이 아니었다. 선거가 끝나자 노조원들에게 구속영장이 날아왔다.

대한방직노조가 쟁의를 계속 진행해 나가자 5월 31일 대구경찰서에서는 대구지구 노련 김말룡과 대한방직 직공 박우현 등 12명에 대해 업무방해 혐의, 노동쟁의조정법 제8조[5] 위반 등으로 대구지방법원에 구속영장을 신청하였다. 이렇게 되자 대한방직노조에서는 대한노총을 통해 국회에 청원서를 제출하였다. 이로써 대한방직 쟁의는 대구지역 내의 회사와 노조 사이의

문제에서 정치적·사회적 문제로 전환되었다.(장미현, 『1950년대 후반 대구 대한방직 노동쟁의와 전국노동조합협의회』, 2007, 23쪽)

그러나 법원은 구속영장을 발부하지 않았다. 경찰이 사장과 한 패가 되어 노동자들의 합법적인 쟁의를 탄압하자, 대한노총에서는 상임집행위원회를 열어 대한방직을 비난하는 성명을 발표하고 전국적인 총파업을 예고하였다. 이러한 노총의 경고는 국회를 움직였다. 국회에서는 6월 1일 진상조사단을 꾸려 현지에 파견하였다. 국회조사단은 노사조정이 노동관계법령에 어긋나게 사용자 측에 유리하게 불공정하게 처리된 점을 지적하고 노사합의 내용을 이행할 것을 권고하였다. 물론 부당하게 해고된 노동자들도 복직시킬 것을 권유하였다. 그러나 국회조사단의 권고에 설경동은 꿈쩍도 하지 않았다. 또 12월에는 보사부에서 중재안을 만들어 제시하였으나 이 역시도 거부했다. 결국 1957년 1월, 보사부장관은 설경동을 서울지검에 고발하기에 이른다. 하지만 이승만의 뒷돈을 대고 있던 설경동은 끝내 노조의 요구 사항을 받아들이지 않는다. 결국 4월혁명이 나고 이승만이 쫓겨나자 그제야 무릎을 꿇었다.

보사부는 1957년 2월 28일 설경동 사장을 노동조합법 및 노동쟁의조정법 위반으로 서울지방검찰청에 고발하기에 이르렀다. 그러나 당시 검찰은 이 사건을 불기소 처분하였다. 항소심인 고등법원에서도 검찰의 미루기 작전 때문에 아무런 효력을 발휘하지 못하고 말았다. 설 사장의 횡포에 쫓겨난 100여 명의 노동자들은 회사에 출입할 수 없는 상태에서 대한노총대구지구연맹을 근거지로, 대구지구연맹 김말룡 위원장의 지도 아래 법정투쟁을 전개하였다. 해고노동자들의 복직과 해고 후의 임금지불을 청구한 본안소송은 1심에서 기각되어 2심에 항소하였는데, 2심판결이 나기에 앞서 1960년 4월혁명을 맞게 되었다. 4월혁명 이후 설 사장은 부당하게 퇴직당한 노동자들 중에서 원하는 노동자를 모두 복직시켰다. 이에 노조가 소송을 취하해 쟁의는 종결되었다.

(민주화운동기념사업회, 『연표로 보는 민주화운동사』, 2006)

대한노총과의 결별

대한방직 노동자들의 쟁의를 지원하고 있었던 김말룡은 이 사건으로 인해 인생에서 중요한 결정을 내리게 한다. 10여 년간 몸담고 있었던 대한노총과 결별하는 수순을 밟은 것이다.

대한방직 대구공장 투쟁은 비록 성공을 거두지는 못했지만, 다음과 같은 의의를 갖는다. 즉 노동자들이 권력과 금력의 압제 밑에서도 단결을 유지하며 투쟁하였고, 여기에서 민주적 노동운동을 위한 새로운 단결의 계기가 마련되었다는 것이다. 1952년 부산의 조선방직쟁의가 쟁의 자체는 실패로 돌아갔지만, 노동법제의 제정과 공포를 촉진했던 것과 마찬가지로 1956년의 대한방직 대구공장의 투쟁은 그 자체가 심한 패배로 종결되었지만, 노동자들로 하여금 쟁의과정 중에 어용적인 태도를 취한 대한노총경북지구연맹에 반발하여 새로이 대한노총대구지구연맹을 구성하도록 동인을 제공했으며, 이 대구지구연맹은 1959년에 대한노총 광산노련과 더불어 대한노총 자체의 부패와 어용성을 올바로 바로잡기 위하여 한국노동운동의 민주화라는 기치를 내걸고 일단 전국노동조합협의회의 조직을 시도한 주축적 세력으로 된다.(한국노총, 『한국노동조합운동사』, 403~04쪽)

위 인용문에서는 경북연맹에 반발하여 대구지구연맹을 만들었다고 하는데,

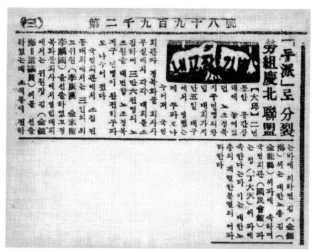

김말룡 등 3인을 노조경북지구연맹 최고위원으로
뽑았다는 기사(경향신문 1955년 9월 9일)

대구지구연맹 혹은 연합회가 만들어진 시기는 명확하지 않다. 다만 1954년
11월 4일자 경향신문의 "노총 대구지구노조연합회 대의원대회가 현 위원장
김상진씨 파와 전 위원장 김말룡씨 간의 분규로 양파 각각 개별 대회를 개최
하려다가 유회되고 말았다"는 기사로 보아, 1954년 이전에 대구지구연합회
가 결성되어 있었으며, 김말룡을 '전 위원장'으로 표기하고 있다. 또 1955년
9월 9일자 경향신문은 "경북지구연맹은 공백상태로 있다가 1955년 9월 김말
룡 등 3인의 최고위원(이강한·김말룡·이인국)으로 하는 파와 도의원인 김종해
를 위원장으로 하는 파로 나눠졌다"고 적고 있다.

또 「故 김말룡 선생 민주사회장 보도자료」에 나오는 약력에는 "1954년
10월에 노총 대구지구연합회 위원장"이라고 되어 있다. 이러한 기록 외에도
다수의 논문과 글에서는 김말룡을 '경북연맹 위원장' 혹은 '대구지구연합회
위원장' 등으로 혼용하고 있다. 김말룡의 직책을 정리해 보면 다음과 같다.

김말룡 직책 변천사

연 도	조선펌프제작소	대한노총	경북연맹	대구지구연합회
1946	분회 부분회장 (선전부장)	창립대회 대의원		
1951		조방파업대책위원		
1952		조사통계부장 노동법제정 5인 위원	쟁의부장	
1954		내외방직대책위원장		前 위원장
1955		회계감사위원	최고위원	
1956		대한방직대책위원장		위원장
1957		회계감사위원	위원장	위원장
1959				위원장

1954년 이전에 이미 '대구지구연합회 위원장'을 맡은 적이 있으며, 1955년 에는 '경북연맹 최고위원'이었으며, 대한방직 쟁의가 본격적으로 일어나는 1956년부터는 '대구지구연합회의 위원장'이 된 것이다. 이 시기 대구에서 김 말룡의 역할은 대단했다.

김말룡은 대한방직 쟁의뿐만 아니라 대구지역 내의 다른 노조의 쟁의들도 지 도하고 있었다. 1957년 1월 대구 시내 약 40개 노조의 임금인상 쟁의를 지 도하고 있었고, 1959년 3월에는 삼호방직 및 대한방직이 12시간 강제노동 을 시키는 동시에 노임이 현 물가지수에 비해 적다는 것, 부당해고에 의해 노 동자들의 신분이 불안하다는 이유를 들어 김말룡이 이 사실을 검찰에 고발한 후 조사가 착수되기도 하였다.(「賃金 올려다오 40개 노조서 투쟁전개」, 『대구매일신 문』 1957년 1월 14일) 대한방직 노조의 법적 소송을 시도한 것도 당시 노동관계 법에 대해 김말룡 자신이 잘 알고 있었던 점이 도움이 되었다. 노조측 김은호

변호사 또한 김말룡의 주선에 의해 선임된 것이었다.(장미현, 「1950년대 후반 대구 대한방직노동쟁의와 전국노동조합협의회」, 35쪽)

김말룡은 1953년 대한노총의 '노동법제정 5인위원회'에 참여하면서 노동법에 대해 누구보다 잘 알고 있었다. 그는 쟁의가 발생하면 현장을 찾아가 노동법을 거론하면서 노동자에게는 노동자의 투쟁이 합법임을 강조했고, 자본가들에게는 부당노동행위를 근절하라고 압박하였다.

대구에서 김말룡의 비서역할을 했다고 알려진 김기곤은 "그분이 하는 어떤 운동 자체가 정말로 옳은 운동이었었고, … 그분이 나아가는 길은 오직 노동조합을 위한 길, 정치적인 것을 떠나서 중립한다는 거, 정신 이런 것 해서 많은 감명을 받았지요"라고 증언했다.(임송자, 「1950년대 후반기~1960년대 초기 노동계 동향」, 36쪽, '김기곤 인터뷰') 또, 대한방직 쟁의 시절 경북연맹 쟁의부장으로 있었던 권오봉은 "설경동이가 대한방직을 인수하면서 대구의 중심인물인 김성곤에게 물었대요. '대구에서 사업을 하는데 제일 어려운 점이 무엇이며 뭐가 참고가 되냐'라고. 그랬더니 김성곤이 '대구에 가거든 김말룡이만 잘 다루면 사업 된다'라고 할 정도로 말룡이가 20대 초반에 대구의 중심인물이었지"라고 회상했다.

이렇게 대구·경북지역에서 노동운동 지도자로서는 정상의 위치에 있었던 김말룡이었지만, 곧 한계를 느낀다. 새로 들어선 대한노총의 김기옥金琪玉 (1919~?)[6] 체제는 더욱 완강하였다. 소속 단위노조의 쟁의를 도와주기는커녕 가로막았다. 김말룡은 대한노총의 어용성과 부패, 그리도 자유당 하수인을 자임하는 태도를 더는 두고 볼 수 없었다.

전국노동조합협의회 결성

1952년 전진한 위원장이 물러난 후 대한노총은 한동안 최고위원제로 유지되다가 1958년에 김기옥 위원장 단일지도체제가 들어선다. 김기옥이 위원장으로 선출되기 전의 실세는 이승만의 지지를 받았던 정대천이었다. 정대천丁大天(1909~91)은 1954년 파주에서 자유당 소속으로 출마하여 3, 4대 민의원을 지낸 인물이다. 전진한 위원장 시절에는 대한노총 감찰위원으로 활동하였으며, 1954년부터 대한노총 최고위원이 되었다.

1957년 10월 10차 전국대의원대회에서는 정대천은 민의원인 자신을 고문으로, 김주홍 등 3인을 최고위원으로 선출하자, 이에 반대하여 10차 대회를 무효로 선언하고 자신을 포함한 김기옥(전국부두노조 위원장) 외 3인을 최고위원으로 선출한다.(12·19 수습대회) 그러나 김기옥은 정대천보다 욕심이 더 큰 사람이었다. 김기옥은 정대천을 몰아내기 위해 대한노총 규약개정운동을 벌인다. 대한노총은 규약개정파와 개정반대파로 나뉘어 다시 분열된다.

그러던 중 1958년 10월 29일, 부산국제극장에서 열린 11차 전국대의원대회에서 '1인 위원장제'가 통과되어, 김기옥이 압도적인 다수표로 위원장에 선출되고 정대천은 다시 고문으로 밀려났다. 이승만은 그동안 지지해 왔던 정대천을 밀어내고 새롭게 등장한 김기옥을 마다하지 않았다.

자유당과 대한노총 간의 구조상 온전한 체질개선 없이 지도자가 바뀐다고 해서 정치적 독립이 달성될 수 있는 것은 아니었다. 김기옥 또한 이러한 구조를 분명히 인식하였고, 대한노총 내에서 자신의 권력을 유지하기 위해서는 자유당과 밀착해야 한다는 것도 알고 있었다. 김기옥 체제가 대통령 경호실장 곽영주와 비서실장인 박찬일을 매개로 이승만을 접견하여 부산대회에 대한 정치적인 마무리를 했던 것은 이러한 사실을 입증해 준다.(탁희준, 「건전한 노동조합운동」, 『사상계』 1960년 6월호, 187~88쪽.)

이 시기 대한노총 대구지구연합회 위원장이었던 김말룡은 정대천을 지지하고 있었다. 대한노총을 내부로부터 개혁하려 하던 김말룡은 일시적으로 정대천과 손을 잡은 것이다.

김말룡을 중심으로 한 신진세력은 왜 정대천과 연합하였을까. 김말룡은 대한노총 1955년 9월 대회와 1957년 12월 대회에서 회계감사위원에 선출되어 활동한 인물이다. 김말룡은 대한노총 대구지구연합회 위원장으로서 1956년부터 4·19 이후까지 전개된 대구 대한방직쟁의 과정에서 막후역할을 함으로써 대구지역 노동자들로부터 신망을 받았다. 대구 대한방직쟁의 과정에서 보건사회부의 알선과 중앙노동위원회의 조정을 무시하고 대구 대한방직 사장 설경동은 100여 명에 이르는 종업원들을 해고하였다. 김말룡은 이 쟁의에서 해고된 종업원들과 더불어 투쟁의 제일선에서 쟁의지도에 헌신하였다. … 김말룡은 1958년 전국대의원대회에서 규약개정안에 반대하였으며, 그 반대 이유를 통해 볼 때 아마도 김기옥 체제에 대한 강한 반감이 있었던 것으로 보인다.(임송자, 「대한노총연구(1946~61)」, 201쪽)

그러나 김기옥 체제는 너무도 강고하였다. 김말룡을 비롯한 대한노총 개혁파는 내부개혁을 포기하고, 대한노총을 탈퇴하여 제2노총을 설립하기로 결의, '전국노동조합협의회 설립준비위원회'를 구성하였다. 설립준비위는 '정부권력으로부터 자유로운 제2노총 건설'을 목표로 두고 '노동운동의 주체성 확립'과 '민주적인 노동운동'을 실천하겠다고 천명하였다.

여기에는 정대천을 비롯하여 이주기(전 노총 사무총장), 노웅벽(대한석탄광노조연합 위원장), 김정원(광산연맹 위원장), 이상진(경전노조 부위원장) 등이

대한노총이 두 개로 분열되었다는 소식을 전하는
신문기사(경향신문 1959년 8월 14일)

참여하였다. 그러나 정작 전국노동조합협의회(이하 전국노협)가 출범할 때는
정대천을 비롯하여 김정원, 이상진, 노웅벽 등 대한노총의 실세들은 모두 빠
졌다. 자유당과 이승만의 회유와 협박에 넘어간 것이지만, 대구에서 김말룡과
함께 투쟁했던 사람들은 떠나지 않았다.

전국노협은 1959년 10월 26일, 서울 태화관에서 14개 단위노조 대표 21명
이 참석한 가운데 결성식을 개최하였고, 중앙위원회 의장에 김말룡을 선출하였다.
주요 노동조합으로는 대한생사노조, 달성광산노조, 경북잠사노조, 이용사노조,
협공노조, 경북버스노조 등으로, 대부분 대구지역 단위노조들이었다. 중앙위
원으로는 김갑수(대구섬유연합회 위원장), 배형(대한방직노조 위원장), 이팔갑
(경북여객노조 전 위원장) 등이며, 사무총장에는 1949년 노동법 초안을 작성한

보사부 노동국 직원 한태연이 지명되었고, 권오봉(경북연맹 쟁의부장) 등이 주요 활동가로 참여하였다. 전국노협의 선언과 강령은 다음과 같다.

〈선 언〉

우리는 이 땅에 진정 자유로우며 민주적인 노동조합운동의 발전을 기하기 위하여 전국노동조합협의회를 구성하고, 노동자의 권익을 짓밟는 악질 기업주와 그 주구 및 노동 브로커들과의 가차 없는 투쟁을 통해서 노동자의 권리를 찾고 노동관계에 있어서의 봉건잔재적인 관료적인 일체의 요소를 타파함으로써 근로대중의 경제적 문화적인 지위 향상을 도모하여, 나아가 조국의 민주화와 반공통일에 이바지할 것을 엄숙히 선언한다.

〈강 령〉

1. 우리는 자유로우며 민주적인 노동운동을 통해서 노동자의 인권수호와 복리증진을 위하여 투쟁한다.
2. 우리는 민주노동운동을 통해서 건전한 국민경제의 발전을 기하고 노자勞資 평등의 균등사회 건설에 이바지한다.
3. 우리는 민주노동운동을 통해서 민족의 주권을 확립하고 국제노동운동과 제휴하여 세계평화에 기여한다.

(김낙중, 『한국노동운동사』 해방후편, 249~50쪽)

출범선언문에 '노동 브로커들과의 가차 없는 투쟁'이라는 말이 들어갈 정도로 당시 노동계는 썩어 있었다. 이렇게 어렵사리 전국노협이 출발했으나, 이승만은 이를 용서치 않았다. 자유당 정권은 전국노협을 불법단체로 지목하고 김말룡에게는 수배령이 떨어졌다. 소속 노조들에게 회유와 탄압이 가해지자 탈퇴하는 노조들도 생겼다.

김말룡 씨와 정대천 씨는 그때까지 같이 운동을 해왔어요. 그런데 이분들이 헤어지는 회의를 경전에서 했습니다. 그때 나는 경전노동조합 조사통계부장이었는데, 정대천 씨는 자유당 국회의원이면서 경전노조 위원장이니까 압력을 받은 거야. 헤어지라고. 지금 내 기억입니다만 김말룡 씨는 헤어지는 회의를 하다가 나오면서 눈물을 뚝뚝 흘리셨어요. 정대천 씨하고 같이 하다가 헤어지기로 결론이 나니까 굉장히 안됐던 모양이야. 내 그걸 보고 나도, 한 분은 눈물을 흘리며 나오고 정대천 위원장은 그냥 나오더라고. 나는 그때 처음 만났어. 김말룡 선생을.(배병우 인터뷰, 2019. 8. 1)

배병우裵柄于는 1934년 부산에서 태어나 부산고등학교를 졸업하고 서울법대에 들어갔다. 서울대에서는 학생운동 서클인 신조회에서 활동했고, 1957년 졸업 후에는 경선전기에 취직하여 1959년 노조의 조사통계부장으로 일했다. 4월혁명이 일어날 무렵 경전노조 부위원장에 선출되었고, 1960년 11월에 한국노련이 만들어지자 전공을 살려 한국노련 법규부장을 겸하게 된다. 3사 통합으로 한국전력이 출범하자 1963년부터 전국전력노조 부위원장을 역임하고, 1973년 전력노조 상임고문으로 노동운동의 일선에서 물러난다. 1973년부터 경기지방노동위원회 부위원장(상임)을 거쳐 1981~86년 중앙노동위원회 부위원장(상임)을 역임하였다. 이후 경상대 법대 교수, 한국노동법학회 회장, 산업사회연구소 회장 등을 역임했다. 배병우는 평생 김말룡과의 교류를 이어왔다.

김말룡은 4월혁명 직전인 1960년 1월, 두 차례에 걸쳐 동아일보에 「한국노동운동의 비판」이라는 제목의 에세이를 게재한다.

우리나라에서 간혹 일어나고 있는 소위 노동쟁의라는 것을 볼라치면, 석 달 넉 달씩 밀린 임금을 달라는 정도가 고작이요. 혹 부당노동행위에 항의하고 대우개선을 요구하는 등속의 쟁의가 발생했을 경우에도 십중팔구 대부분이 용두사미 격으로 흐지부지되지 않으면, 쟁의로 말미암아 도리어 노조 측이 일방적인 희생을 강요당하는 수가 더 많았다. … 지금까지의 한국노동운동을 총괄해서 한마디로 비판한다면 형식은 갖추어 있으나 내용이 빈약하기 짝이 없다는 것이다. 따라서 운동이 뿌리를 박지 못하고 있다. … 구체적인 예로서 십장(什長: 노무자 감독관)제 폐지와 노임횡령을 규탄하는 부산 부두노동자들의 투쟁이 어떻게 비참한 꼴을 당했던가. 대구방적쟁의가 어떠한 종말을 가져왔던가. 테러, 구속, 집단해고, 제2노조결성 등 이루 말할 수 없는 결과를 초래하고만 예가 비일비재한 것이다. …

결론적으로 앞으로의 운동방향에 대해서인데. 첫째로 노동운동이 노동조합의 본질에 입각해서 전개되어야 한다는 것이다. … 둘째는 노동조합과 정당과의 관계에 대해서이다. 현 대한노총이 여당의 소위 기간단체로서 완전히 정치적인 도구화가 되고 있다는 것은 주지의 사실인데, 우리는 이를 배제하는 것이다. 우리는 노동조합의 정치적인 중립주의를 내세운다. … 그렇다고 해서 노조의 정치성을 부인하는 것은 아니다. 노조의 정당지지의 자유원칙은 정당비판의 자유와 더불어 민주국가에 있어서는 극히 중요한 원칙인 것이다. … 셋째는 노동조합의 주체성 확립 문제이다. 여하히 주체성을 확립하느냐 하는 것은 당면한 한국노동운동의 기본과제의 하나이며, 우리들의 연구과제가 아닐 수 없다. 우리는 일상적인 투쟁과 고발의식을 가지고 새로운 체계를 세워 나갈 것이다. … 넷째로 노동조합의 교육, 문화, 학습활동인 바 이 문제는 우리의 현실에서 가장 앞서야 될 중요한 문제이다. … 끝으로 항상 감명 깊게 머릿속에 남아 있는 영국 TUC[7]의 성격을 표시한 그들의 주장을 소개하고 이 글을 맺고자 한다.

"국민으로 하여금 적극적인 지지를 받을 수 있는 국가가 아니고서 애국심만의 앙양을 부르짖는 것은 쓸데없는 일이며, 노동자가 안락하게 살 수 있는 복지국가를 건설하려는 노력 없이 노동운동의 정상화를 바란다는 것도 역시 실현될 수 없는 것이다."

3장

—

4월혁명과
5·16 쿠데타

4월혁명 직전

1955년 2월 17일, 정부조직법이 개정되며 이름도 생소한 '부흥부'가 신설된다. 지금으로 치자면 기획재정부 정도 되는 부처였다. 부흥부는 1950년대 후반 미국의 원조정책이 무상에서 유상으로 바뀌어 가는 움직임에 대응하기 위해 신설한 부처였다. 여기에서 나중에 박정희의 작품이라고 알려진 '경제개발 5개년계획'을 처음으로 입안했다. 그러나 '경제개발 5개년계획'은 이승만 시대부터 이미 구상되고 있었고, 박정희의 '5개년계획'은 제2공화국 장면 정권의 계획을 그대로 가져간 것이다.

1950년대 말 들어 이승만 정권의 권력기반이 되었던 미국의 대한국 무상원조가 유상차관으로 전환되면서 경제구조 변화가 진행되었고, 이것은 4월혁명의 사회경제적 배경이 되었다. 1950년대 말부터 미국의 경제원조는 급격하게 줄어, 1957년의 3억 8,300만 달러를 정점으로 1958년에는 3억 2,100만 달러, 1959년에는 2억 2,200만 달러, 1960년에는 2억 4,500만 달러 등으로 감소했다.(김금수,『세계노동운동사 5』, 2020)

부흥부를 내세워 미국의 원조정책 변화에 대응하려던 이승만의 계획은 순조롭게 진행되지 못했다. 그 이유는, 그동안 미국의 원조물자 배정을 두고 국민은 소외된 채 관료들과 기업가들이 나눠 먹는 부정부패가 극심했기 때문이다. 미국의 원조물자가 줄어들자, 부패 관료들과 기업가들은 세금을 올리거나 노동자들의 급여를 줄여 자신의 주머니를 채웠던 것이다.

이러한 시기에 노동자의 이익을 대변해야 할 대한노총 김기옥 위원장은 오히려 노동자들의 가벼운 주머니마저 털어가는 이승만과 자유당을 지지하는 어처구니없는 결정을 내린 것이다. 부산의 부두노동자 출신의 김기옥은 1959년 10월 7일 대한노총회관에서 12차 전국대의원대회를 개최하고, '이승만과 이기붕의 정·부통령 당선을 위한 선거대책위원회' 구성을 결의한다. 게다가 '조직강화 요령'에는 "각급 노조 및 연합체 책임자는 전 조합원에게 자유당의 강령을 주입시켜 당에 대한 이해를 증진시키는 한편, 당 기관지와 선전계몽운동을 통한 이념적인 지도방식으로써 진실한 당 지지운동을 일으켜 전체적인 조직공작을 전개해야 한다"고 하고 있다.(한국노총, 『한국노동조합운동사』, 448~49쪽)

이승만은 이러한 대한노총의 결의를 환영하고, 1960년 2월 18일 용산구 갈월동에 대한노총이 입주할 '노동회관'을 건립하여 보답하였다. 그러나 전진한 위원장 이후 이승만의 하수인을 자처하는 대한노총을 향해 '자유당 기관단체 탈퇴운동'을 주도해왔던 김말룡은 더 이상 그 행태를 묵과할 수 없었다. 그는 내부에서의 변화를 기대하기 어려웠기 때문에 대한노총을 대신할 '전국노협'을 결성한 것이다.

그 무렵은 그걸 신문이 잘 보도해 주었습니다. 4·19까지 둘째가라면 서러울 정도로 신문 덕을 많이 봤습니다. 그 바람에 노총은 껍데기만 남을 정도였으니까요. 그랬는데 이승만 대통령이 노동대표를 불러서, 노총을 따로 만든 놈이 있는 모양인데 내가 군대를 불러서라도 없앨 테야, 하는 바람에, 제 조직에 있던 사람들이 다 빠져나갔습니다. 59년 태화관에서 다시 결성되기는 했습니다만, 그때는 저도 일단 내뺐지요. 조봉암 세력과 연결 음모를 꾸미고

노조협의회 노동절 성명(동아일보 1960년 3월 10일)

있다고 몰아붙이기 때문에, 잡히면 작살이 나는 판이니까요(최일남, 김말룡 인터뷰)

특히 동아일보는 김말룡에게 우호적이었던 것으로 보인다. 앞서 김말룡이 직접 쓴 「한국노동운동의 비판」(상·하)와 1960년 3월 10일의 제2회 노동절을 맞아 전국노협의 「노동운동은 정치로부터 중립화돼야 한다」라는 내용의 성명을 지면에 실었다.

··· 동 협의회 중앙위원회 의장 김말룡씨는 현재 우리나라에서 대부분의 노동조합이 제 구실을 못하고 있으며, 노동법은 있으되 제대로 준수되지 못하고 있다고 말하고, 정부 당국자는 이러한 참상을 수수방관하고 있을 뿐 아니라 오히려 자유로우며 민주적인 노동운동의 성장을 부당한 관권으로 탄압하고 있다고 말하였다. ··· (동아일보 1960년 3월 10일)

노동절이 3월로 바뀐 것은, 1958년 이승만이 "노동자의 명절을 공산주의자들과 같이 할 필요가 없다"라는 이유를 들어 노동절 날짜를 대한노총 창립일인 3월 10일로 변경하였기 때문이다. 이에 따라 대한노총은 그해 5월 1일 72주년 메이데이 행사는 치르지 않았으며, 다음 해인 1959년 3월 10일에 한국만의 제1회 노동절 행사를 치렀다.[1]

4월혁명 직후

4월혁명이 격렬해지자, 그동안 자유당의 기관단체임을 자임해온 대한노총 임원진에게는 발등에 불이 떨어졌다. 아직 이승만이 하야선언을 하지 않은 1960년 4월 23일, 위원장 김기옥의 주재로 긴급회무처리위원회가 소집된다. 이 자리에서는 다음과 같은 결의문이 채택되었다.

〈결의문〉
1. 대한노총은 모든 정당과의 관계를 끊는다.
2. 이기붕 의장은 4·19사태에 책임을 지고 당선된 부통령직은 물론 일체의 공직을 사퇴하라.
3. 국회의원은 여야를 막론하고 사퇴하라.

노총 수뇌부는 이기붕만 사퇴하면 모든 문제가 해결될 줄 알았던 것이다. 하지만 혁명세력은 이승만이 물러날 때까지 투쟁을 계속 벌였다. 결국 이승만은 물러났고, 남산의 25미터짜리 이승만 동상은 밧줄에 묶여 민중들에게 끌려 다녔다.

먼저 노동계의 민주화를 위한 노력은 김기옥을 규탄의 대상으로 하여 전개되었다. 1960년 4월 26일, 부산 부두노동자들은 학생들의 시위에 합세하여 어용노조 간부의 축출을 주장하는 시위를 하였고, 4월 27일에는 자유연맹의 중견간부들이 반기를 들고 산하의 부두노동자들과 합세하여 김기옥의 집을 급습하고 규탄시위를 벌였다. 노동조합을 민주화하려는 노력은 중앙조직에서뿐만 아니라 지방에까지 확대되어 상당한 기간 동안 연속적으로 파급되어 갔다.(한국노총, 『한국노동조합운동사』, 492~93쪽)

김말룡 평전

전국노동단체통합대회에서 임원선출 문제를 두고
전진한계와 김말룡계가 대립하였다.(경향신문 1960년 11월 28일)

이승만이 물러나자 김기옥을 비롯한 대한노총 간부들은 대혼란에 빠졌다. 정신을 차릴 새도 없이 5월 1일에는 김말룡이 이끄는 전국노협에서 현 임원진의 총사퇴를 요구하는 성명서를 발표했다. 5월 2~3일에 걸쳐 김기옥과 고문 정대천 등 임원진들은 힘없이 물러나고 만다. 이어 전국노협은 5월 한 달 동안 대한노총 소속 170여개 단위노조를 포섭하여 16만 명에 달하는 노조원을 흡수하였다. 또한 신규 노동조합 수도 1959년의 558개에서 914개로 356개가 증가했으며, 노동조합원 수는 1959년의 280,438명에서 321,097명으로 늘어났다.(『보건사회통계연보』 1962년 판)

9월 14일, 대한노총 임시대표 성주갑과 전국노협 대표 김말룡은 양대 노총을 통합하기로 하고, 10월 1일에 통합대회를 열기로 합의,「노총과 노협의 통합대회를 소집하면서」라는 제목의 성명서를 발표한다.

그러나 통합과정은 순조로울 수가 없었다. 물러났던 전임 위원장 김기옥, 정대천이 한 자리를 차지하려고 방해공작을 펼쳤으며, 한국전쟁 직후 노총을 떠났던 전진한까지 재등장하여 자기 세력을 키우려 했다. 전진한은 7·29선거에 이승만 독재정권 하에서 두 개로 분립되었던 대한노총과 전국노협 및 모든 노동단체는 4·19 이후 전체 근로대중의 절대적인 요망과 구태의연한 정치적 경제적 공격 및 점고해가는 새로운 사회불안에 대비코자, 오직 "단결만이 우리들의 삶의 길을 개척할 수 있다"는 대국적인 견지에서 노동전선의 통일을 기하기 위하여 각기 10월 정기대회를 계기로 통합 전국대회를 개최할 것을 합의하고, 요지 다음과 같은 성명을 발표하는 바이다.

1. 우리는 4·19정신을 기본으로 하여 한국노동운동의 새 출발을 기한다.
1. 우리는 노동조합운동의 주체성을 확립하고 정치적인 중립을 기한다.
1. 우리는 당면한 교원노조의 합법성 전취를 위한 투쟁을 적극 지원한다

단기 4293년 9월 14일

대한노총연합 대표 성 주 갑
노동조합협의회 대표 김 말 룡

한국사회당의 후보로 출마했지만 낙선하고, 8월 4일, 정계은퇴와 동시에 노동계 복귀선언을 한다. 전진한은 그해 10월 10일 종로갑 참의원 보궐선거에 출마하여 당선되었지만, 노총 위원장에 대한 욕심을 접지 않았다.

제3세력은 전진한, 김두한이 중심이 되었다. … 원래 전진한과 김두한은 미군정기부터 긴밀한 관계를 유지하였다. 대한민주청년동맹(대한민청)의 감찰부장 김두한의 반공활동은 대한노총의 조직 확장에 지대한 공헌을 하였다. 미군정기 대한노총과 우익청년단과의 공조체제 속에서 대한민청 감찰부장 김두한의 반공활동이 대한노총의 조직 확장에 기여함으로써 두 조직 간 긴밀한 관계가 유지되었다. 그리고 대한민청·청년조선총동맹의 회장 유진산과 대한노총 위원장 전진한은 개인적으로 돈독한 사이였으므로 두 조직 간의 공조체제 또한

확고하였다. 이러한 관계에서 전진한이 결성한 노농당[2]에 김두한이 참여하기도 하였다.(임송자, 「1950년대 후반기~1960년대 초기 노동계 동향」, 2007)

10월로 예정되었던 통합대회는 연기되어 11월 25일에 열려, 조직 명칭을 '한국노동조합총연맹'(약칭 한국노련)으로 정하고, 규약을 통과시켰다. 5·16 쿠데타 이후에 결성되는 한국노총의 정식명칭도 '한국노동조합총연맹'이었다.

노동단체통합대회 제2일째 대회는 26일 상오 11시부터 용산에 있는 교통회관에서 김말룡씨의 사회로 속개되었다. 이날 회의에서는 강령, 규약 제2독회를 마치고, 대의원 382명중 218명의 찬성을 얻어 노동단체통합체의 명칭을 한국노동조합총연맹(약칭 한국노련, FKTU)로 결정하였다.(하오 1시 현재) 하오

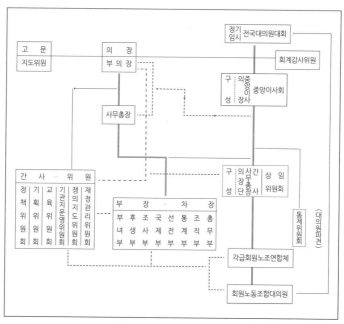

한국노동조합총연맹조직계도

회의에서는 강령, 규약을 통과시키는 한편 임원선출이 있을 것이다.(동아일보 1960년 11월 27일)

이날 전국 18개 지역별 대의원과 17개 산별 대의원 600여 명이 참석하여 규약을 작성하고 대표간부들을 선출하기로 하였는데, 지도위원에는 김주홍, 이종남, 양일동, 송원도, 정준, 전진한 등이 뽑혔다. 그리고 김말룡과 성주갑 등 13명을 중앙위원으로 선출하였다. 전국노협의 김말룡 위원장을 단일 위원장으로 세울 수도 있었으나, 전 위원장들의 파벌싸움 때문에 '중앙위원제'로 합의를 한 것이다. 특히 출판노조의 대의원 자격으로 참석한 전진한 참의원은 '단일 위원장제'를 주장하며 자신이 위원장을 맡으려 하였으나 뜻을 이루지 못하였다. 이렇게 중앙위원회 구성은 끝났으나, 이어진 중앙집행부 선출을 두고 세력 간에 다툼이 일어나는 바람에 대회는 정회되고 나서 다시 개회하지 못하고 끝났고 말았다.

그러나 보사부 노동국장이 '정회로 끝난 대회'이지만 '한국노련의 창립대회'임을 인정하였으므로, 법적으로 김말룡을 비롯한 13명이 한국노련을 대표하게 된 셈이다. 김말룡은 전진한파의 방해책동에도 당당하게 청파동의 노총 건물에 정식으로 입주했다. 그해 11월 30일에 열린 한국노련 제1차 운영위원회는 (임시)의장으로 김말룡을 선출하였다. 그리고 부의장으로 이규철, 성주갑, 김정원, 사무총장에 최유식이 각각 선출된다. 또한 1961년도 예산 4,100만환을 통과시켰다. 김말룡은 1961년 1월 5일부터 한국노련의 대표로서 서울로 올라와 근무하게 되었다. 김말룡의 정식 직함은 '한국노련 위원장'이 아니라 '한국노련 중앙위원회 의장'인 셈이다.

전국대회 하고 이럴 때 김말룡 선생을 우리가 의장으로 불렀고, 용산에 있는 철도회관에서 전국대회를 했죠. 그전에는 삼일당인가, 중앙청 밑에 어디에선가

하다가 하루에 안 끝나서 이어서 용산 철도회관에서 전국대회를 했는데, 그때 우리가 김말룡 선생 밀어 가지고, 그때 경전노조도 큰 데였고 철도도 컸습니다. 경전노조와 철도노조가 한편이 되어서 김말룡 선생을 밀었습니다. 내가 앞장섰죠. 그래서 제가 노련 법규부장이 된 겁니다.(앞의 배병우 인터뷰)

경전노조(현재의 전국전력노조)의 조사통계부장이었던 배병우는 김말룡을 지지했다. 곧 노총 소속 노조 중 규모가 컸던 경전노조와 철도노조가 김말룡을 지지했기 때문에 그가 의장으로 선출될 수 있었다는 이야기다. 그러나 전진한을 지지하던 노조들은 이에 반대하며 12월 초순경 한국노동조합총협의회(한국노협, 총협)를 발족하고 의장으로 전진한을 선출했다.

7·29 선거

이승만의 감시망에서 자유롭지 못했던 김말룡의 4월혁명 발발 이후 첫 행보는 1년 전 강제 폐간 당했던 경향신문 복간호의 축하인사였다. 복간 후 첫 발행한 1960년 4월 28일자 1면 창간축하 방문인사 명단에 김말룡이 등장한다. 그날 1면 헤드라인은 부통령 이기붕의 가족이 자살했다는 기사였다.

동아일보는 1960년 6월 9일자 석간에 「자유 찾은 노동운동. 노총은 해산 상태. 월말까지 전국노조」라는 제목의 기사에서 "김(말룡) 의장은 앞으로의 노동운동에 대하여 '민주적이고 순수한 노동운동을 전개하여 근로자의 복지와 경제적 사회적 향상에 헌신하여야 한다'라고 말하고 '정치도구화 되어서는 안된다'라고 강조하고 있다"는 김말룡의 인터뷰 기사를 실었다. 김말룡은 월간지 『새벽』 1960년 7월호에 실린 「노동조합운동의 전망」이라는 글을 통해

4월혁명을 다음과 같이 평가했다.

사월혁명을 학생혁명이라고도 부르고 있다. 그것은 두말할 필요도 없이 중고
등학교로부터 대학교에 이르는 청소년 학생들이 주동이었고, 그들이 결정적
인 역할을 담당했기 때문이다. 그리고 만약 4·18과 4·19의 그와 같은 학생
데모가 없었던들 우리 국민은 아직까지 이승만 독재정권 밑에서 신음하고 있
을 것이 분명한 까닭이다. 이런 의미에서 우리는 학생들의 영웅적인 의거를
높이 평가하는 것이며, 또한 그들에게 최대의 경의와 찬사 … 를 아끼지 않는
것이다.

그러나 사월혁명은 학생들만의 힘으로 이루어진 것은 아니다. 이미 혁명이
일어날 수 있는 주관적인 제반조건이 성숙되어 있었던 것이다. 그것은 12년간
에 걸친 폭정과 부패의 누적으로 인한 전 국민들의 더할 수 없는 불행과 불만
이 정치, 경제, 사회, 문화 등 모든 분야에 충만 되어 있었던 데다, 3·15의 망
국적인 불법·부정·살인선거를 정점으로 폭발전야에 놓여 져 있었기 때문이
다. 그러기에 4·19의 학생 총 데모가 일어나자 전 국민은 이에 적극적으로 호
응했을 뿐만 아니라 학생들과 더불어 데모대열에 참가했고, 4·26에 이르기까
지 행동을 같이했던 것이다. 그러나 전기한 바와 같이 학생들의 총궐기가 없
었던들 어떻게 되었을 것인가를 생각할 때 학생들에 대한 뜨거운 정이 새로
운 동시에 저절로 머리가 숙어진다. …

필자는 이러한 사월혁명과 근로대중들이라는 연결 속에 한국노동조합운
동의 새로운 출발점과 그 기본정신이 모색되어야 한다고 믿고 있다. 더욱이
지난날 독재정치 하의 소위 대한노총의 노동운동은 노동자에 의한, 노동자
를 위한 노동운동이 아니라 독재와 부패를 합리화하는 정치적인 도구로 노동
자를 억압·착취한 관제 어용운동이었다는 데서 4월혁명 정신을 노동운동의
기본정신으로 받들어 한국노동조합운동의 근본적인 혁신과 그 민주발전을

기약해야 할 것이다. …

　엄격한 의미에서 우리나라의 노조운동은 사월 보명保命 이후 비로소 참다운 방향을 지양할 수 있는 계기가 마련되었다고 할 것이다. 정치적인 자유가 없는 곳에서는 다른 모든 운동도 그러려니와 어용이 아니면 위선 정상적인 운동을 전개할 수 있는 환경의 조성을 위한 대對관권투쟁이 선행되지 않을 수 없다. … 밑으로부터의 민주적인 개편을 통해서 각 단위노조를 기반으로 한 상향적인 조직방침에 의거하여 새로운 형의 새로운 노동단체가 조직되어야만 하는 것이다. 기초조직이오 일선조직인 단위노조의 민주화가 이루어지지 않고서는 한국노조운동의 전면적 성공적인 개편과 그 민주발전을 기할 수 없는 것이다. 이것은 과거 대한노총의 경우가 실제로 증명해준 것이며, 논리적으로도 타당한 것이다.

　그러면서 김말룡은 "첫째 우리는 정확한 제반 실태파악을 위한 과학적인 조사활동을 일상과업으로 해야겠다. 둘째 우리는 교육·문화·계몽운동에 중점을 두어야 하겠다. 셋째 단위노조의 민주화를 전제로 밑으로부터 솟아오르는 순순한 힘을 가지고 상향적으로 우선 깨끗한 중앙기구를 마련한다. 넷째 임금인상, 노동조건개선, 최저생활보장, 8시간노동, 각종 수당 등등 경제투쟁 전개, 다섯째 노동관계법 제·개정을 위한 정치투쟁을 전개한다. 여섯째 학자 및 권위자들로 자문기구를 구성하여 정책입안, 노동교육 등의 협조를 얻도록 한다. 일곱째 정당과의 관계는 우리의 정치적 중립을 취하면서 노동운동의 제도화를 위해 노력해야 한다"라는 등의 일곱 가지 과제를 제시하였다.

　이 시기 김말룡은 대구와 서울을 오가며 1956년의 대한방직 쟁의과정에서 해고된 노동자들의 복직을 위해 싸워 성공적으로 이끌었으며, 중단되었던 내외방직 쟁의도 계속 진행하여 복직을 이끌어 냈다. 또 6월부터는 이병철이 세운 제일모직의 쟁의에도 관여하고 있었다. 서른세 살의 젊은 나이였지만,

대구지역 노동계에서 김말룡은 거목으로 성장해 있었다.

자신감이 생겼던 것이었을까? 그는 4월혁명 이후 첫 선거인 7·29선거에 뛰어들었다. 하지만 배지를 달기에는 아직 역부족이었다. 김말룡이 출마한 곳은 대구 기구己區였다. 이 선거구에는 6명의 후보가 난립했는데, 무소속 3명과 사회대중당 후보 이영옥, 그리고

김말룡의 민의원 출마기사(경향신문 1960년 7월 1일)

민주당 후보로 장영모가 있었다. 이영옥은 1899년생으로 출마자 중 가장 고령이었으며, 3·1운동에도 참여한 명망가였다. 그는 1961년에 결성된 민족자주통일중앙협의회 총무위원장을 맡게 된다. 당선자인 장영모는 1907년생으로 민주당 정책위원장 출신이다. 그는 포항제철의 창사멤버인 장경환의 아버지였다. 김말룡은 이렇게 거물급들이 쟁쟁한 선거구에 '겁 없는 신인'으로 도전장을 내민 것이다. 낙선 후의 심경을 술회한 인터뷰가 있다.

4·19가 난 해에 있었던 7·29총선거 때, 권에 못 이겨 대구 己구에서 무소속 국회의원으로 출마했던 그는, '자유당 뺨치는 부정선거'(그의 표현)로 낙선, 출마 자체를 후회하고 다시는 정치를 않기로 천지신명에 맹세한다.(최일남, 김말룡 인터뷰)

김말룡은 5,533표 15.63%를 얻어 4등을 했다. 당선자 장영모는 17,534표을 얻었다. 당시 상황을 부인 박귀연도 생생하게 기억하고 있다.

7월 29일, 그때 고생한 거 말로 다 못해요. 돈도 한 푼도 없이 출마해가지고 얼마나 고생했겠어요. 재산이 뭐 있어요. 하여튼 우리 의원님은 아무 것도 없으면서, 시작은 잘해요. (의원님이 그때 인기가 좋으셨죠?) 아이고 무슨 인기? 그때 사람들이 자꾸 충동해 가지고 나가서 그렇지. 돈이 없는데 인기는 무슨 인기가 있어요.(웃음) 덥기는 또 얼마나 더운지, 7월 29일이면 제일 더울 때잖아요. 동인국민학교 앞에 있는 두 칸짜리 방인데, 거기서 선거운동 한다고 식구들도 다 있는데 … (아주 북새통이었겠습니다.) 그래서 너무 기가 막혀서 … 한번은 선거운동 다닐 때인데 같이 하는 분들이 이러는 거예요. "넥타이가 저것밖에 없냐?" 매번 같은 양복에 같은 넥타이를 하고 다니니까, 양복은 비싸니까 두더라도 넥타이라도 바꿔 매고 다니시면 좋겠다는 거죠. 그렇게 선거를 무일푼으로 하다 보니 빚도 좀 졌죠. 고향에는 선거에 나간다고 말도 안 했는데 하루는 우리 시숙님이 돈을 좀 마련해 갖고 오셨어요. 그리고 그 돈도 다 써버리니까 이번엔 시동생이 돈을 좀 가지고 오고. 하여튼 의원님 형제분들이 다들 어렵게 사셨는데도 돈을 그렇게 가져다 줬지요. 정말 좋은 분들이세요.(앞의 박귀연 인터뷰)

교원노조 결성 투쟁

교원노조 결성 움직임은 이승만 정부 시절부터 있었다. 1958년 11월 몇몇 교사들이 교원노조를 결성하려는 모임을 가졌으며, 노총에서도 이를 지지하고 있었다. 하지만 1959년 법무부가 "교육공무원법에 의하여 교원은 단체교섭과 단체행동을 할 수 없다"는 유권해석을 내리면서 정부는 교원노조 불허 방침을 밝혔다. 그러다가 4월혁명이 일어나자 다시 교원노조 결성 움직임이 본격화된 것이다.

1959년에 들어와서는 인텔리 계층에서도 노동조합을 결성하려는 움직임이 활발해졌다. 서울시내의 일부 사립대학교 교수들이 주동이 되어 전개된 교원노조가 바로 이에 해당한다. 원래 교원노조를 결성하려는 움직임은 1958년 후반기에 들어와 대구를 중심으로 한 일부 지방대학의 교수들 사이에서 나타났다. 그들은 학교 경영자의 독단과 전횡을 방지하기 위한 목적에서 교원노조의 결성을 추진했다. 그러나 이러한 경향도 대한노총 내부분쟁이 심해질 때에만 다른 노조의 지원을 받을 수 있었고, 당시의 선거를 둘러싼 정치 환경에 따라 그 노력도 부진하였던 것으로 보인다. 즉 교원노조 결성의 움직임은 60년에 들어가서야 비로소 어떤 결실을 보게 되는 것이고, 58년과 59년에는 그 시도가 명백해졌다고 말할 수 있을 뿐이다.(한국노총, 『한국노동조합운동사』, 466쪽)

당시 실질적으로 노총 역할을 하고 있었던 김말룡의 전국노협에서도 교원노조 결성을 지지하고, 6월 26일에는 "교원노조의 합법성을 쟁취하기 위하여 공동투쟁전선을 형성하고 적극 투쟁할 것"이라는 내용의 성명서를 발표하였다. 6월 29일에는 교원노조 설립을 반대하는 문교부장관을 고발하기도 했다. 당시 문교부장관은 혁명 직후였음에도 불구하고 친일파로 의심받고 있었던 이병도가 맡고 있었다.

교원노조는 그 결성의 초기부터 조합결성의 합법성 쟁취, 조합수호를 위한 투쟁, 그리고 교원들의 생활 및 지위에 관한 문제 등의 자기권익을 위한 활동에 있어서 실력행사에 의거하는 방법을 택하고 있었다. 즉 6월 22일에 마산에서 교원노조 조합원들의 시위가 있은 다음 날 부산초등교원노조 조합원 2,100여 명은 문교부장관의 교원노조 해체명령을 규탄하며 가두시위를 전개하였다. 이어서 6월 25일에는 부산시 중등교사들이 부산역전 광장에서 이 문교(이병도 문교부장관) 규탄대회를 갖고 혁신정신을 망각한 이 문교는 즉시 물러가라고 외치며 데모를 벌였다. 그리고 이와 같은 투쟁은 전국 각 지방에서 일어났으니, 6월 29일에는 전국노조협의회에서 문교부장관을 노동조합법 위반의 혐의로 검찰에 정식 고발한 것은 그 대표적인 예이다.(한국노총, 『한국노동조합운동사』, 504쪽)

4월혁명 후 교원노조 설립 움직임은 대구에서 먼저 일어났다. 이승만이 하야하고 난 사흘 뒤인 4월 29일, 대구시내 공립·사립중고 교원 60여명이 모여 대구시교원조합결성준비위원회를 구성한다. 그리고 5월 1일에는 서울시내 47개 중고등학교와 3개 초등학교 교원들이 모여 교원조합결성준비위원회를 조직한다. 부산에서는 5월 15일 공립·사립중고등학교 교직원 천여 명이 모여 부산시교원노조결성준비위원회 총회를 열고 부산시교원노조를 결성하였다. 그리고 5월 22일, 전국의 초등·중등교사 및 대학교수 300여 명이 서울대 문리과대학에서 모여 한국교원노조연합회를 결성한다. 위원장에는 조일문, 부위원장으로는 강기철, 계훈제, 김종길 등이 선출되었다.

그러나 5월 29일, 이병도 문교부장관은 "교원노조의 결성을 허용하지 않겠다"고 발표하고, 이어 대통령권한대행인 허정 내각수반도 "교원노조는 부당하다"고 언급한다. 그러나 교원노조연합회는 "문교부장관을 사임시키라"라고 주장하고 전국에서 교원노조 결성 움직임을 멈추지 않는다. 교원노조를 인정하지 않는 허정 대행을 규탄하는 시위도 전국에서 벌어졌다. 허정 대행과 문교부는 교원노조의 활동을 방해하려는 목적으로 노조 참여 교원들을 타지로 발령하여 큰 발발을 불러일으켰다. 8월 17일에는 체신, 철도, 전매, 해원, 그리고 교원 등의 노조가 모여 '공무원노조공동투쟁위원회'를 조직, 투쟁의 폭이 더 넓어졌다.

교원노조의 합법화 투쟁은 8월 23일 장면내각이 출범한 뒤에도 계속되었다. 그러자 장면정부는 입장을 바꿔 "교원노조의 명칭을 교원연합회 혹은 교원조합으로 변경"하고, "교원의 생활권익을 위한 단결권은 인정하지만 학생들 교육에 지장이 없어야 한다"는 조건을 달아 허용의사를 밝힌다. 교원들은 이 제안을 받아들이지 않고 '교원노조법천명촉구대회'를 전국에서 개최하였다. 9월 26일에는 대구지역 교원들이 대구역 광장에 모여 단식농성을 시작했고, 이어 부산과 진주에서도 단식투쟁이 전개되었다. 결국 교원들의 단체행동을 금지하는 법안은 폐기되었고, 국회 노동법개정안심의위원회는 노조를 결성할 수 없는 공무원에서 교직원을 제외한다고 발표하기에 이르렀다.

교원노조의 합법화투쟁은 이후 법정수당 쟁취 싸움으로 이어지면서 5·16 쿠데타가 일어나기 전까지 교원들의 권리를 신장하기 위한 투쟁은 계속되었다. 국제자유교원노조연맹IFFTU도 "한국정부가 교원노조를 탄압하는 것은 세계인권선언과 국제노동기구헌장에 어긋난다"고 하면서 한국의 교원노조투쟁을 지지했다.

김말룡의 앞의 미발표 원고를 살펴보면, 4월혁명 이후 전국미군부대종업원노조, 코스코노조, 대한해운공사노조, 한국화약노조 등의 쟁의와 부산부두노조, 철도노련, 경전노조, 대한방직노조의 민주화 투쟁에 대한 기록도 있다. 또, 새로운 노조인 은행노조와 언론인노조의 쟁의가 등장하는 것으로 보아, 김말룡은 전국노협과 한국노련 의장 재임시절 이러한 현장투쟁에 적극적으로 간여한 것으로 보인다.

김 선생이 중앙노동위원회 위원장으로 임명되었을 당시는 4·19가 일어난 직후이므로 전국적으로 노동쟁의가 많이 발생했었다. 그중 해운공사에서 체불임금 노동쟁의가 발생되어 중노위에서 조정에 들어갔고, 해운공사 사장 앞으로 소환장이 발부되어 남궁영은 사장이 불려 올 수밖에 없었다. 그 당시 재벌 사장이 노동위에 참석하기란 쉬운 일이 아니었으므로 남궁영은 사장은 들어오자마자 "나 바쁜 사람인데, 바쁜 사람을 왜 오라 가라 하느냐 빨리 얘기하라"라는 말이 떨어지기가 무섭게 김 선생이 재떨이를 던져 남궁 사장이 기겁을 했던 사건이 있다. 이 일이 있은 후, 회사는 조합 측에서 요구하던 모든 안을 들어주었고, 5·16 이후 김 선생이 노협에서 쫓겨났을 때 남궁 사장이 집권층을 찾아다니면서 "앞으로 노동조합은 김말룡 같은 사람이 해야 된다"고 앞장서서 두둔을 했던 일화가 있다. 결과적으로 회사 입장에서는 못된 사람으로 보이지만 노동자 입장에서 볼 때는 패기가 있고 훌륭한 일을 하신 분이라 기억된다.(박영기, 『김말룡1주기 추모자료집』, 1997)

위 박영기 교수의 글에 나오는 1960년의 '중앙노동위원회 위원장'은 김말룡이 아니라 변호사 출신 고재호였다. 김말룡은 노총 대표 자격으로 중앙노동위원회 '근로자위원'으로 참여했다.

제일모직 노동쟁의

4월혁명으로 이승만이 물러나자 6월 14일, 그동안 숨죽이고 있었던 제일모직 대구공장에서 여공 400여명이 단식투쟁에 들어갔다. 그들의 요구는 첫째, 부당노동행위 중지. 둘째, 152명 불법휴직 철회. 셋째, 불법폐업 중지하고 정상작업 실시 등이었다. 하지만 사장 이병철은 꿈쩍도 하지 않았다. 그는 이미 이때부터 '무노조 경영'에 대한 의지를 갖고 있었던 것으로 보인다.

이병철이 "내 눈에 흙이 들어가기 전까지는 노조 안 된다"고 한 발언은 1977년 제일제당 김포공장 여성노동자들의 쟁의를 '간단히' 진압하는 과정에서 나온 말이었다. 이를 두고 CBS 변상욱 대기자는 "이 '간단히'라는 말에 담긴 뜻은 결코 예사롭지 않다. 계란으로 바위를 친다고 흔히 말하지만 삼성과 독재권력이라는 두 바윗돌 사이에서 으스러졌다는 표현이 적절할 것이다"고 해석하기도 했다. 이렇게 이병철은 삼성 창업 당시부터 노조를 '동지'가 아닌 '적'으로 간주하고 있었다.

그러나 혁명 직후 노동자의 목소리가 크게 나올 때라 아무리 삼성 창업주라 해도 대구지구계엄사령관까지 간여하는 상황에서는 손을 들지 않을 수 없었다. 당시 대구지구계엄사령관은 만주군 간도특설대 출신 윤춘근尹春根 (1914~76)이었다. 대한노총이 무너지자 실질적으로 전국 노동조합의 대표가 된 김말룡도 중재자로 나섰다. 하지만 이병철은 이 두 사람의 중재안을 거부하고 자신이 조종할 수 있는 사원들을 내세워 노조를 새로 만들었다. 이병철은 '공장파 노조'와 '사원파 노조'의 갈등을 조장하면서 '공장파 노조'의 요구를 묵살했다.

결국 '공장파 노조'는 7월 4일을 기해 노조원 300명을 이끌고 공장사무실 점거 농성에 들어갔다. 대구지역의 전국노협 소속 노조원 1,500명도 지원투쟁에 나섰다. 회사 측의 요청으로 경찰이 진압에 나서기도 했지만, 8월 10일에 이르러 쟁의는 종결되었다. 급조된 '사원파 노조'를 인정하는 전제 하에 두 노조가 해산하고, 조업이 재개되면 40일 이내에 새 노조를 결성하기로 합의한 것이다.

8월 10일, 제일모직 대구공장 노동자와 사측이 ① 회사 내의 신·구 양파 노조는 통합 단일화를 위해 모두 해산한다, ② 회사는 두 개 노조의 해산을 확인하고 3일 내에 직장폐쇄를 해제, 조업한다, ③ 통합 단일노조는 조업 개시후 40일 이내에 결성하고 외부의 간섭을 받지 않는다는 내용의 보사부 당국의 조정을 받아들임으로써 쟁의를 종결.(앞의 『연표로 보는 한국민주화운동』, 83쪽)

그러나 이 합의는 제대로 지켜지지 않았다.

김말룡 평전

제일모직노조는 다시 결성됐지만 참여율이 저조했다. 회사의 당근과 채찍 정책 때문이었다. 회사는 '장미상조회'를 만들어 회원들에게 무이자 대출 등 특혜를 베푸는 반면 조합원들은 사규에 어긋나면 사정없이 해고했다. 노조는 최후의 수단으로 파업을 결의했다. 그러나 12월 20일 파업은 몇 시간 만에 공권력에 의해 진압됐다. 회사는 파업 참가자를 업무방해죄로 고발했다. 고발을 취소하는 조건으로 노조 간부들은 회사를 떠났다. 제일모직노조는 깃발을 내렸다. 이병철의 '무노조 원칙'은 박정희를 만나 국가의 지배이데올로기가 되었다. 70년대 20%를 넘었던 노조 조직률은 해가 갈수록 떨어져 지금은 반토막에 불과하다. 이병철의 "내 눈에 흙이 들어가기 전에 노조는 인정할 수 없다"는 '무노조 선언'은 1987년 경영권을 승계한 이건희 회장을 거쳐 오늘까지 이어진다. 1960년 제일모직 첫 노조를 와해했던 그 전략도 여전히 살아 숨 쉰다.(한겨레신문 2017년 1월 1일, 「"노동자 짓밟고 '빨갱이'로 몰아," 노동배제 정책 시작됐다」)

제일모직의 쟁의는 1961년까지 계속되다가 1월에 가서야 한국노련 김말룡 의장의 중재로 결말을 보게 된다. 하지만 결말이 시원치 않았다. 이 과정에서 김말룡과 전국노협 대구시연맹 조사통계부장을 맡았던 이일재 사이에 갈등이 생긴다.

제일모직 사건은 절친한 동지이던 이일재와 김말룡을 갈라놓는 계기가 되기도 했다. 1961년 1월 김말룡이 서울에서 일방적으로 이병철을 만나 직권 타결해버렸기 때문이다. 김말룡은 파업이 일어났을 때부터 비합법적인 무모한 파업이라고 지적해 왔지만, 4·19 이후 일어난 파업 중에 합법적인 파업이란 거의 없었다. 완벽히 법에 따라 파업을 한다는 것은 사실상 불가능하게 되어 있는 반면, 그 어떤 파업이라도 불법으로 만들 수 있는 법 조항은 곳곳에 암초처럼 박혀 있었다. 판검사가 아니라 경찰 수준으로도 얼마든지 모든 파업을 불법으로 만들 수 있었다.(안재성, 『이일재, 최후의 코뮤니스트』, 217~18쪽)

김말룡과 결별한 이일재는 1961년 2월, 대구지역의 독자적인 노동조합연합체인 '대구시노동조합연맹'을 조직한다.

이일재

이일재李一宰(1923~2012)는 대구에서 태어났다. 이일재는 일제강점기 신극운동가였던 작은아버지 이강복李康福(1910~71)과 아나키스트인 외삼촌 최세기의 영향을 받아 어린 시절부터 공산주의자로 성장했다. 해방 후에는 조선노동조합전국평의회(전평) 화학노조 대구시지부 서기가 되었으며, 조선공산당과 남조선노동당에 가입하여 활동했다. 대구 10월항쟁과 빨치산 활동으로 옥살이를 하였으나, 당시 경찰 고위직에 있었던 당숙 이강학의 노력으로 무사히 출옥할 수 있었다.

이후 일선에서 후퇴하여 있다가 1959년 전국노협이 결성되자, 대구시연맹 조사통계부장을 맡으면서 활동을 재개했다. 1968년에는 남조선해방전략당 사건으로 구속되어 무기징역형을 선고받고 20년이 지난 1988년에서야 가석방되었다. 이후 유월항쟁과 '노동자 대투쟁'[3]으로 활동 폭이 커진 노동운동의 후배들과 접촉했고, 1997년에는 민주노총의 2기 지도위원이 되었다.

이일제는 김말룡보다 네 살 위였다. 이일재와 김말룡의 인연은 대한노총 산하 경북연맹에서 김말룡의 대구지구연합회가 나위어질 때부터 시작된 것으로 보인다. 이일재의 작은아버지 이강복의 아들 이명재의 증언을 들어보자.

어려서의 기억이기는 하지만 부친이 대구초등학교 앞에서 하던 문구점에 이일재 형이 자주 놀러 왔어요. 우리는 그 문구점에 딸린 방을 너구리굴이라고 했어요. 너구리 잡을 때 굴에 연기를 피워놓는다는 이야기 때문이었는데, 두 분이 만나서 담배를 하도 피워서 우리가 그렇게 불렀지요. 그런데 두 분 사이에서 김말룡의 이름을 자주 거론하여 제가 지금도 기억하고 있어요.

이일재의 작은아버지 이강복은 1950년대 말부터 김말룡을 알고 있었던 것으로 보인다. 이강복은 일제강점기에 일본으로 건너가 일본 프롤레타리아 연극동맹 소속이었던 '츠키지築地소극장'[4]의 단원이 되어 프롤레타리아 연극 운동에 참여했다. 해방 후에는 조선연극동맹의 서기장으로 활동하면서 '프롤레타리아 연극운동'(당시에는 '신극운동'이라 불렸다)을 열성적으로 전개했다. 하지만 공산주의자들에 대한 탄압이 노골화되고 신극운동 관련 단체들이 불법화되면서 더 이상 연극 활동을 전개할 수가 없어 그의 동료들은 대부분 북으로 넘어갔다.

이후 살길이 막막해진 그는 경찰 고위간부인 사촌 이강학의 도움으로 경북여객에서 일할 수 있었다. 이강학은 4월혁명 직전 치안국장으로 있으면서 3·15부정선거에 관여했다는 혐의로 혁명재판부에서 사형을 구형받았으나, 5·19쿠데타 세력의 혁명재판부에서 무기징역으로 감형되었다. 그는 4년의 징역을 살고 나온 후, 고려증권 등을 설립하여 기업가로 살다가 2006년에 사망하였다.

이강복이 다녔던 경북여객은 1948년 11월에 쟁의가 발생한 곳이다. 앞에서 여기에 김말룡이 간여한 것을 확인하였다. 이강복의 아들 이명재의 증언에 따르면, 경북여객은 이강복의 사촌 이강학이 실제 '돈주'였으며, 이강복은 석방된 후 더 이상 신극운동을 할 수 없게 되자 생계를 해결하기 위해 경북여객에 근무하면서 남긴 이익금을 이강학에게 전달했다고 한다. 쟁의과정에서 이강복이 김말룡을 알게 되었을 것이며, 이일재에게 김말룡을 소개한 사람도 이강복이라는 것이다.

> 나는 4·19가 일어나자 본격적으로 노동운동에 다시 뛰어들었어. 그전에는 나 경일 선생과 김기곤 선생이 중심이 돼서 대구에서 노동운동을 전개했어. 나는 노동운동에 있어서는 선배 입장에서 자문역할을 했는데, 구체적인 현장과의 관계상황을 잘 파악 못하고 있었어. 당시 관제 어용인 한국노총의 경북위원장이자 후일 한국노동운동의 대부가 되는 김말룡을 만나서 자주적 노동운동에 대해 논의했어. 결국 김말룡이 주도권을 장악하게 되는데, 이게 한국노련이야. 또 우리는 교원노조, 혁신계 인사 등이 모여 노동조합 대구시연맹을 만들었어. 거기서 내가 조직부장을 했지. 우리 위에는 아무것도 없는 독자적인 조직이었는데, 폴란드 바웬사가 하던 자유노조, 즉 독립노조 생각하면 돼. 교원노동조합도 대구가 그 출발점이었지. 지금이야 대구가 보수의 대명사지만 당시는 대구가 전국 제일의 야도였어.(남궁원, 「이일재 선생 인터뷰」, 『사회주의자』 4호)

코뮤니스트인 이일재가 김말룡을 만나 어느 정도까지 속마음을 털어놓았는지는 알 수 없다. 하지만 '자주적 민주적 노동운동'이라는 지점에서 서로가 일치했을 것이라고 보인다. 만약 남로당과 같은 공산주의 정당이 존재하는 상황이었다면 이일재와 김말룡의 만남은 쉽지 않았을 것이다. 하지만 노동운동이 들불처럼 확산하던 4월혁명 시기에 이일재는 기반을 잡기 위해서라도 김말룡의 도움이 절실했다. 김말룡은 자신의 세를 확산시키기 위해서 당시 대구지역 노동계 핵심세력과 연결된 이일재가 필요했다. 확인하기는 어렵지만, 50년대 후반 김말룡이 대한노총과 결별하고 전국노협을 창립할 결심을 할 때 힘을 실어 준 것도 이일재가 아닐까 하는 생각도 든다.

이일재는 전국노협 대구시연맹의 조사통계부장을 맡게 된다. 이일재는 대구지역에서 노동운동 경험이 있는 전평 출신의 노동운동가들과 친분이 있는 사람이었다. 실제로 이승만의 엄포에도 전국노협을 끝까지 지지한 세력은 대구지역의 노동자들이었다는 점만 보아도 더욱 그런 생각이 든다. 이렇게 둘은 전국노협 시절부터 뜻이 맞아 활동했으나, 이일재는 김말룡이 제일모직쟁의 수습 과정에서 이병철과 타협을 했다고 판단하여 두 사람은 결별하게 된 것이다.

현장의 노동자들은 파업에 반대하는 김말룡을 의심했다. 이병철에게 돈을 받아먹은 게 아니냐는 소문이 돌았다. 이일재는 그렇게 생각하지는 않았다. 돈을 받을 사람도 아니고, 설사 받았다 해도 그 돈을 개인적으로 쓸 사람이 아님을 알기 때문이었다. 대한노총과 전국노협이 서울 진명여고에서 통합대회를 할 때나, 포항 구룡포에서 부두노조를 결성할 때도 노조간부들이 돈이 없어서 쫄쫄 굶고 있으면 한밤중에라도 어디서 돈을 구해와 밥을 사 먹이고 여비를 챙겨주는 이가 김말룡이었다. 이일재가 실망하고 분노한 이유는 김말룡이 비양심적이라서가 아니라, 그가 삼성문제를 회사와 정치적으로 해결했다는 점이었다. 철저히 노동자의 입장을 견지하여 노동자의 힘으로 타결을 보아야 하는데, 상급노조 대표가 중계자로 나서서 밀실에서 단독으로 협상했다는 자체가 문제라고 보았다. 이 일로 이일재는 한동안 김말룡과 멀어졌을 뿐 아니라 전국노협 자체를 불신하게 되었다.(안재성,『이일재, 최후의 코뮤니스트』, 218쪽)

이일재가 조직한 대구시노련은 대한노총도, 그리고 한국노련에도 소속된 집단이 아니었다. 노동조합대구시연맹을 연구한 김상숙은 논문에서 "경제주의를 벗어나 노동운동과 진보적 사회운동의 결합을 추구한 점에서 전평의 노선을 계승한 측면이 있다"고 분석했다. 곧 경제주의 혹은 조합주의 입장을 지닌 김말룡과 이일재는 처음부터 함께 할 수 없는 '물과 기름' 같은 존재였을 수도 있었던 것이다.

제일모직노조는 결성 초기부터 전국노협 경북노련(이후 한국노련 경북지부)과 긴밀한 연대 속에 활동했다. 그런데 이 조직은 4월혁명기에 김말룡을 중심으로 한 세력과 이일재를 중심으로 한 다른 성향의 인물들이 만나 활동하던 조직이다. 전자는 반공적 조합주의 경향을 지녔다면, 후자는 한국전쟁 전 전평의 흐름을 계승한 변혁 지향적 경향을 지녔다는 차이가 있다. 제일모직의 12월파업을 계기로 전평 계열의 활동가들은 한국노련 경북지부에서 갈라져 나와 1961년 3월 대구시노동조합연맹을 결성했다.(김상숙, 「1960년 4월혁명기 대구 지역노동운동 - 제일모직노조와 대구시노동조합연맹의 활동을 중심으로」, 2017, 138쪽)

이일재 선생이 노동교육협회[5] 시절에 출감을 해서 자주 왔다고. 그런데 두 사람이 우리 사무실에서 딱 마주친 거야. 김말룡씨가 내 방에 와 있고, 이일재 선생 바깥쪽에 있는데 … 이 양반이 안 들어오는 거야. 옛날은 옛날이고 지금은 지금이지 그러면 되느냐 설득해가지고 오래간만에 대면을 한 거지. 서로 저녁도 같이 먹고 … 그게 90년 중반 무렵이었는데, 옛날 전평과 대한노총의 대립과정도 이유가 되었겠지만, 이일재 선생이 대구 제일모직에서 조직을 할 때 김말룡 즉 한국노련 쪽에서 방해를 했다, 그런 감정이 있는 거야.(김금수 인터뷰, 2018. 9. 6)

이일재가 사회변혁운동의 전위대로서 노동자를 조직하기 위해 노동운동에 뛰어들었다면, 김말룡은 1946년부터 노동운동에 뛰어들어 10여 년 이상 노동계 상층에서 민주노조운동을 한 인물이다. 서로가 자신의 활동방향에 누구 못지않은 확신이 있었다. 두 사람이 깊이 이해할 수 있는 시간은 너무 짧았다. 이일재는 전평 이후 10여 년을 잠적해 있다가 50년대 후반에서 5·16쿠데타 전까지 4~5년간 김말룡과 만났을 뿐이었다. 현재로는 이들의 관계를 밝혀줄 만한 자료는 더 없다. 두 사람 모두 이미 고인이 되어 더욱 어려운 일이

김말룡 평전

되어 버렸다.

둘은 함께 1995년에 출범한 민주노총의 지도위원이 되었다. 김말룡은 창립 당시부터 지도위원이었고, 이일재는 2기 민주노총에서 지도위원이 되었다. 천영세의 증언이다.

민주노총이 출범할 때 지도위원이 네 명이었어요. 나는 전노협 상임지도위원이니까 그 연장선상에서 들어간 것이고, 그 다음이 전노협 후원회장이었던 김진균 교수가 들어갔고, 그리고 노동사회연구소장 김금수 선생이 들어갔고, 마지막에 김말룡 선배가 들어가는데, 추천을 내가 했어요. 그것은 갓 출범한 민주노총이 無에서 만들어진 것이 아니라, 노총을 자기 수하쯤으로 알던 이승만에 반대하여 결성된 전국노협과 4·19 혁명기에 노동자들의 자주적인 움직임에 의해 결성된 한국노련에서 그 정통성을 찾아야 한다는 것이었습니다. 특히 그 두 곳의 위원장을 했던 김말룡 선생은 노동운동계를 떠나서도 명동노동문제상담소 소장을 하면서 서럽고 아픈 노동자들을 감싸주며, 노동쟁의의 어떻게 해야 하는지 방법까지 가르쳐 주신 분이어서 더욱 민주노총의 자문위원으로도 자격이 있다고 생각했던 것이지요.(천영세 인터뷰, 2020. 3. 30)

이일재가 민주노총의 지도위원으로 추대된 것도 천영세의 인터뷰 내용과 크게 다르지 않을 것이다. 둘의 결별은 한국노동운동의 비정상적인 전개과정에서 나타날 수밖에 없는 분열현상이었다. 하지만 노동자들의 투쟁은 성장했고. 두 사람이 염원한 대로 자주적이고 민주적인 노조가 만들어지자 자연스럽게 한 조직의 지도위원으로 추대될 수가 있었던 것이다. 김말룡은 '이일재와의 결별' 이후 한국노련의 상근 의장의 역할을 수행하기 위해 대구를 떠나 서울에 머물게 된다.

2대 악법 반대투쟁

이즈음 장면 정권은 사월혁명 이후 분출하는 민중들의 요구를 힘으로 누르려고 하였다. 2월부터 장 정권이 추진한 한미경제협정 체결에 대해 각계각층은 '미국에 예속될 수밖에 없는 경제협정'이라며, '한미경제협정반대투쟁위원회'까지 구성하고 거세게 반발하였다. 장면 정권은 분출하는 민중들의 요구를 받아들이기는커녕 이를 억누를 생각에, 3월 8일 「집회와 시위운동에 관한 법률」을 제정하기 위해 심의하고 있고, 내무부와 법무부 두 장관이 '반공을 위한 특별법'을 구상하고 있다고 발표하였다. 장면 정권의 발표에 격분한 각계각층 인사들은 '2대 악법 반대공동투쟁위원회'를 출범시키고 3월 22일 그 첫 집회를 서울에서 열었다.

김말룡이 이끄는 한국노련도 반공법 개정에 반대의사를 밝혔다. 노동쟁의조정법 13조는 "근로자는 쟁의기간 중에는 현행법 이외에는 어떠한 이유로도 그 자유를 구속당하지 아니한다"고 규정되어 있는데, 신설 반공법안 제13조 2항은 "노동쟁의조정법 제13조의 제한을 받지 않는다"고 되어 있는 것이다. 3월 23일에 열린 한국노련 중앙위원회는 "신설하려는 반공법의 13조 2항은 쟁의권을 보장하는 노동쟁의조정법 13조를 무력화한다"고 판단해 반공법 개정에 대해서도 반대의사를 표명했다. 곧 노동자의 쟁의행위를 반공법으로 처벌할 경우에 대비한 것이었다.[6]

'2대 악법 반대공동투쟁위원회'의 투쟁은 전국적으로 벌어졌다. 특히 이일재의 대구시노련이 참여한 대구경북지역에서의 반대 시위가 컸다.

시연맹이 결성된 뒤 벌인 주요 활동으로는 2대 악법 반대투쟁을 들 수 있다. … 시연맹은 교원노조와 연대해 2대 악법 반대 궐기대회를 열기로 계획했고, 3월 31일에는 경북의 여러 사회단체 대표들이 시연맹 사무실에 모여 '2대

악법 반대 경북 정당·사회단체·노동단체·학생단체 공동투쟁위원회'(이하 공투위)를 결성했다. 이 공투위에는 시연맹과 함께 경북교원노조연합회, 경북노조연합회, 경북통일민주청년동맹, 경북학생 2대 악법 반대공동투쟁위원회, 혁신당·사회대중당통합추진위원회, 민족통일연맹, 민족자주통일중앙협의회, 사회당, 통일사회당 등이 결합했다.(김상숙, 위 논문, 142쪽)

3월 22일, 서울에서 대규모 반대집회가 열리기 전인 3월 18일, 대구역 광장에서는 1만여 명이 모인 가운데 반대집회가 먼저 열렸다. 경북지역 학생공투위 주최로 열린 이 집회는 야간까지 이어진 시위에서 횃불까지 등장하여 장면 정권을 긴장시켰다. 대구에서는 3월 18일 첫 집회 이후, 4월에 장 정권이 "법 제정을 하반기로 미룬다"고 발표하기 전까지 총 아홉 차례 집회가 있었다. 4월 2일 집회에는 대구역 광장에 5만여 명이 모이기도 하였다. 부산과 마산, 전주, 원주, 이리, 안동 등에서도 시위가 이어졌다. 4월혁명 1주년을 앞두고 미국마저 우려를 표했다.

(미국 관리들의 입장에) 정통한 소식통은 장 내각이 소수정당의 의구심을 자아내게 될 반공법 및 반데모법을 입안하고 있는데 당혹하고 있다. 이들 소식통은 정부에 대해서 감행될지도 모를 여하한 공산주의적 파괴행동이나 기도에도 충분히 대응해 나갈만한 힘을 현 한국정부가 갖고 있다고 관측하고 있다. 이들 소식통은 한국민들로 하여금 이승만 정권이 과거에 입법한 바 있는 가혹한 조치를 다시 상기케 할 것이라고 보고 있다. 사월학생혁명의 재발가능성을 과히 믿지 않고 있는 이곳 관측자들은 현재 한국에는 장 정권을 대체할 만큼 충분한 민중의 힘을 규합할 수 있는 어떤 단일정당이나 정파도 없다고 보고 있다.(동아일보 1961년 3월 24일, 「미, 장 정권 반대데모를 주시, 반공법안은 철회 예상」)

그러나 3월 24일, 신현돈 내무부장관은 "2대 악법 반대데모는 정국혼란을 목적으로 하는 것"이라며 법 제정 강행의사를 밝혔고, 다음날 조재천 법무부장관도 "어떤 데모가 있더라도 보안법을 보강하려는 정부의 태도에는 변동이 없을 것"이라고 말했다. 하지만 이런 장면 정권의 2대법 강행의지는 곧 꺾이고 만다. 4월이 되면서 장면 내각은 "금회기의 국회통과를 포기하고 다음 회기에 야당의 협조를 얻어 통과시킨다"며 한발 물러섰다.

한국노련과 한국노협

한국노련과 한국노협은 3월 10일의 '노동자의 날'을 두고 다시 설전을 벌였다.

10일 제3회 노동절 기념행사를 둘러싸고 한국노련 측과 한국노협 간에 일대 불상사라도 일어날 듯 한 험악한 분위기를 자아내고 있다. 노동자의 권익을 위한 건전한 노동운동의 본래 모습을 잃고 서로 대립된 분위기 속에서 암투를 계속해온 노총과 노협은 10일의 노동절을 맞아 노련에서는 노동절 행사를 성대히 거행할 준비를 갖추고 있는데 반하여, 노협에서는

1961년 3월 10일 노동절 행사 후 가장행렬
(동아일보)

5월 1일의 메이데이만이 진정한 노동자들의 명절이라고 주장하여 노동절 행사를 보이콧하고 있다.(민족일보 1961년 3월 10일)

그러나 주장은 주장으로만 그치고 큰 물리적 대치상황은 없었다.

제2공화국 탄생 이래 처음으로 맞이하는 제3회 노동절 기념행사는 10일 상오 11시 50분 한국노동조합연맹(한국노련) 주최로 서울운동장에서 성대히 거행되었다. 보다 나은 빵, 자유, 평화를 기약하는 복지사회를 기약하고, 노동자의 권익을 옹호하기 위해 마련된 이 날의 식전에는 장 총리를 비롯한 각료 및 한국노련 산하 각 단체 남녀대표들 약 2만 명이 참석하여 성황을 이루었다. 식은 개회선언으로 시작되어 국민의례가 있었고 이규철 부회장의 개회사에 이어 "우리는 투쟁신념 아래 그 관철을 기함으로써 빵과 옷, 평화의 기치를 높이고, 한국노련 깃발 아래 공고히 단결하여 국제자유노련과 보다 돈독한 유대를 꾀할 것을 만천하에 선언한다"는 선언문이 낭독되었다. 이어 김말룡 회장의 기념사 및 각계인사의 축사가 있은 후 국무총리, 국제자유노련 사무총장, 북한노동자들에게 보내는 메시지가 우뢰와같은 박수갈채 속에 통과되었다. 계속해서 "정부는 실업자에 대한 적극적인 구제책을 제시하라"는 등 6개 항목에 걸친 결의문을 채택한 후 노동절의 노래, 만세삼창으로 식은 폐회되었다. 한편 식전에 참가한 노련 산하 회원들은 식이 끝난 후 노동자의 권익을 옹호하는 갖가지 구호를 외치며 시위행진에 들어갔다.(경향신문 1961년 3월 10일)

3·10 노동절 행사에 대해 가장 강하게 반발했던 한국노협 경북연합회(위원장 김종화) 측에서도 당일 큰 문제를 일으키지는 않은 것으로 보인다. 김종화의 텃밭인 경북에서도 대구역 광장에 2만여 명의 노동자들이 참석한 가운데 한국노련 주최 노동절 기념식이 진행되었으며, 식이 끝난 후에는 특별하게

직장별 가장행렬이 이어져 이를 지켜보는 시민들이 많았다고 한다.

> 8일 알려진 바에 의하면 한국노련 경북연합회(위원장 김말룡)에서는 10일 그 행
> 사를 대구역전 광장에서 거행하도록 준비를 갖추고 있는데 반하여, 한국노협
> 경북연합회(위원장 김종화) 측에서는 이에 반기를 들고 노동절은 세계 각국이
> 5월 1일로 정해 있는데 하필 우리나라만이 3월 10일로 결정한 것은 자유당식
> 재판이라고 비난하고, 10일의 기념행사를 거부하는 한편 5월 1일의 노동절
> 행사를 주장하고 있다.(민족일보 1961년 3월 10일)

지지기반이 허약한 장면 정부는 이승만 정권이 정한 '3·10 노동절'을
'5·1 노동절'로 변경하기가 부담스러웠던 것 같다. 반대파로부터 '반공에 취
약한 정권'이라는 비난을 받는 것을 두려워했던 것인데, 김말룡은 이러한 정
부의 입장에 동조한 것으로 보인다. 민족일보의 기사를 보면, 당시 김말룡이
한국노련 의장과 경북노련 위원장을 겸하고 있었다는 사실이 확인된다.

또, 노동절 행사일자를 놓고 한국노련과 공개적으로 대립하고 있었던 한
국노협 경북연합회 김종화 위원장은, 전진한이 결성한 한국노협의 부의장이
면서 자동차노조 위원장이라고 했다. 그러나 김종하가 자동차노조 위원장이
었음을 확인할 만한 자료는 없다. 대신 1960년대 중반에 경북자동차노조 위
원장에 출마했다는 기록과 1961년에 경북전매노조 위원장이 되었다는 기
록이 있다. 한국노총 산하 전국자동차노조는 노총이 결성된 다음인 1963년
11월 15일, 운수노조 산하에 있었던 자동차 분야가 독립하여 산별노조로 출
범하게 되었다. 그러므로 김종하가 위원장이었다는 1960년의 자동차노조는
그 실체가 의심스러울 수밖에 없다.

김종하는 1960년 11월에 열린 한국노련 통합대회 때 전진한 측에 서서
폭력사태를 주도한 인물이기도 하다. 그러나 그에게는 훗날 통혁당 사건으로

1961년 5월 1일, 총협이 주최한 75회 메이데이 기념식(민족일보)

사형을 당한 김종태의 친동생이라는 슬픈 가족사가 있다

4월혁명 시기는 가히 '노조의 춘추전국시대'라 부를 만했다. 당시는 특별한 절차 없이 노조를 결성하여 보사부에 등록만 하면 되었다. 그러다 보니 전혀 실체가 없는 노조도 많았다. 명함만 있는 위원장이 많았다는 이야기이다.

헤게모니 쟁탈 싸움으로 일관하고 있는 우리나라의 노동운동을 정화시키기 위하여 보건사회부 노동국은 1월 말까지 전국의 각급 노동조합에 대해 업무감사를 실시, 자격을 상실한 노동조합과 근로자가 아닌 노동지도자를 일소시킬 방침이다.

4·19 이전까지 정치적 필요에 따라 유명무실한 노조가 6백여 개나 속출, 전국 3백만의 근로자 중 겨우 10퍼센트인 30만 명을 가입시켰을 뿐만 아니라 노동조합법을 무시한 나머지 경비지출을 사용주에게 의존하고 근로자 아닌 자를 가입시켜 주도권 쟁탈 싸움만 하는 직업적 노동지도자를 등장하게 했던 것이다.

한국노련과 한국노협의 통합대회를 위한
대의원대회 소집공고(동아일보 1961년 5월 14일)

4·19 이후 노동당국은 분산되어 있는 전국의 노동단체를 통합시키려고 작년 11월 통합대회를 열게 했으나, 주도권을 잡기 위한 일부 불순세력의 야합과 폭력으로 의사진행이 방해됐기 때문에 통합대회는 사실상 실패로 돌아가고 말았던 것인데, 이는 근로자로 대의원의 자격을 구비한 사람은 사실상 전 대의원의 반수도 안 되고 있는데 그 원인이 있다고 보고 있다.(동아일보 1961년 1월 9일)

그러나 '3·10 노동절'에도 불구하고 그해 5월 1일, 혁신계 인사들과 한국노협 측 사람들이 참석한 가운데 제75회 메이데이 기념식이 오전 10시 20분부터 12시까지 시공관에서 진행되었다. 이 행사를 자세하게 보도한 민족일보 5월 2일자 기사를 보면, 신민당 이진언, 사대당 윤길중(민의원), 통사당 이동화, 민자통 박진 등 다수의 혁신계 인사들과 미국대사관의 홀랜드 노동담당관, 기타 한국노협 인사들을 포함하여 700여 명이 참석하였다고 했다.

토건노조위원장 변용상의 사회로 진행된 이 날의 기념식에서 대한중석

노조위원장 이준수는 "우리나라의 노동자는 국제적인 노동일인 5월 1일을 노동절로 정하여야 할 것을 강조하고 과거 이 정권이 강제로 정한 노총창립일인 3월 10일을 노동절로 한다는 것은 자유우방 노동자 대열에서 고립되는 결과 밖에 안 되는 것"이라고 개회사에서 지적하면서 한국노련이 주최한 3·10 노동절 행사를 비판했다. 이어 금속노조위원장 김사욱의 '메이데이 약사' 보고가 있은 후, 보궐선거에서 당선된 전진한의 후임으로 한국노협(총협)의 의장이 된 서유석이 "5월 1일은 메이데이 행사를 만국의 노동자가 다하고 있는데 한국만 고립되어서는 안 되는 것이며, 또한 우리 노동자는 굳게 단결하여 민생해결의 과감한 시책을 세울 것을 당국에 요구하자"라고 내용의 기념사를 했다.

소소한 대립 속에서도 한국노련과 한국노협의 통합논의는 계속되었다. 그 결과 5월 13일 양대 기구의 대표자들이 모여 통합에 합의하는 성명을 내고, 5월 30~31일 이틀간 서울 삼일당에서 재통합대회를 개최한다고 발표하기에 이른다. 그러나 이 합의 또한 지켜지지 못했다. 권력에 눈이 먼 군인들의 쿠데타가 노동자들의 단결을 막은 것이다.

5·16 쿠데타

1961년 5월 16일 새벽 5시, KBS 라디오방송은 곤하게 잠자고 있었던 국민을 깨워 그 귀를 놀라게 했다.

친애하는 애국동포 여러분! 은인자중하던 군부는 드디어 금조미명今朝未明을 기해서 일제히 행동을 개시하여 국가의 행정, 입법, 사법의 3권을 완전히 장악하고, 이어 군사혁명위원회를 조직하였습니다. 군부가 궐기한 것은 부패하고 무능한 현 정권과 기성정치인들에게 더 이상 국가와 민족의 운명을 맡겨

둘 수 없다고 단정하고 백척간두에서 방황하는 조국의 위기를 극복하기 위한 것입니다. …

'백척간두에 선 조국을 구하기 위하여' 쿠데타 세력이 가장 먼저 행한 일은 모든 집회, 시위, 쟁의행위를 금지하고 정당과 사회단체를 해산시킨 일이었다. 4·19 때처럼 쿠데타에 반발하는 민중봉기가 일어날까 두려워했던 것이다. 5월 19일 '군사혁명위원회'를 '국가재건최고회의'라 개칭하고, 국가재건최고회의는 포고령 제5호 '경제질서 회복에 관한 특별성명'을 발표해 모든 노동쟁의를 금지시켰다. 또 22일에는 포고령 제6호를 공포하여 모든 정당 및 사회단체를 5월 23일을 기해 해산시켰다.

5월 30일의 노총통합대회를 준비하고 있었던 김말룡은 장덕승 보사부장관을 찾아가 포고령 6호가 한국노련에도 적용되는지 문의하였으나, 답을 얻지 못했다. 그리고 5월 26일, 포고령 6호가 한국노련을 비롯한 모든 노동조합에도 해당된다는 통고를 받게 된다.

쿠데타세력은 '반공태세를 효과적으로 강화하기 위하여'라는 명분을 내세워 6월 10일에 법률 제619호를 공포하고, 미국의 CIA와 FBI를 본뜨되 이들 양대 정보기관을 합친 것과 같은 막강한 권력을 지닌 중앙정보부를 설립하였다. 중앙정보부의 주요업무 중에는 노동운동을 말살시키는 공작도 포함되어 있었다.

5·16 나고 모든 사회단체 다 해산시키지. 그러다가 노동조합에 대해서는 제일 먼저 한국노총을 6월 말에 재건을 허용했지. 그때 몇몇 사람들이, 그게 보면 5·16 핵심멤버 중에 이북 출신들이 몇 있어. 그들이 자기들과 아주 가까운 노조 운동하는 사람들을 먼저 복귀시킨 거야. 그래서 그 사람들이 한국노총을 만들지. 먼저 산별노조를 만들고 … 6월 3일, 산별로 누구누구 지명하다

시피 해가지고 자기들끼리 모여서 한국노총 만든 거야. 그때 김말룡씨는 아무 역할도 못하는 거지. 5·16 나고 난 뒤에 군인들이 최고 아니야! 걔들이 산별위원장까지 지명해가지고, 누구는 어느 산별노조에 위원장이다 해가지고 딱 내려왔는데 뭐.(앞의 배병우 인터뷰)

5·16 후 국가재건최고회의가 임명한 9인위원회에 노총을 넘기라는 압력에 그(김말룡)는 당시 박정희에게 개새끼 운운했다는 죄로 구속되었다가 40일 만에 나왔다. "박정희가 당시 뭡니까. 아무 것도 아니잖아요. 국가원수가 아니니 국가원수 모독도 아니고 명예훼손은 당사자가 고발을 해야지 …"(윤철호, 김말룡 인터뷰)

제가 위원장이 되어 정식으로 사무를 보기 시작한 것이 1961년 정월 5일이었습니다. 그러다가 5·16으로 또 작살이 납니다. 4월까지만 해도 비교적 사회가 안정되어 있었습니다. 그러니까 저는 5·16의 정당성을 인정할 수가 없습니다.(최일남 김말룡 인터뷰)

김말룡에게 있어 전국노협과 한국노련은 이승만 정권과 민주당 정권 시절을 거치면서 어렵사리 이끌어온 조직이었다. 그런 조직을 하루아침에 내놓으라니, 청천벽력이었다. 그러나 하루하루가 지날수록 쿠데타세력은 공고해져만 갔다. 김말룡은 화를 참을 수 없었지만, 한국노련을 유지하기 위해 박정희에게 타협책을 제시한다.

한국노련 의장 김말룡은 7월 5일 한국노련을 중심으로 중앙조직을 재건하고자 국가재건최고회의 박정희 의장에게 서한을 보냈다. 김말룡은 서한을 통해 1960년 11월 25~27일 통합대회에서 조직된 전국적 중앙조직인 한국노련은 정치적이고 부패한 노동조합 지도자들을 축출하였으며, 한국노련 조직을 통해 민주적인 노동조합운동의 기초를 세웠다고 주장하였다. 그는 재조직 계획안을 제출하였다. 계획안에는 목적과 임무, 잠정적 계획, 과제, 대행위원회 임원선출 계획, 재조직 절차 등을 제시하였다.(임송자, 「1950년대 후반기~1960년대 초기 노동계 동향」)

두 차례나 보낸 김말룡의 서한에도 박정희는 아무 대답이 없었다. 박정희는 이미 노동계를 어떻게 요리할지 계획하고 있었다.

중정의 노동조합 재조직 실무를 맡은 사람은 지금까지의 각종 자료와 증언에 따르면 5·16 이전 치안국 정보과 경사로 대한노총을 담당했던 전력을 인정받아 국가재건최고회의에 근무하다 중정에 발탁된 김○○이었다. 그는 노동조합 간부들을 선정해 3개월간의 연구 끝에 노동조합재조직보고서 팀을 조직하고, 관련 보고서를 작성해 군정과 중정에 제출하였다.(국가정보원, 「과거와 대화, 미래의 성찰(V) – 언론·노동 편」, 273쪽)

2007년 중앙정보부의 후신인 국정원의 '과거사진상규명을 통한 발전위원회'에서 펴낸 조사보고서에서는, 박정희는 쿠데타를 일으키기 전부터 노동계를 어떻게 다룰지 구상하고 있었으며, 쿠데타에 성공하자 노동계를 다룰 방안을 실천에 옮기기 시작했다고 기록하고 있다.

당시 군정이 지명한 9인 재건위원 가운데 한 사람으로 금속노련 위원장을 맡았던 김 아무개 씨와는 평소 안면이 있었는데, 노총 설립 얼마 뒤 나를 찾아와 고백했다. 61년 7월에 중앙정보부에서 찾아와 같이 가보니 반 평도 안 되는 방에 사람을 앉혀놓고 얼굴도 보이지 않는 교관이 애국심, 충성심(박정희 최고회의의장에 대한)을 물으면서 수십 번이나 세뇌교육을 시켰다고 했다. 그밖에도 체력훈련, 반공교육과 어떤 명령이라도 무조건 따르겠는지 등등을 한 달가량 테스트한 뒤에 내보내 재건위원회를 구성토록 했다고 내게 말했다.

(한겨레21 1994년 5월 5일호, 「"노총은 중정이 만들었다" – 김말룡 인터뷰」)

또 국정원 보고서는 "1961년 7월, 중정은 노조 재조직요원으로 30명을 선발해 그 가운데 9명을 지명해 한 달 동안 합숙교육을 시켰다"라고 적고 있다. 그리고 8월 3일 국가재건최고위원회는 「근로자의 단체활동에 관한 임시조치법」과 「사회단체등록에 관한 법률 중 개정법률」를 공포하였다. 그리고 다음 날 보건사회부장관을 내세워 전국적인 노조연맹체 건설에 대한 지침을 발표한다.

정희섭 보건사회부장관은 4일 상오 '근로자의 단체 활동에 관한 임시조치법'의 공포·실시에 따르는 담화를 발표. 노동조합을 재조직함에 있어서는 종래의 폐단이 노조 상호간의 반목·마찰·분파 작용 등을 피하고 대동단결하기 위하여는 군소노조의 난립보다는 '전국단일산별노조'가 필요한 것이라고 강조하고, 노동단체의 재건은 평화적이며 질서 있게 진행시켜주기를 바라며, 반동적인 시기·모략·악선전 등 근로자가 근로자 스스로를 모독하고 약화시켜 세인의 빈축을 받는 것과 같은 과거의 폐가 없도록 하라고 당부하였다.

(동아일보 1961년 8월 4일)

박정희는 7월 3일, 국가재건최고회의 의장 장도영을 반혁명혐의로 체포하고, 보건사회부장관을 공군준장 출신의 장덕승에서 육군준장 출신의 정희섭으로 교체한다. 신임 정희섭 보사부장관도 중정의 계획을 마다할 이유가 없었다. 그의 담화는 이미 중정에서 짜놓은 노동계 재편의 절차를 수행하는 요식행위였다. 중정이 노동조합을 강력한 중앙 집중력을 가진 산별노조로 재편한 것에는 이유가 있었다. 지난 시기 대한노총은 개별노조 혹은 지역, 산업, 산별을 가리지 않고 노동조합을 설립만 하면 가입할 수 있었다. 그러다 보니 정권차원에서는 관리하기가 쉽지 않았다. 그러나 산별로 노동계를 편성해 놓으면 문제가 간단하게 해결되었다. 문제가 생기면 정권이 직접 나설 필요도 없다. 중정을 통해 산별연맹에 지시만 하면 연맹차원에서 해당 노조를 다루면 되는 것이다. 한마디로 노동자가 노동자를 통제하는 구조를 만들어 놓은 셈이다.

> 1961년 대한노총을 해산하고 한국노총을 직접 조직한 것은 다름 아닌 중정이었다. 한국노총은 노동자들이 스스로 만든 노동조합이 아니었다. 결성 이후에도 한국노총은 중정의 영향력 하에서 움직였던 조직이었다. 한국노총의 이러한 성격은 1987년 노동자 대투쟁이란 지각변동 이후 노동자들이 스스로 신규 민주노조를 결성하거나 기존 어용노조를 민주노조로 뒤바꿀 때까지 지속되었다. (국가정보원보고서, 271쪽)

노총재건을 위한 제반 조치가 완료되자 중정은 그동안 준비한 대로 8월 5일 '한국노동단체 재건조직위원회'를 발족시키고 위원 9인을 선정해 발표한다. '9인위원회'에서 김말룡은 제외되었다. 9인위원회의 의장은 당시 철도노조 위원장이자 김말룡의 한국노련에서 부의장을 맡고 있었던 이규철이었다. 이외 한기수(광산노련 사무국장), 이광조(미군노련 부위원장), 조창화(조선전업 위원장), 김광수(대한노총 회계감사위원), 조규동(체신노조 위원장), 안강수(자유연맹 부산역소화물 분회장), 최재준(해상노련 간부), 김준호(전국은행노련 운영위원) 등으로 구성했다.

'9인위원회'는 8월 6일과 9일 두 차례 회합을 하고 15개 산별조직위원을

한국노총이 1962년 5월 17일, 서울 시청 앞에서 주최한
5·16 지지 전국 노동자 총궐기대회(국가기록원)

위촉하는 등 중앙조직 결성대회 준비를 일사천리로 진행해 나갔다. 8월 16일
부터 25일까지 열흘 동안 산업별 노동조합 결성대회가 열렸다. 모든 것이 중
정의 계획대로 진행되었다. 노총재건위원회의 활동은 요식적이었다.

애써 건설한 한국노련이 하루아침에 짓밟히는 것을 본 김말룡은 절대 참
을 수가 없었다. 김말룡 중심의 전 한국노련계 간부들은 '전국노동단체 재조
직연락위원회'를 만들어, 김말룡을 책임위원으로, 김정원(광산), 이기철(섬
유), 전병민(자유), 박민균(해상), 김대연(화학), 조재규(한전), 조규동(체신) 김
중길(은행) 등 40여명의 각급 노조대표를 위원으로 선정했다. 이들은 「전국노
동자 동지에게 고함」이라는 성명서를 통해, "노동조합의 재조직은 자율적이
고 민주적으로 재건되어야 함에도 재건위원회에는 노동조합과는 관련이 없는

사람이 많고, 9인위원회가 마치 재조직을 청부나 맡은 것처럼 앞장서는 것은 부당하다"고 비판하였다.

그러나 그동안 쿠데타세력에 항복해 버린 언론들부터 김말룡을 외면하기 시작했다. 김말룡에게 우호적이던 동아일보마저 8월 6일자 기사에서 '노조 재조직에 벌써 혼선, 두 단체가 서로 반목, 연일 한곳씩 출현, 비난성명도'라는 제목으로 김말룡의 노련측 연락위원회를 비판했다.

쿠데타세력은 노총재건위 집회는 허락해주고, 노련측 연락위원회 집회는 불허하는 등 노골적으로 김말룡 세력을 탄압했다. 8월 9일자 한국일보를 보면, 한신 내무부장관도 나서 한술 더 뜬다. "일부 몰지각한 인사들이 노동단체 조직을 빙자하여 법질서를 문란케 하는 사례가 있음은 심히 유감된 일"이라며 노총재건위를 제외한 모든 자주적인 노동단체를 비판하고, "합법적인 조직이라 할지라도 이를 악용한 중상모략 행위, 불법집회 등 사회의 혼란을 일으키는 행동은 엄중히 단속할 방침"이라고 경고하였다. 한마디로 쿠데타 정권은 김말룡 쪽의 자주적이고 민주적인 노총 건설 세력을 탄압하겠다는 발언이었다.

결국 쿠데타 세력과 중정이 짜놓은 계획대로 8월 30~31일 용산 교통부 우회관(철우회관, 현재 철도회관)에서 한국노동조합총연맹(약칭 한국노총)의 결성대회가 열렸다. 전국적인 노동단체가 이렇게 빠른 속도로 건설된 예를 세계 노동조합운동 역사상 찾아볼 수가 없다.

한국노총은 대회 결의문을 통해서 '5·16 군사혁명 전폭지지'를 다짐함으로써 5·16 군부쿠데타에 의해 성립한 군사정부를 적극 지지하였다. 그리고 "반공체제를 강화하고 민주적 국토통일을 위하여 총력을 경주"할 것을 다짐하였다. 대한노총과 마찬가지로 한국노총 또한 반공활동을 제1의 목표로 삼았다. 그런데 결의문에서 "정부는 노동쟁의금지령을 즉시 해제하라"고 하면서도

"노동쟁의의 평화적 해결로서 산업평화 유지에 노력"하겠다고 다짐하고 있다는 점이다. 이러한 결의문은 서로 모순된다. 전자는 노동조합운동에 접근하려는 태도를 보인 반면, 후자는 노동조합운동을 포기하는 태도를 취한 것이었다. '5·16 군사혁명 전폭지지'를 다짐하면서도 '정치적 엄정중립 확립'한다는 결의문 또한 모순되는 부분이다.(임송자, 『대한민국노동운동의 보수적 기원』, 선인, 2007, 395쪽)

'노총 관제화'는 불을 보듯 뻔했다. 이제 노동자의 '신성한 권리'는 반공이라는 명분에 묻히게 된 것이다. 쿠데타세력은 이렇게 노동단체를 장악하면서 6, 70년대 박정희의 '저임금 경제개발 전략'의 토대를 다진 것이다. 이승만 시절에 비해 노총조직이 단일화 되고 규모가 커졌으나, 정치에 예속되는 상황은 똑 같았다. 1962년 5월 17일, 서울시청 앞에서는 '5·16혁명지지 전국노동자총궐기대회'가 열린다.

쿠데타세력에 의해 구속된 김말룡

1961년 8월 30일 새벽, 한국노총이 출범하던 날 중앙정보부는 김말룡을 전격 연행하여 구속했다. 김말룡은 전날 "보사부 당국이 어용 사이비 운동자와 결탁하여 전국의 재조직을 청부시키고, 집회의 일방적 불허, 노동회관 및 노조재산의 불법인도 지시, 노동조합 결성 대의원 지명제 등 민주노동운동의 완전 말살을 기도하였다"는 내용의 성명을 발표하고 노동 일선에서의 은퇴를 선언하였다.

중정은 김말룡의 성명이 5·16혁명을 부정하는 것으로 판단했다. 국내언론에서는 김말룡의 성명서를 보도하는 매체가 없었는데, 외신에서 이를 다룬 것이다. 김말룡의 성명서의 의미를 축소하기 위해 박정희 쿠데타 세력은 김말룡을 '반혁명세력'으로 몰아 구속한 것이다. 그러나 한국노총 출범도 마무리되고 이미 은퇴를 선언한 김말룡을 계속 구속해두기에는 무리였다. 김말룡은 40여 일만에 석방되었고, 이후 김말룡은 칩거에 들어갔다.

5·16이 나고 정당·사회단체가 해산되자 김말룡 선생은 외신부 기자들을 모아놓고 5·16 쿠데타를 우리 노총은 인정할 수 없다는 성명서를 발표하여 외신에 보도되었다. 이후 곧바로 체포되어 구속된다. 이후 우리는 매일 덕수궁 앞에서 만나 오징어에 소주를 먹으며 이런 저런 이야기를 했다. 그 당시에는 아무런 할 일이 없었기 때문에 무엇을 할까 생각하다가 결론을 내린 것이 등산을 하자는 제의였고, 그때부터 등산을 처음 시작하였다. 처음 산행은 세검정에서 만나 시작한 것으로 기억된다.(앞의 배병우 인터뷰)

김말룡의 '백산회'는 여기서부터 시작되었다. 이 단체의 회원이 되려면, 전국의 명산 백 개를 올라야 자격이 생긴다. 배병우 교수는 "김말룡 선생이 어려운 산 백번을 넘어야 주는 상도 받았다"라고 소개하고 있고, 명동상담소 소장 시절부터 김말룡을 접한 이총각 전 동일방직 지부장도 명동노동문제상담소에 처음 찾아갔을 때, 골방에서 하루 종일 줄담배를 피시면서 상담을 하시는데, "어디 아픈 데가 없으시냐?"고 물어보자, "산을 많이 다녀서 잔병이 없다. 그리고 나는 지금까지 활명수 한 병도 안 먹었어"라고 대답했다고 한다. 그렇게 쿠데타의 폭정을 피해 동지들과 어울려 산행을 즐기던 중, 1963년 2월 5일자 동아일보에 김말룡이 다시 등장한다. 박정희에게 두 번째 도전장을 내민 것이다.

한국노총 결성 무효소송

1963년, 박정희는 군사정부를 끝내고 민간인들에게 정부를 넘겨야 했다. 쿠데타를 일으키며 3년 안에 민정이양을 하겠다고 국민 앞에 선언을 했기 때문이기도 하지만, 무엇보다 쿠데타를 지지한 미국의 뜻을 거스를 수가 없었다.

1962년 12월 6일, 5·16쿠데타 세력이 발동한 대한민국 헌정사상 가장 길었던 1년 6개월의 계엄령이 해제되고, 12월 17일에는 군정이 마련한 제3공화국 헌법이 국민투표로 통과된다. 박정희는 1963년 4월에 대통령선거를 하고 5월에는 국회의원선거를 하겠다는 민정이양 계획을 밝힌다. 하지만 이는 국민 눈속임용이었다.

박정희는 1963년 3월 16일, 군정연장 선언을 했다가 미국의 반대로 군정연장을 포기하는 듯 했지만, 꼼수를 부려 군복을 벗고 '가짜 민간인' 행세를 하면서 사전에 조직된 공화당 대통령 후보가 되어 대선에 출마한다. 1963년 1월 1일, 박정희는 민정이양 위장술의 일환으로 그동안 정치활동정화법으로 묶어 두었던 일부 정치인들의 정치활동을 허용한다. 더불어 노동조합 등 사회단체 활동도 허용한다.

> 1962년 12월 6일, 계엄령 해제와 더불어 1963년 1월 1일부터 정치 활동이 허용되자 이제까지 한국노총의 재조직 과정에서 배제된 구 한국노련계 간부들이 기성조직의 일부와 미조직 분야를 조직하기 시작하여 노동계는 또다시 분규의 진통을 겪어야 했다.(한국노총, 『한국노동조합운동사』, 579쪽)

김말룡에게 1년 5개월의 칩거는 해방 후 한숨도 쉬지 않고 달려온 노동운동가에겐 달콤한 휴식시간이 될 수도 있었지만 그에게는 그렇지 않았다. 그는 산을 오를 때나 지인들을 만날 때도 오로지 노동계에 복귀할 계획을 짜고

1963년 2월 17일에 열린 한국노동조합총연합회
결성준비대회(경향신문 1963년 2월 18일)

있었다. 위『한국노동조합운동사』에서는 '또 다시 분규의 진통'을 겪어야 했다고 표현했지만, 사실은 그렇지 않았다.

2월 4일, 한국노련 중앙위원이었던 김말룡과 김대연은 "1961년 8월 3일자「근로자 단체활동에 관한 임시조치법」을 공포하여 노동운동의 합법성이 보장되었음에도 불구하고 보건사회부 당국은 법의 정신과 취지에 반하여 몇몇 특정인을 지명하여 관권으로서 하향식 조직을 강행하였다"라며, 또 "관제 어용화한 현 노총의 불법성이 고질화할 가능성이 농후하여 법의 심판을 받아야 한다"는 요지의 성명서를 발표하고, 한국노총이 불법단체이므로 해산한 것을 주장한다. 그리고 '노총창립대회 결의무효 확인청구소송'을 법원에 제기한다. 김말룡은 단호했다. 1년 5개월간 참아왔던 분노를 일시에 토해냈다. 소장의 결의무효 이유는 다음과 같다.

① 원고 등은 대회 전의 연합체인 한국노동조합총연맹(한국노련)의 간부로서 그 규약에 따라 직무를 수행해 오던 중 5·16 이후 법적 절차를 다 밟았기 때문에 엄연히 연합체 노조로서 존속하고 있고,

② 현 노총은 전국 노동조합원 수십만 명중 대의원 불과 80명을 지명하여 총

70여 명이 소집된 가운데 대회를 개최하여 규약을 제정하고 임원을 선출한 뒤 합법적으로 취임한 원고 등 한국노련 간부를 축출하고 사무소 및 모든 재산 일체를 불법으로 접수하였으며,

③ 또한 동 대회의 참석 대의원의 자격에 있어서도 노동조합법에 의하여 직접 무기명투표에 의하여 선거되지 않고 부적법한 조합의 지명에 의하여 대회에 출석, 결의에 참여하였으므로 적법의 대의원이 아닌 자의 결의이므로 동 대회의 결의는 무효이다.(한국노총,『한국노동조합운동사』, 579쪽)

그러나 법원의 판결은 소송제기 1년 뒤인 1964년 1월, 기각으로 끝나고 만다.

한국노련의 부활

한국노총 결성 무효소송이 진행되는 사이 김말룡은 두 번째 행보로 4월혁명 이후 결성했던 한국노련을 부활시켰다. 1963년 2월 17일 , 서울 종로1가 서울회관에서 철도, 광산, 외기노조 등 300여 명의 발기인이 모여 한국노동조합총연합회(한국노련) 결성준비대회를 개최한다. 이들은 선언문에서 "5·16 이후 적년의 전통은 무참히 전복되었고, 노동운동계는 몇 개인의 입신을 위해 맹종하고 하향식 조직방식으로 산하조직의 기능을 박탈당했기 때문에 한국노동운동의 정상화를 위해 총궐기한다"고 천명했고, 또 "현 노총의 해체를 주장, 정치적 중립을 기한다는 것과 쟁의권 확립을 위하여 투쟁한다"는 내용을 담은 결의문도 채택했다.

준비대회에서 김말룡은 책임위원으로 선출되었으며, 5개부서가 설치되고 실무위원 25명도 선임되었다. 『한국노총운동사』(1979)를 보면, 준비대회

다음날인 2월 18일에만 전국철도기관차노조, 전국철도운수노조, 인천제강노조, 부평지구미군노조, 서울지구자동차노조, 인천지구미군노조, 전국혁공노조, 대동제강노조, 전국토건노조, 인천자유항만노조, 구룡포지구보망노조, 부산자유항만노조 등 12개 노조가 가입하는데, 대부분 기존의 노동조합을 둔 채 결성된 제2노조들이었다.

1953년에 제정된 노동조합법에서는 "근로자는 자유로 노동조합을 조직하거나 또는 이에 가입할 수 있다"라는 제6조 규정을 근거로 복수노조를 허용하였으며, 5·16 쿠데타 이후 1961년 8월 노동조합 재건을 허용했지만, 종전의 노동조합법을 적용했기 때문에 복수노조를 금지한 것은 아니었다. 김말룡은 이러한 점을 파고들어 한국노련을 재출범시킬 수 있었다. 쿠데타세력의의 양해를 받지는 않았지만, 곧 민정이양이 될 것이므로 그때까지는 지속시킬 생각이었다.

그는 결성준비대회 하루 만에 자신을 지지하는 노동운동가들을 모아 수십 개의 새로운 노조를 만들었다. 여기에 신규노조가 아니었던 전국금속노조도 참여한다. 위원장 지원일은 인천지부장 문익모 외 소속노조 지부장 8인을 모아 "노총이 주장하는 산별하향식 조직은 민주주의적인 노동운동을 전개할 수 없다"고 주장하며 "금속노조는 한국노총에서 탈퇴하고 직능별 단위 조직인 노련에 참가한다"라고 발표한다. 한국노총의 골간조직인 산별에서 유일하게 금속노조가 한국노련 재출범을 지지한 것이다.

지연일은 1961년 8월 25일, 재건 조직된 전국금속노동조합 위원장직에 취임한 이래 한국노총의 산별체제에 이의를 제기하고 탈퇴한 유일한 산별노조 위원장이다. 1963년 1월 1일, 정치활동의 재개와 더불어 구 한국노련계의 조직활동이 활발해지자, 지연일 위원장은 금속노조 본부에는 일체 출근하지 않으면서 산하 노조의 한국노련 결성준비위원회 가입을 지원하고 당시 금속노조

조직부장 김병용에게도 한국노련 가입을 권고하였으며, 1963년 2월 22일에는 한국노련 대표 김말룡과 함께 주한 미국대사관을 방문하여 한국노총의 체제가 비민주적이라고 비난하였다.(한국노총, 『한국노동조합운동사』, 583쪽)

허가 찔린 박정희는 즉각 중정에 대책을 세우라고 지시했다. 중정은 위원장이 빠진 금속노조 본부의 직원들을 다그쳐 "한국노총 탈퇴를 선언한 지연일 위원장은 불순분자들과 야합한 세력"이라 발표하게 하고, 부위원장 김재범을 위원장 직무대리로 임명한다. 하지만 김말룡의 세력은 요지부동이었다. 3월 10일의 제5회 노동절 행사를 노총과는 따로 개최한다.

노동법 개악

노총 재조직화투쟁이 본격적인 궤도에 오르자, 이것을 가만히 지켜볼 박정희가 아니었다. 아직 민정이양이 끝나지 않았기 때문에 권력(입법·사법·행정권)은 모두 쿠데타 이후 1963년 12월 17일까지 존속한 국가재건최고회의 의장 박정희에게 있었다. 법의 제정과 개정은 간단했다. 국회도 없었기 때문에 최고회의에서 결정만 하면 됐다. 박정희는 1963년 4월 17일 노동조합법을 개정하여 노동조합 설립 결격요건으로 '조직이 기존 노동조합의 정상적인 운영을 방해하는 것을 목적으로 하는 경우'(제3조 5호)을 추가함으로써 실질적으로 복수노조를 금지하였다.

3·10 노동절 행사를 노총과 노련이 따로 개최했다는 이 기사에 등장한 서른일곱 나이의 김말룡(경향신문 1963년 3월 9일)

개정된 노동조합법은 '노조의 정치활동도 금지'(제12조)하였다. 같은 날 개정된 노동쟁의조정법은 '쟁의행위의 적법심사'를 받도록 하였고(제143조 제3항), '쟁의행위의 절차'를 복잡하게 하는(제12조) 등 수많은 독소조항이 삽입되었다. 김말룡에게 허가 찔린 박정희는 아예 '자주적이고 민주적인 노동운동' 자체를 말살하려 한 것이다. 또 같은 날 제정한 「근로자의날제정에관한법률」은 노동절이었던 3월 10일을 '근로자의 날'로 명칭을 바꿨다. '근로자의 날'은 31년이 지난 1994년에 되어서야 5월 1일로 제자리를 찾았으나, 명칭은 여전히 '근로자의 날'이다.

> 1963년 정월 정치활동정화법이 해제[7] 되면서 옥내집회가 가능해지자, 저는 또 당시의 노총위원장을 상대로 노총설립 무효소송을 냈습니다. 그런 한편으로 연합회(한국노련)를 다시 결성, 불과 20일 만에 124개의 지부를 만들었습니다. 그러자, 4월에는 정부가 노동법을 고쳐 '기존노조를 방해할 목적으로'[8] 라는 조항을 넣고, 2년 전까지 거슬러 올라가는 소급법을 만드는 바람에 재판 자체가 소멸되고 말았지요.(최일남, 김말룡 인터뷰)

'복수노조금지' 조항은 1993년 이래 ILO에서도 폐지할 것을 지속적으로 권고하였는데, 34년이 흐른 1997년에 와서야 상급(연합)단체의 경우에만 복수노조가 허용되었다가, 다시 14년이 지난 2011년 7월부터 사업(장) 단위에도 허용되었다. 그러나 이 경우 교섭창구의 단일화를 강제하였다.[9]

이렇게 '조직이 기존 노동조합의 운영을 방해할 목적으로 하는 경우'라는 복수노조 금지조항이 들어간 법 개정이 이뤄지자, 바로 다음 날인 4월 18일 인천제강노조위원장 이만영이 구속되었으며, 한국노련 소속의 노동조합들은 관계 당국으로부터 신고증을 교부받지 못하게 된다. 한국노련 소속 노동조합들은 불법노조가 되고 만 것이다. 김말룡의 '1963년의 한국노련'은 꽃 한번 제대로 피워보지 못한 채 시들고 말았다.

압제를 받고 불만을 느끼는 노동자의 자연발생적인 파업과 항거는 인류의 역사와 더불어 오래된 것이다. 자유, 평등사상을 기초로 한 시민혁명, 경제적으로는 자본주의 경제체제가 성립한 다음 경제적 지배계급과 종속계급의 발생과 대립이 노동자의 단결을 자연 발생케 하였으므로, 노동조합의 발생은 민주주의가 대전제가 된다. 따라서 노동조합은 여러 노동조건의 결정을 위하여 기업주와 사이에 대등한 단체적 교섭을 하는 것이 그 본질적 기능이나, 그에 앞서 노동자의 총의를 민주주의적 방식으로 결집하고 이것을 대표할 수 있는 기능이 구비되어야 비로소 그것이 가능해진다.

그러므로 노동조합은 노동자에 의한 자주적이고 민주적이며 노동자적이어야 한다는 것은 이와 같은 노동운동의 발생과정으로 보아 당연한 귀결이라 하겠다. 정부가 노동조합을 지도, 육성하는 것도 좋으나 "자주적이고 민주적이며, 노동자적이어야 한다"는 기본적 요소를 육성하여야 하고, 또한 그를 위한 여건과 소지를 만드는 범위에 한정되어야 한다. 이번 개정은 이 본말을 전도한 것이 명백하고, 우리가 '명백히 개악'이라고 주장하는 이유도 여기에 있다. (김말룡, 「노동법의 개악을 반대한다 - 노동운동은 민주주의의 초소이다」, 『사상계』 1964년 1월호)

정작 '압제를 받고 불만을 느끼는 노동자'는 김말룡 이외 아무도 없었다. 아니 느꼈더라도 나서지 않았다. 총칼로 무장하고, 게다가 언제라도 탱크를 노동자 앞에 들이밀 수 있는 군사정권 하에서의 저항은 무의미했다. 희생만 낳을 뿐이었다. 1964년 한일협정체결을 목전에 두고 벌어진 전국민의 항쟁도 총칼과 탱크 앞에서는 무력해질 수밖에 없었다. 4월혁명과 같은 승리를 계획해 봐도 군대와 권력기관에서 반대세력을 완전히 제거해 버린 박정희를 이겨낼 힘을 가진 자가 없었다.

8·15 해방 후 한국의 노동운동은 전평 타도의 반공활동으로 시작되었다. 이제 주먹의 반공에서 민주적이고 자주적이며 구체적인 반공에로 진화해야 할 사명을 띠게 된 것이다. 또한, 보다 큰 경제적 비약을 앞두고 노동자도 이에 참여하여 응분의 보수를 요구할 시기에 임한 것이다. 그러므로 한국의 노동자들은 실질적인 반공과 생활임금의 요구를 내걸게 되는 것이며, 이것은 우리들이 혁명공약 제1장과 제4장을 아울러 실천하려는 굳은 결의를 표명하는 것으로 결코 제3공화국의 발전을 저해, 제약하는 요소가 될 수는 없다. (김말룡, 『사상계』 1964년 1월호 기고문)

"나도 반공주의자다. 그러니 박정희와 같은 위치다. 헌법과 각종 노동관계법에 따라 나를 구속하지 말라"고 외쳐보았지만, 헌법과 법 위에 군림하는 박정희를 이겨낼 수는 없었다. 하지만 김말룡을 지지하고 의지하는 사람들도 있었다.

신념이 그토록 강한 사람은 처음 봤다. 자유당 시절과 … 군사정권 시절에도 여러 번의 유혹이 있었으나 절대로 불의와 타협하지 않았으며, 옳다고 생각하면 자기 소신을 굽히지 않았고 오직 노동운동에 대한 열의로 계속해서 노동운동을 해가고자 하는 마음과 근로자들을 향한 마음만 있었다. 그러한 분의 신념과 행동이 본인에게는 너무 감동적이었기에 존경하게 되었고, 그분의 노선을 따르기로 했다. (배병우, 「김말룡 선생 1주기 추모자료집」)

보장된 출셋길을 포기하고 노동현장으로 진출한 서울대 출신 노동자 배병우는 김말룡과의 인연을 소중히 여겼다. 박정희에게 무슨 수를 써서라도 저항하려는 김말룡의 모습에 반해 30년의 인연을 시작했다.

제가 중요하게 느끼는 것은, 미군정 3년과 우리 정부 수립후의 노무정책이 일제 잔재를 상당히 가지고 있었고, 기업주의 잠재의식 속에도 지속되었으며, 우리 정치제도가 그걸 뒷받침했다는 것입니다. 이것이 근본문제인데, 올바른 의미의 산업평화를 이루려면 노사 간의 제도가 올바로 정립되어야 합니다. 기업주의 노동자관이 백팔십도 전환되어 노조를 인정하는 전제에 서야 합니다. 노조를 부정하는 것은 민주주의를 부정하는 것입니다. 노조를 인정하고 피차 진지한 대화를 나눌 때, 노사는 경쟁관계는 될 수 있을지언정 적대관계가 되지 않습니다. 또 어용노조를 만들어 노무관리나 강화하려는 생각을 바꿔야 합니다. 사용자가 노조가 생기면 회사가 망한다고 생각하면서 노조를 적대시하면, 노조도 상대적으로 기업주를 적대시하고 사나워집니다. 이런 적대감은 결국 작은 일을 큰일로 확대시키고 정치사회문제로 비화, 희생자만 생기게 하는 악순환을 가져옵니다.(최일남, 김말룡 인터뷰)

김말룡은 기회만 있으며 대화를 주장했다. 노사의 정당한 대화가 없으면 대립으로 치달을 수밖에 없다고 주장한다. 대립은 희생자를 낳고 만다. 하지만 그의 주장을 우리 사회는 받아주질 않았다. 지금으로 치자면 노사정위원회쯤 되는 기구를 만들어 사회적 대화를 하자는 주장일 뿐이었다.

한국노련을 지지했던 한국노총의 유일한 연맹위원장 금속노조 지연일도 1963년 9월 9일이 되면 금속노조 조합원 앞으로 종전의 성명을 철회하고 "무지의 소치를 반성한다"는 내용의 사과문을 발표한다. 백기투항을 한 셈이다. 김말룡은 다시 혼자가 되었다. 칩거의 세월을 시작해야 했다. 활동을 재개한 지 1년도 채 못 돼 다시 백산회를 찾을 수밖에 없었다. 그러던 차에 부인 박귀연이 서울로 올라온다.

서울에 온 이야기를 하면 또, 대구에서 살다가 이제 애들 셋 데리고 서울로 가겠다고, 오지 말라고 하는데도 막 가겠다고 내가 혼자 애 셋을 데리고, 옛날에 완행기차 있잖아요. 그거 타고 대구서 친척들이 태워주고, 짐도 실어 주고 그래가지고 갔는데. 지금 생각하면 애 하나가 초등학교 2학년이었으니까 9살이지, 그리고 7살, 또 5살 그래 셋을 데리고 기차를 탔는데, 어떻게 화장실도 데려갔는지 모르겠어요. 그래가지고 서울역에 내리니까, 서울농대 다니는 우리 남동생하나 있었어요. 걔하고 둘이, 매형하고 둘이 서울역에 나왔더라고. 큰 입이 이만치 커졌다고, 허연 이빨을 보이면서 웃으면서 서 있더라고. 애들 다 데리고 의원님이 마련해 놓은 방으로 와 보니깐, 저 방만 했나봐. 저 방만한 거 하나 얻어 놨더라고. (집이 어디 있었나요?) 성동구 마장동. 우시장 가는데. 거기 무슨 기찻길이 하나 있었어요. 어디 가는 기차인지 모르겠어. 밤에 애들하고 자려고 이부자리 해놓고 누웠는데, 어디서 기적소리가 나더니 막 집이 내려앉는 것처럼 … 애들이 막 엄마 끌어안고 난리지. 그래도 기차가 지나가는 소리라는 말을 안 해. 가만히 있어. 자기가 방을 얻었는데. 너무 기가 막힌 거지. 세월이 가니깐 그 기차소리도 안 들리데.(박귀연 인터뷰)

1964년 박귀연의 상경은 김말룡에게 안정감을 주었을 것이 틀림없다. 당시 실직자 신세이던 그가 가족의 따뜻함으로 1966년 다시 기지개를 켤 수 있었을 것은 분명해 보인다.

1964년 4월 18일, 한동안 신문지상에서 사라졌던 김말룡의 이름이 다시 등장한다.

14일 하오 2시, 종로에 있는 약공회관[10]에서 노동법에 대한 공청회를 열려고 했으나, 약 8백 명의 청중은 보사부가 초청한 노동계 대표 김말룡(전 노총회장), 한기수(전 노총 사무총장), 유갑천(전 운수노조위원장) 등은 어용대표라는 야유와 빗발 같은 항의에 그만 중단한 듯, 위원장은 모종의 스캔들로 아예 얼굴을 나타내지도 않았고, 사회를 맡았던 신관우 공화당 간사는 회복할 수 없을 정도로 야유세례를 받고 사태도 수습 못할 정도 …. 참다못한 공화당의 S의원은 "하루속히 공청회를 할 만한 커다란 방을 마련해야겠어요. 국회가 만장일치로 초청한 인사가 어용대표라고 낙인이 찍혔으니 원 창피해서 …" 쯧쯧 혀를 찼다.(경향신문 1964년 4월 18일)

1964년 2월, 국회의원 김대중은 '노조 자유설립, 정치활동 허용, 쟁의의 긴급조정권을 보사부장관에서 대통령으로 이관, 노사공 3인씩 선출하여 노동위원회 구성' 등의 내용을 담은 노동관계법 개정안을 제출한다. 그러나 대한상공회의소 측은 "노동법이 개정되면 쟁의가 남발할 수 있다"며 반대의견을 제출한다. 또 이에 동의하는 전국경제인연합회의 의견서도 발표되었다. 그러자 노총은 "경제인들의 자숙을 촉구한다"라는 내용을 담은 반박성명서를 발표한다.

이렇게 노동법개정안을 둘러싸고 논쟁이 확산하자, 국회 보사위가 공청회를 열기로 한 것이다. 여기에 각급 대표들을 모았는데, 노동계 대표 중에 김말룡이 들어간 것이다. 그러나 공청회 당일 한국노총 소속 조합원들이 몰려와 노동계 대표로 참석한 김말룡, 한기수, 유갑천 등을 어용이라며 공격, 어이없게도 공청회 자체를 무산시킨 것이다. 김말룡 등 전임 노동운동가들의 재등장을 달가워하지 않았던 당시 노총 간부들의 공작이었다.

공청회는 한 달 뒤인 5월 23일에 가서야 다시 열렸다. 그 즈음 한일회담을 반대한 6·3사태로 계엄령이 내려져 있었다. 계엄 하인 7월 20일, 국회 보사위에서 통과된 노동조합법은 김대중의 개정안과는 정반대로 사용자 측의 입장인 '유니온 샵 폐지, 근로자 과반수가 안 되는 노조는 불인정, 단체협약 체결시 노조대표는 해당사업장 근로자로 제한' 등의 내용이 담겨 있었지만, 노동계의 반대로 국회 본회의에서 통과되지 못했다. 이후에도 정부와 경제인들의 노동관계법 개악시도가 계속되어, 1971년 10월 15일의 위수령이 내려진 뒤인 12월 27일에 공포된 국가보위법에 의하여 '단체교섭권과 단체행동권'이 전면적으로 봉쇄되기에 이른다.[11]

한국노총 민주화를 위한 위한 기나긴 여정

한국노총 민주화를 위한 기나긴 여정

1960년대의 노동계

1960년대는 한국사회가 농경사회에서 산업사회로 넘어가는 전환기였다. 전 국민의 70%를 차지하던 농민은 도시로 이주해 저임금노동자로 전락했다. 1963년에 7백만이 채 못 되던 임금노동자는 1971년이 되면서 1천만이 넘어 농업인을 압도했다. 더불어 노조조직률도 올라가게 된다. 1961년 10만이 채 못 되던 조합원이 1971년에는 '17개 산별노조 50만 조합원 시대'가 된다.

같은 기간 동안 상시 임금노동자는 93만 4천명(12.2%)에서 147만 8천명(31.5%)으로 늘었고, 임시 및 일용직 노동자를 포함한 전체 노동자 수도 241만 2천명(31.5%)에서 395만 5천명(39.3%)으로 크게 증가했죠. 산업별로는 농림·어업이 63.1%에서 48.4%로 낮아진데 비해, 광공업은 8.7%에서 14.2%로, 사회간접자본 및 기타 서비스업은 28.2%에서 37.4%로 그 비중이 높아졌습니다. 그 결과 농가 대 비농가 취업자의 비율은 1963년 64.5 대 35.3에서 1971년에는 49.9 대 50.1로 역전됐습니다.(이원보, 앞의 책, 168쪽)

그러나 폭증하는 노동자 수에 비례하여 노동조건은 더욱 열악해졌다. 노동자들은 저임금과 장시간노동에 시달려야 했다. 1960년대 산업발전의 신화처럼 여겨지는 박정희의 1, 2차 경제개발5개년계획은 외국에서 돈을 빌려와 상품을 만들어서 수출하는 '외자도입'과 '수출제일주의'로 요약할 수 있다. 곧 수출에서 번 돈으로 빌려 온 돈을 갚으면 되는 것이다. 그러나 '눈먼 돈'은 없었다. 돈을 빌려주는 나라는 자기들의 이익이 되는 쪽으로 사용하도록 간여하였다. 이로써 우리 경제를 외자에 예속되게 하려 한 것이다.

> 차관은 단순히 자본제공으로서의 차관에 끝나는 것은 아니다. 그것은 자본과 관련하여 자기 기술을 플랜트 수입에서 강요할 뿐 아니라, 그에 따른 원료 및 중간재 수입을 동반하여, 또한 관련 산업의 입지과정에서 또 다른 자본제휴를 가져오게 하도록 되어 있다. 그리고 그것은 차관 제공국 자본의 직접적 진출을 위한 기초를 조성하는 것으로 된다. 그리하여 직접투자에 의해 자본운동의 일련의 과정은 완성되면서 자본도입국의 국민경제는 다국적기업에서 표상되는 국제독점자본의 목장 속에서 사육되는 값진 젖소가 되는 것이다.(박현채, 『민족경제론』, 158쪽)

박정희는 차관을 잘 도입하기 위해 「외국인투자기업의 노동조합 및 노동쟁의조정에 관한 임시특례법」이라는 법을 제정(1970년 1월 1일)하기에 이른다. 이 법은 외국기업에 근무하는 노동자들에게 대한민국 헌법과 노동관계 법률에 의해 보장되고 있는 '노조결성'과 '쟁의행위'를 사실상 할 수 없도록 만들어 놓았다. 박정희는 왜 이렇게까지 무리수를 두면서 외자를 도입하려고 했을까? 그것은 자신의 영구집권을 위한 경제적 토대 구축을 위해서였다. 한국 경제의 기형아인 재벌이 이 즈음 등장한 것도 그것이 박정희의 영구집권 구축에 유용한 도구였기 때문이었다.

임시특례법은 외국인 투자기업 노동자에 대한 통제를 명문화한 것이었다. 그 구체적인 내용은, 외국인 투자기업에서 노동조합을 설립할 때 노동청장에게 직접 신고의무화, 노동쟁의조정법과 별도의 특별조정법을 마련해 노동쟁의 발생 시 노동청장에 신고의무화, 중앙노동위원회의 강제중재의무화 등이었다. 결과적으로 노동쟁의에 대한 강제중재와 노동조합 설립이 제약되는 등 노동3권이 제한되었다.(김원, 「유신체제 수립직전의 노동관계와 자율적 노동운동의 맹아」, 『민주화운동사료집』, 2019)

이러한 조건 속에서 한국정부는 자원부족과 뒤떨어진 기술력을 보강하기 위해 노동자에게 주는 임금을 줄이고 노동시간을 늘려 싼값으로 상품을 수출하는 정책을 펼쳤고, 싼 임금을 위해서는 생활필수품인 쌀값을 잡아두지 않으면 안 됐습니다. 따라서 노동자는 항상 최저생계비에도 못 미치는 낮은 임금으로 살아야 했죠. 그리고 수지를 도저히 맞출 수가 없어서 농촌을 떠난 농민들은 도시로 몰려들어, 노동력의 공급과잉 상태를 만들었습니다. 그리고 그만큼 자본가들은 많은 초과이윤을 얻을 수 있었고, 정부의 각종 금융, 조세상의 특혜와 어울려 엄청난 자본축적을 이루게 됐습니다.(이원보, 앞의 책, 169쪽)

박정희는 외자를 재벌에게 분배하면서 10~15%에 달하는 엄청난 '수수료'를 챙겼다. 예를 들자면, 1963년 대통령선거 전후에 벌어진 '삼분폭리' 사건이 있다. '삼분三粉'은 설탕, 시멘트, 밀가루 세 품목을 말한다. 국회 조사가 시작된 1964년 2월 당시의 언론 기사들은, 삼분 도입으로 재벌은 80여억 원에 이르는 이익을 챙겼고, 이중 박정희에게 상납한 금액만 50억 원에 달했다고 보도하고 있다. 박정희가 대통령으로 당선되기도 전에 이 정도였다면, 이후 한일협정을 통해 들어온 엔화와 베트남 파병으로 들어온 달러의 국내 재분배과정이 어떠했을지는 상상이 가는 대목이다. 이렇게 1960년대에 특혜를 받은 재벌과 기업주, 그리고 박정희 군부세력의 배는 불러 갔지만, 노동자의 뱃가죽은 등짝에 붙어버릴 지경이었다.

1960년대에 발생한 노동쟁의 중 70% 정도가 '임금인상 요구'였다는 점만 봐도 당시의 저임금으로 인한 경제적 불평등에 대한 노동자들의 불만이 어느 정도이었는지 알 수 있다. 저임금정책은 노동자를 착취하기 위해 대한민국 정부가 해방 후 지금까지 취해 온 전통적 수법이다. 현재도 최저임금 단 몇 백 원, 몇 십 원을 인상하는데도 기업주와 정부가 펄펄 뛰는 것도 이러한 역사적 배경이 있었기 때문이다.

하지만, 정부의 저임금정책에 저항하여 싸워야 할 1960년대의 한국노총은 박정희 정권의 어용조직, 하수인을 자처하고 있었다. 그런 '허가받은 관변 노동조합'만 존재했던 환경에서도 노동자들의 투쟁의 불길은 거세게 일어났다. 1963년부터 1971년까지 921건의 노동쟁의가 발생했으며, 약 138만 명의 노동자가 쟁의에 참여하였다. 이 통계는 한국경영자협의회가 작성했다. 한국노총이 노동자의 관점에서 이 시기의 쟁의를 제대로 파악했다면 더 많은 노동 투쟁 기록이 남아 있었을 것이다.

박정희의 회유

5·16쿠데타 이후 한국노총을 한 달 만에 출범시킨 중앙정보부는 6, 70년대 민주적 자주적 노동운동의 흐름을 원천부터 차단했다. 이는 2007년에 발표된 국가정보원의 보고서 『과거와 대화, 미래의 성찰 – 언론·노동 편』에 자세히 정리되어 있다.

중정은 한국노총 조직결성에 관여하였고, 한국노총을 재조직하기 위해 군사 정부에 충성을 맹세한 9인위원회와 조직위원들을 지명했을 뿐만 아니라, 산 별체제의 조직형태까지 기획하고 실행에 옮겼다. 이후 중정은 자신들이 통제

할 수 있는 구성원들로 한국노총 간부들을 끊임없이 육성하고 관리하였다. 이는 주로 노총선거에 직접적인 영향력을 행사하고 개입함으로써 실현되었다. 중정은 한국노총 위원장 선거와 각 산별위원장 선거에 직접 개입하여 자신이 지명하는 자가 위원장에 당선되도록 했다. 그리고 김말룡 등 비판 성향의 인물이 한국노총 간부가 되는 것을 강압과 회유를 동원하여 직접 막았고, 김말룡이 연합노조 위원장에 당선되자, 상급단체인 한국노총을 통한 공작뿐만 아니라 각종의 물리력과 협박, 회유 등의 공작을 통해 무력화시켰다. 이같은 중정의 한국노총 통제와 개입은 당시 군사정부의 명백한 국가권력 남용과 오용이었다.(국가정보원 보고서, 283쪽)

국정원은 이 같은 사실들을 확인하기 위해, 1960년대 당시 한국노총에 관여하였던 인물들을 만나 증언을 받아냈다. 보고서에는, 전 인천도시산업선교회 간사인 황○○은 "당시(1960년대 중후반 이후)에는 대기업 노조위원장이나 산별노조 위원장은 중앙정보부의 낙점을 받지 않으면 위원장을 할 수 없었다. 이에 대한 구체적 물증은 없지만, 한○○(반도상사), 김○○(신진자동차 초대위원장), 지○○(금속연맹 경기도지부 간부), 박○○(인천중공업) 등을 만나면 그와 같은 사실을 확인할 수 있다"고 증언했다. 또 전 섬유노조 조사통계국장인 이○○은 "섬유노조 김○○ 위원장이 재선으로 당선되었을 때 몇몇 노조 대의원들을 배제하고 위원장선거가 이루어져 선거절차가 잘못되었다고 '위원장 업무정지 가처분신청'을 한 적이 있었다. … 중앙노동대책회의의 권고를 거부하자 남산 중정에 불려가서 고문은 없었으나, 중정이 주는 위압적인 분위기에서 재차 가처분신청 취하권고를 받았다"고 밝혔다.

전 전국전력노조 부위원장 배병우도 "당시 노총위원장 선거 등 중요한 선거 시 남산의 오더설이 유포되었으나, 이를 거역할 수 있는 분위기가 아니었다"라 하고 있고, 전 한국노총 사무총장 지용택은 "노총 산하 노조위원장 선거 시 반정부 성향의 인물이 당선되자 중정요원이 본조의 추인과정에서 영향력을 행사하는 등 방해를 하였고, 그 과정에서 본조가 중정을 상당히 의식한 사실이 있다"는 등의 증언을 했다고 국가정보원 보고서는 기록하고 있다. 이는 1970년대에도 마찬가지였다.

> 78년 미국친선위원회가 발간한 「현장연구자료」는 "한국에서의 노조지도자들을 정기적으로 선출하는 일은 정부의 투철한 관심사로 최소한의 민주적 절차조차 무시하고, 중정이 거의 예외 없이 위에서 조종함으로써 자신들이 바라는 바를 성취하였다"라고 언급하며, 그 사례로 '73. 10. 1. 한국노총대회 시 배상호 단일후보추대설'을 제기한 바 있고, 1979년 일본섬유노조에서는 "79. 1. 20 개최 한국노총위원장 불신임 투표를 위한 전국인쇄노조 대의원대회 시 중정 담당요원이 연단에 올라가 노조위원장 불신임을 주장한 대의원을 비난하며 불신임투표를 무효화하였다"라고 서술되어 있는 등 당시 중정의 한국노총 각종 선거 개입의혹이 있다.(전순옥, 『끝나지 않은 시대의 노래』, 한겨레신문사, 2004)

이처럼 중정이 노동조합 활동에 직접 관여했다는 사실을 미국과 일본 등의 자료에서도 확인할 수 있으나 박정희와 중정은 교활했다. 1966년 3월 10일, 제8회 근로자의 날을 맞아 정부는 김말룡과 노총 임원 등 39명에게 노조발전의 유공자로 표창장을 준다.(경향신문 1966년 3월 10일자 기사) 또, 1967년 공화당 전국구후보로 김말룡을 거론하였으나, 이견을 내는 사람들이 많아 탈락했다는 기사도 보인다. 1970년 12월 5일자 경향신문은 국민훈장, 목련장 수상자 명단을 보도하고 있는데, 여기에 김말룡(동대문구 마장동 475), 한국노총 최용수 위원장, 이규철 초대위원장 등이 등장한다.

이기붕씨가 국회의장으로 있을 때, 자유당 경북도당위원장을 맡으라고 했다던가, 5·16 이후 최고회의 고위층이 찾아와, 노동청장이나 중앙노동위원장을 맡아주었으면 좋겠고, 그것이 안 되면 6개월 동안 해외여행을 보내주겠다고 한 말 등이 그런 것이었다. 연합노조 위원장으로 있을 때는 공화당에 입당하면 노총위원장직과 7백만 원의 운영자금을 주겠다고 한 일도 있었으며, 그전에는 공화당 비례대표 24명중 17번을 주겠다는 제의도 받았다. 공화당 사전조직 때도 교섭이 있었으며, 재건국민운동 중앙위원(18명)으로 들어오라는 말도 있었으나 모두 거절했다.(최일남, 김말룡 인터뷰)

정세야 어떻건 간에 굽히지 않고 한 치의 흔들림도 없이 투쟁하는 김 의원의 모습을 보고 당시 박 대통령은 노동청장 자리를 준다며 회유하기도 했다. 그러나 김 의원의 대쪽 같은 신념은 이런 것을 받아들이지 않았다. 그러나 남편은 집에선 말 그대로 '하숙생'이었다. 하루 종일 밖으로 뛰다가 밤늦게 돌아와 겨우 잠만 자고 다시 새벽같이 나가곤 했기 때문이다.(『여원』 1994년 3월호, 박귀연 인터뷰)

최일남의 인터뷰에 나오는 '공화당 사전조직'은, 박정희가 자신이 만든 정치활동정화법이 발효되던 1963년 비밀리에 공화당을 사전 조직했다는 이야기다. 그렇게 이승만과 박정희는 김말룡을 탄압하면서도, 한편으로는 김말룡이 극복하고 자기들의 휘하로 들어오게끔 회유하려 했다. 하지만 김말룡은 그런 독재자들의 회유에 휘말리지 않았고, 자신이 할 수 있는 모든 수단을 강구하여 노동조합의 민주화와 자주화를 위해 싸워나갔다.

전국연합노조 위원장

전국노협 시절, 김말룡은 이승만을 피해 다니면서도 동아일보를 통해 꾸준히 자신의 의견을 피력하곤 했다. 1966년 7월 30일, 김말룡은 전 한국노련 위원장 자격으로 경향신문 방문한다. 당시 김말룡은 한국노총의 산하조직인 전국연합노조로부터 위원장직을 맡아 달라는 요청을 받고 있었다. 더 이상의 침묵은 무의미했다.

김말룡이 연합노조 위원장으로 선출되었다는 경향신문기사

다시 노동 일선으로 뛰어들기로 한다. 그 첫 행보로 경향신문사를 찾아 자신의 활동재개를 알리려 했던 것으로 보인다.

1961년, 한국노총을 산별노조 연합체로 만들면서 산별에 소속되기 어려운 업종이나 직종을 모아 '전국연합노조'를 출범시켰다. 연합노조는 한국노총이 출범한 뒤인 9월 21일에 결성대회를 했다. 한국노총 출범 당시 14개 산별노조 중에 마지막으로 결성된 노조인 것이다. 초대위원장으로 토건지회의 염태운이 선출되었다. 『한국노동조합운동사』에서 확인할 수 있는 출범 당시 연합노조 소속지회들을 보면, 위원장을 배출한 토건지회 말고도 이용지회, 군종업원지회, 의료지회, 궤도지회, 원목지회, 청소지회 등이 있었다.

이렇게 연합노조에 다양한 직업군이 몰려 있다 보니 다른 산별처럼 노총 중앙의 통제가 쉽지 않았다. 1966년 2월 1일자 경향신문을 보면, 1월말 현재 한국노총에 보고된 21개 노조의 쟁의가 있었는데, 그중 연합노조의 쟁의가 6곳으로 가장 많았다. 외기노조가 3곳, 자동차노조가 2곳, 운수노조 1곳, 부두노조 4곳, 해상노조 2곳, 연합노조 6곳, 그리고 화학노조, 공무원노조, 국영기업체 등에서 쟁의를 벌이고 있었다.

1966년 연합노조 위원장은 대성목재 출신의 채희세였다. 현재의 전국연합노동조합연맹 홈페이지 '역대 위원장 소개란'에는 김말룡이 등장하지 않는다. 채희세는 1964년 6월 20일에 선출되어 1968년 4월 18일, 김기우가 차기 위원장으로 당선되기 전까지 3년 10개월 역임했다고 나와 있다. 하지만 채희세의 임기는 김말룡이 위원장으로 선출된 1966년 10월 5일 전까지였다.

1966년 10월 5일, 서울 시립노동회관에서 열린 전국연합노조 대의원대회에서 김말룡을 위원장으로 선출된다. 전 섬유노련 서울지부장 양재삼은 김말룡 1주기 추모자료집에 쓴 글에서 당시 김말룡은 청과시장 소속 조합원으로 입후보했다고 한다. 그렇다면 김말룡은 어떻게 연합노조의 위원장으로 선출될 수 있었을까?

> 1963년 정치정화법이 완화 되면서 일반인들의 정치활동을 재개하게 돼요. 그 과정에서 금속, 화학, 광산, 연합 등의 산별노조 위원장이 민주노동당을 창당해요. 왜 이승만 시절에는 전진한이 노동당을 창당하려다 실패하잖아요. 그때처럼 노총 출신들이 당을 만든 것인데, 중앙에서는 반대하는 거죠. 그러면서 한국노총 내부가 분열하게 됩니다. 그 과정에서 은퇴했던 김말룡 씨가 다시 등장하게 되는 거예요. 김말룡 씨는 은퇴 전에 민주노조를 만들기 위해 많은 활동을 했기 때문에, 한국노총을 바꿔 보려는 내부 구성원들 사이에는 잘 알려진 인물입니다. 특히 민주노동당 창당에 참여한 연합노조 내부에서도 김말룡을 위원장으로 추대하자는 흐름이 있었던 것이지요. 당시에는 노조 대의원을 하기가 아주 쉬웠습니다. 지금처럼 조합비가 어떻고, 가입기간이 어떻고, 따지지 않았던 거죠. 그냥 본부에서 지명만 하면 대의원이 되는 거죠.(이원보 인터뷰, 2018. 8. 22)

1963년 1월 11일에 출범한 '가칭 민주노동당창당발기준비위원회'에는 광산노조 김정원 위원장을 중심으로 전력, 금융, 운수, 체신, 화학, 해상, 연합 등 8개 산별위원장이 참여하였다. 그러나 한국노총 위원장 이규철은 이에 동의하지 않고 '창당활동중지 경고'를 내린다. 결국, 광산노조 김정원 위원장만 끝까지 남아 창당준비를 하다가 실패하고 만다. 이 과정에서 연합노조 내부에도 갈등이 생겼다. 창당준비위원회에 참여했던 위원장 이우복은 다음 해인 1964년 6월, 채희세로 교체된다.

이러한 과정에서 연합노조의 내부 구성원 다수가 김말룡을 위원장으로 추천한 것이다. 김말룡도 이러한 연합노조 내부의 흐름에 대해 거부할 이유가 없었다. 하지만 이를 그냥 지켜볼 박정희가 아니었다. 노동청은 '김말룡을 위원장으로 선출한 연합노조의 대의원대회'는 무효라고 선언하고, '위원장 김말룡'을 인정하지 않으려 했다.

1966년 전국연합노조는 노동자들의 지지를 바탕으로 김말룡을 새 위원장으로 선출하였다. 한국노총은 즉각 선거가 무효라고 선언하였고, 모든 노조활동을 중지시켰으나, 김말룡은 이후에도 한국노총의 개혁을 줄기차게 부르짖었고 군사정권의 노동정책에 대해 공공연하게 반대해 왔다. 그는 박정희 군사정권 내내 기피인물이자 중정의 주요 사찰대상이었으며, 김말룡의 활동은 중정에 의해 엄격하게 감시되고 제한되었다.(국정원 보고서, 276쪽)

노동청이 반대하자, 한국노총도 김말룡의 당선을 인정하지 않는다.

전국연합노동조합의 활동이 중지된 16개월 동안 김말룡과 그의 동료들은 한국노총과 오랜 소모전을 계속했다. 막다른 상태에 다다른 중앙정보부는 일단의 깡패들을 동원해서 김말룡과 그의 지지자들을 노조 사무실에서 물리적으로 쫓아냈다. 그리고는 국가의 말을 더 잘 듣는 사람들을 뽑아 노조 사무실을 채웠다.(전순옥, 앞의 책)

그러나 연합노조의 활동이 중지된 것은 아니었다. 노동청과 중정의 방해에도 김말룡의 위원장 행보는 계속되었다. 김말룡은 노동청을 상대로 법원에 '행정처분집행 정지신청'을 낸다. 하지만 1967년 3월 8일자 동아일보 기사는, '고법에서 각하, 김말룡씨 행정소송'이라는 제하에 '7일 오후 서울고법 김윤행 판사는 전국연합노조대의원회에서 위원장으로 뽑혔으나, 노동청의 무효통고를 받았던 김말룡(서울 중구 소공동 20)씨가 노동청장을 상대로 낸 행정처분집행정지신청사건에 대해 행정소송의 대상이 되지 않는다는 이유로 동 신청을 각하결정'했다고 보도했다.

그러나 이 각하결정이 김말룡을 위원장으로 인정하지 않는다는 판결은 아니었다. "노조에서 위원장을 뽑은 결의를 취소하라"라고 내린 노동청의 명령은 "법률적 견해에 불과하므로 행정처분이 아니어서 행정소송의 대상이 아니다'라고 판시하고, "노동청의 이 통고만으로 김말룡의 위원장 지위에는 아무런 영향을 주지 않는다"라는 내용을 추가했다. 내용적으로는 법원이 김말룡의 손을 들어 준 셈이다.

> 그는 끈질기게 또다시 노총조직 속으로 들어가 전국연합노조 위원장직을 맡고, 그의 '전가의 보도'가 되다시피 한, 노총위원장 불신임결의안을 또 냈으나, 두 표 차로 부결되고 만다. 내외의 압력과 시기 때문에 밑에 사람들에 대한 박해가 심해지자, 연합노조 위원장을 그만두고 69년에는 자동차노조 대의원으로 다시 들어가 노동청에서 지명한 후보와 맞서 위원장 선거에 출마한다.(최일남, 김말룡 인터뷰)

김말룡은 집요했다. 그는 연합노조 위원장이 되자마자 '한국노총 위원장 불신임 결의안'을 제출했다. 1963년의 '한국노총 결성취소소송'과 마찬가지로 5·16쿠데타로 빼앗긴 한국노련 위원장직을 되찾기 위한 투쟁인 것이다.

'두 표 차로 졌다'는 인터뷰 내용을 검증해줄 다른 기록은 없지만, 다소 과장되었다 하더라도 당시 노총에 김말룡 지지자들이 상당수 남아 있었다는 이야기가 된다.

　김말룡의 저항이 계속되자, 중정은 방법을 바꾼다. 그를 위원장으로 선출한 연합노조원들을 괴롭히기 시작한 것이다. 김말룡은 하는 수 없이 자신을 지지해준 노동자들을 지키기 위해 또 한발 물러선다. 또 자동차노조 대의원이 되어 위원장 선거에 출마했다는 인터뷰 내용은, 1971년 3파전으로 치러진 한국노총 대의원대회의 위원장 선거를 말한 것으로 보인다.

뉴슈가 신문 광고

사카린 밀수 사건

　『한국노동조합운동사』에는, 1966년 10월 27~28일 서울시 건설회관에서 열린 한국노총 제5회 전국대의원대회에 연합노조 위원장 자격으로 참석한 김말룡이 "근자에 삼성재벌의 사카린 밀수사건, 판본板本밀수사건 등 직접적으로 노동자에게 피해를 주고 있을 뿐 아니라 전 국민이 분노하고 있는 이때 노총이 침묵을 지키고 있는 이유를 말하라"라고 질의하자, 한국노총 한기수 사무총장은 "밀수문제는 노총에서 성명서를 발표하려던 차에 이 문제가 정치문제화 되었기 때문에 시간을 놓치고 말았다. 그래서 이번 대회 결의문에 이 문제를 삽입하였다"라고 답변했다고 되어 있다. 하지만 채택한 결의문에는

매일경제신문 1966년 9월 23일에 실린 이병철의 사퇴 광고문

'삼성'과 '사카린'이라는 단어조차 거론되어 있지 않고, 두 번째 '경제정책에 관한 결의'의 네 번째 사항 "정부는 관세행정을 강화하여 망국적인 밀수행위를 근절하라"라는 문구만 담겨 있었다.

사카린은 화학조미료이다. 설탕보다 300배 더 강한 단맛을 지니고 있다. 그러다 보니 설탕이 부족했던 1960년대의 '히트 상품'이었다. 명절이 되면 선물로 많이 샀으며, 심지어 가짜 상품을 만들어 팔다가 적발이 되어 신문에 보도도 되기도 했다.

1967년 재선을 노리고 있던 박정희는 선거자금을 확보하기 위해 혈안이 되어 있었다. 그즈음 삼성이 일본 미쯔이三井사로부터 차관을 들여와 울산에 한국비료공장을 짓게 되었다. 삼성은 박정희에게 제공할 정치자금을 마련하기 위해, 일본으로부터 비료공장 공사를 위해 들여오는 자재 속에 대량의 사카린을 숨겨 반입한 것이다. 삼성은 사카린뿐 아니라 수입금지 품목이었던 양변기, 냉장고, 에어컨, 전화기 등도 건설자재로 속여 밀수입해 암시장에서 엄청난 차익을 남겼다.

이 사건이 부산세관에 의해 발각되자, 큰 사회적 문제가 되었다. 국회의원 김두한이 의회에서 밀수를 일개 삼성 직원의 잘못으로 여기는 정일권 국무총리에게 똥물을 뿌리는 사건이 발생했다. 여론도 통쾌했다며 김두한의 인기가 올라가자 야당인 신민당에서는 그를 영입했다. 대선을 얼마 안 남겨둔 시점에서 국민여론이 악화되자 박정희가 직접 나서 전면수사를 지시하고, 이병철은 한국비료공장을 완공시켜 국가에 헌납할 것이며, 일체의 기업 활동에서 손을 떼겠다고 발표했다. 똥물을 뒤집어썼던 정일권도 자신을 비롯하여 내각 총사퇴서를 대통령에게 제출했으나, 박정희는 정일권의 사퇴서는 수리하지 않고 일부 장관만을 교체했다. 정일권은 1970년 3월 '정인숙 사건'이 일어나자 사퇴하게 된다.

1968년 4월 18일 김기우가 위원장으로 당선되기 전까지 1년 5개월간 김말룡은 연합노조의 위원장으로 있었다. 이 기간 중에 연합노조에서는 여러 건의 쟁의가 발생했다. 1966년 10월에는 연합노조 부산지부에서 보세창고업자들을 상대로 임금 2천원 인상을 요구하는 쟁의가 있었고, 1967년 4월에는 중화요식지부의 임금인상 쟁의, 7월에는 서울여대 분회원들이 임금인상과 해고자 복직 등을 요구하며 파업을 벌였고, 9월에는 청량리시장분회 하차노무자들이 근로자의 신분을 보장하라며 파업을 벌였다. 그리고 12월에는 서울시청 지부 산하 청소부, 운전사, 건설요원 등 4천 2백 명이 임금 90% 인상과 처우개선을 요구하며 파업을 벌였다.

김말룡 위원장은 정부를 상대로 한국노총 관련 소송을 벌이고, 노총 위원장 사퇴를 요구했다. 그런 와중에 연합노조 사무실을 들쑤셔 놓는 중정 끄나풀을 상대하느라 버거운 상황에서도 조합원들의 쟁의현장을 방문하여 격려하는 등 혼신의 힘을 기울이고 있었다. 그러나 결국 중정의 압력과 공작에 못 이겨 위원장직에서 물러난다.

희망

김말룡의 후임으로 김기우가 위원장에 선출되자, 인
계인수를 해주고 그 사흘 뒤인 1968년 4월 22일 모친 박
화동이 별세하여, 김말룡은 모친상을 치르기 위해 경북 월
성으로 내려갔다. 모친상을 치르고 상경한 김말룡은 다시
노동운동을 재개할 방법을 찾기 위해 고민한다. 노동운동
에 투신한 지 22년의 세월이 흘렀다. 약관의 나이에 시작한
운동현장을 불혹의 42세가 되어서도 떠나지 않고 있었다.

경향신문에 실린 김
말룡의 모친 박화동
여사의 부고기사

박 여사는 아들들에게 가장 미안하다. 돈이 없어 등록금 때문에 싫은 소리를
한 적이 한두 번이 아니었기 때문이다. 그러나 애들에 대한 교육은 따로 시키
지 않아도 무방했다. 아버지인 김 의원의 모습이 바로 교육 그 자체였기 때
문. 가난하지만 당당했던 것, 솔직했던 것, 옳은 길을 항상 갔던 것, 그러면
서도 낙관적인 것, 이 모든 것이 아이들에겐 살아있는 교육이었다. 남편의 성격
은 정말 '낙천적'이었다. 그는 지나간 일은 두 번 다시 생각하지 않는다. 생각
만 많아지기 때문이다. 또 내일 일은 내일 생각하자는 주의이기도 하다. 좋지
않은 일은 당하고 나면 이러쿵저러쿵 안달하지 않고 그냥 허허 웃어버린다.
(『여원』, 박귀연 인터뷰)

김말룡은 한국노동운동의 미래에 대한 희망의 끈을 언제나 놓지 않았다.
그의 생각은 『사상계』 1968년 10월호의 기고문 「노동운동의 새 전기의 모색」
에 잘 나타나 있다.

현 단계 한국노동운동의 기본방향은 이와 같이 현실운동에 보다 철저하여야

한다고 믿어진다. 그 원인은, 첫째 노동3법을 비롯한 관계입법의 윤곽이 뚜렷하여졌고 또 국가정책의 성격이 명백한 자본축적에의 편중과 노동 분배의 유보를 그 선으로 하기 때문이다. 둘째 원인은 경제개발이 본궤도에 올라 특히 대기업은 앞으로 한국경제를 주도할 비중을 가질 것으로 믿어지는데 있다. 종전 한국의 노동운동이 때에 따라 우회와 반전을 거듭하여 명백한 과오와 오류를 범한 예도 지적되는 바나, 그것은 한 국가의 민주주의 성장과정에서도 흔히 볼 수 있는 필연적인 것이다. 문제는 그에 대한 반성이 보다 건전한 명일의 노동운동을 구축하기 위한 교훈으로 크게 살릴 수 있느냐의 여하에 달려있다. 한국경제가 도약단계를 넘어섰는지 여부가 논란될 정도로 발전하였다는 현재의 여건변동에 적응하여, 노동운동도 과거의 착오와 결함을 도리어 그 조직과 활동의 신기원을 초래할 비약의 계기로 삼을 수도 있을 것이기 때문이다.

김말룡은 이어 '한국노동운동이 현실운동에 철저하기 위한 반성'에 관해 네 가지를 제시한다. 첫째, 반성은 강한 의타성에 두어야 할 것. 둘째, 반성은 경제적 실익을 주장하는 주체성의 결여에 두어야 할 것. 셋째, 반성은 실익추구의 성의를 결缺한데에 있어야 할 것. 넷째, 한국노동조합에 대한 반성은 법제 또는 국가정책에 무조건 추종하는 습성에 두어야 할 것.

그리고는 자신에게 다짐하듯 "일제하의 항쟁, 해방 직후의 사상투쟁에서 발휘한 강한 애국심, 애족심, 용기는 이제 한국산업사회의 건전을 위한 열성으로 재차 발휘할 때가 된 것으로 확신된다"고 주장했다. 마지막으로 '노동조합은 민주주의 정치체제의 장식적 존재가 아니다'라는 소제목 하에 다음과 같이 주장한다.

정치정당이 정책목적을 위하여 적의適宜 변형할 성격의 것도 아니다. 또

노조는 경제개발 특히 경제발전을 저해하는 부당하고 무리한 횡포와 요구를 관철하는 유해한 압력단체로 단정될 수도 없다. 본질적으로 노동의 정당한 가치를 요구하기 위한 이익단체로서 20세기 후반기에 이르러 그 존립과 활동에 의구가 표명될 존재도 아니다. 한국의 노동조합은 반공에 철저하여 위험한 존재도 아니며, 과격한 활동을 감행하여 사회적 동요를 조성한 일도 없었다.

문제는 노동조합 자체의 자세에 있고, 실리적 추구를 적극화할 내부 조직의 강화에 있다. 그를 위한 자주성, 즉 타율적 지배의 배제는 현재 무엇보다도 선행될 필수적 조건이 아닌가 여겨진다. 노동조합은 현실여건을 기업, 지역, 국가의 각 측에서 종합하여 그 목표, 조직 활동을 재조절할 시기에 이르지 않았나 여겨진다. 이 시기를 노조가 무위일실無爲逸失한 경우, 비단 임금노동자의 입장에서 뿐만 아니라 사회적 국가적 입장에서도 크게 문책될 가능성은 충분하다.

김말룡은 정치발전을 위해 정당이 있듯이 경제발전을 위해 노조가 있어야 한다고 믿었다. 반공과 경제발전을 위해 노조가 없어져야 한다는 생각은 있을 수 없는 일이고, 노조가 탄압받고 있는데, 노조의 주체인 노동자들마저 탄압이 두려워서 노동조합운동을 회피한다면 '정상적인 사회와 국가'가 도래했을 때 그 구성원들로부터 문책 받아 마땅한 일이라고 생각했다.

그러나 쿠데타로 권력을 찬탈한 정권, 권력에 기생하여 성장한 기업가들은 물론이거니와 노동의 주체인 노동자들조차 김말룡의 생각에 동조하는 사람은 드물었다. 어디서부터 다시 시작해야 할까? 누구를 만나야 할 것인가? 그런 답답한 상황 속에서도 생존을 위한 노동자들의 투쟁은 계속되었고, 결국 김말룡의 답은 현장으로 다시 돌아가는 것이었다.

대한조선공사의 파업투쟁

　1968년 3월, 부산 영도의 대한조선공사(현 한진중공업)의 민영화 방침이 알려지면서 4월부터 시작된 조공쟁의는 60년대 말에 벌어진 한국노총 소속노조의 쟁의 중에서 가장 규모가 크고 가장 오랜 시간 진행되었다. 쟁의 발생 후 1969년 10월까지 1년 6개월 동안 일곱 번이나 거듭되는 파업투쟁을 벌였다. 당시 조공 노동자들은 임금인상과 부당해고 및 부당전직 철회요구를 하였고, 그 외에도 단체협약 갱신, 임시공원의 퇴직금과 연월차 휴가비지급, 유해수당 지급, 작업복 지급, 안전장구 적기지급 등의 이행을 요구하며 파업투쟁을 벌였다.

　1968년 11월 29일 오후, 대한조선공사는 임시공(비정규직) 1천 175명 전원에게 해고예고통보를 했다. 조합원 2천여 명, 본공(정규직)과 임시공이 하나가 돼 아우성을 쳤다. 당시 사진을 보면 다들 새까맣고 광대뼈가 툭툭 불거질 정도로 깡마른 데다 남루하기 짝이 없는 작업복을 입고 있었다. 모깃소리조차 낼 힘도 없어 보이는데 무슨 기운으로 하루 종일 소리를 질러대고 쉴 새 없이 연설했는지 모르겠다. 그때 내 눈에 비친 대한조선공사 노동자들은

1969년 대한조선공사
(현 한진중공업) 노동자들의
대규모 파업 현장

세상에서 둘째가라면 서러워할 정도로 똑똑하고 용감한 노동자들이었다.(박 미경, 「노동운동 40년 박인상 회고록 '외줄타기'」, 매일노동뉴스, 2009)

훗날 한국노총의 위원장이 되는 박인상은 1939년 경남 사천에서 태어났다. 1959년에 대한조선공사에 입사하여 군 입대와 한 차례의 해고 뒤에 1965년 임시공원으로 복직한다. 1968년 파업 당시에는 노조 청년부장으로 있었다.

대한조선공사는 1968년 11월, 만성적 적자를 극복한다는 명분으로 민영화를 단행한다. 사장으로는 남궁련 극동해운 사장이 선임되었다. 남궁 사장은 취임하자마자 11월 29일을 기해 임시공원 1천 175명에게 해고통보를 한다. 이에 노조는 쟁의신고도 하지 않은 채 즉각 파업에 돌입한다. 파업 15일째부터는 단식투쟁도 병행하였다. 결국 회사는 노조와 임시공원 해고철회와 처우개선을 합의한다. 일시적인 승리였다.

노조는 1969년 8월에 다시 파업을 벌였다. 회사가 합의사항을 지키지 않았기 때문이었다. 부산시가 중재에 나섰지만, 남궁 사장은 요지부동이었다. 8월 19일 회사는 직장폐쇄를 선언하였고, 9월 18일 정희섭 보사부장관은 우리나라 최초로 긴급조정권을 발동한다. 정부는 긴급조정권을 발동함과 동시에 허재업 지부장과 박인상을 비롯한 노조간부들을 연행, 노조파괴공작에 들어갔다. 10월 11일, 노조 부지부장 노두홍은 일방적으로 쟁의를 중단하고 회사와 공동명의로 「노사분규를 끝내고」라는 성명서를 발표한다. 1년 6개월간의 투쟁이 무위로 돌아가는 순간이었다.

10월 11일, 노두홍 부지부장이 쟁의를 취하해[1] 버린 것이다. 투쟁을 이어 갈 사람을 물색하기도 전에 덜컥 구속이 돼 버렸으니, 회사 측의 공작에 의해 당연히 나올 수 있는 결과였다. 이틀 뒤 금속노조는 '쟁의를 취하한 것은 무효'라고 통고했다. 그런데 허 지부장이 직무대리로 지명한 팽종출 씨가 같은 달 25일 다시 쟁의를 취하했고, 우리와는 연락이 되지 않았다. 이로써 우리의 파업투쟁은 끝이 났다. 파업기간이 길어지면서 해고나 구속은 각오했지만, 조공지부가 통째로 날아갈 줄이야. 본공과 임시공을 하나로 묶어 여섯 번 싸워 여섯 번 모두 이겼던 조공지부의 신화는 이렇게 무너졌다. … 감옥에서 나온 뒤 알게 된 사실이지만, 파업이 끝나고 강성 조합원들 가운데 스스로 현장을 떠난 이들이 꽤 됐다고 한다. 그리고 남은 사람들은 기나긴 침묵의 시간 속으로 빠져들었다.(박미경, 앞의 책)

한국노총은 노동자가 폭발적으로 증가한 1960년대 후반기의 노동쟁의에도 적극적으로 대응하지 못했다. 노동자의 편이 되어줘야 할 노총은 어용화되었으며, 법원은 연실 사용자 손을 들어주었고, 파업투쟁이 벌어지면 경찰은 노동자들을 불법행위자로 몰아 탄압하였다. 김말룡이 조공파업 과정에 참여했다는 기록은 보이지 않지만, 1년 6개월에 걸친 조공파업과 열악한 가운데에서 지속적으로 전개되는 노동자들의 쟁의를 지켜보며 현장에 돌아가야 한다는 생각을 더욱 강하게 가졌을 것이다.

가톨릭노동청년회(JOC)

1967년 11월, 김말룡은 전국노협 위원장 시절 중앙노동위원회 근로자위원으로 활동하면서 알게 된 서강대 박영기 교수의 소개로 서강대학교 산업문제연구소 노조간부 교육과정 전임강사로 활동하게 된다. 노동운동의 경험을 살려 후배 운동가들을 양성하는 일에 관심을 두기 시작한 것이다. 그리고 가톨릭노동청년회(가노총, JOC, Jeunesse Ouvriere Chretienne)에 관계하는 외국인 신부들에게 한국의 노동현실을 알려주는 세미나에도 참여한다.

저는 김말룡 선생님을 처음 만났을 때를 분명히 기억하고 있습니다. 제가 1968년 사제서품을 받고 한국에 다시 돌아왔을 때, 저는 가노청에 관련된 일을 열망하고, 한국의 노동계에 대해서 알 수 있는 한 알아보고자 노력하고 있었습니다. 그 당시 한국 가노청의 설립자이자 전국 지도신부였던 박성종 프란치스꼬 신부님께서는 외국 선교사들을 위해 가노청에 대해서, 그리고 노동문제에 대해서 영어로 된 양성 세미나를 마련하셨습니다. 김말룡 선생께서는 이 양성 세미나에서 통역을 통해 강의를 해주셨습니다.(도요안 신부, 「김말룡1주기 추모자료집」)

'한국 노동자의 벗이자 아버지'로 알려진 도요안 신부John Trisolini(1937~2010)는 미국 뉴저지주 호보큰에서 태어났다. 도요안 신부는 살레시오회[2] 소속 선교사로 1959년 광주 살레시오고의 영어선생으로 파견되었다가, 1967년, 프랑스 리옹에서 사제서품을 받고 다시 한국에 파견된다. 도요안 신부는 공장지대인 영등포의 도림동성당에 머물면서

도요안 신부

가노청 남부지부 담당신부가 된다. 김말룡과 도요안 신부는 이때 만난 후 평생 함께 '노동자의 벗'으로 살았다.

가톨릭노동청년회 운동은 1924년에 벨기에의 조셉 까르딘Joseph Cardijn(1882~1967)[3] 추기경에 의해 시작되었다. 한국에서는 1958년 간호사들이 주축이 되어 가노청을 만들었으며, 이후 재건대(속칭 넝마주이), 버스안내양, 학생 등이 주로 참여하고 있었다. 그러다가 1960년대 산업화의 진척에 따라 노동자의 처우개선 요구가 높아지면서 가톨릭에 입교한 청년노동자들의 삶을 개선하기 위해 전국으로 확산된다.

1967년 강화도의 심도직물 노조탄압사건으로 가노청 회원들이 해고

되자, 이에 대한 항의집회가 강화도성당에서 개최되었다. 관계당국이 집회를 주도한 전 미카엘 신부를 연행하여 협박하자, 1968년 1월 18일, 인천교구장인 미국인 나길모Bishop William John McNaughton, M.M. 주교가 이에 항의하는 담화문을 발표하였다. 또한 1967년 3월에 JOC 2대 총재로 취임한 김수환 주교(당시 마산교구장)[4]는 1968년 2월 9일, 임시주교회의를 열고 주교단 공동 성명서를 발표한다.

> 노동력의 착취는 공산주의자들의 공격 초점이요, 자본주의 체제에서 범하기 쉬운 자본의 횡포이므로, 이를 막기 위한 노동조합의 기능은 반공을 국시의 제일로 하는 이 나라의 힘이요, 자랑이다. 노동자들의 생활수준 향상과 정당한 휴식이 국가경제부흥의 첩경이며 승공의 유일한 과정이다.(「사회정의와 노동자의 권익을 옹호한다」, 한국천주교주교단, 1968. 2. 9)

주교단의 성명서 발표는 당시 세계가톨릭의 수장인 교황 바오로 6세가 국무성장관을 통하여 한국주교단에 격려와 치하의 편지를 보내기도 하였을 정도로 심도직물 노조탄압사건은 세인의 이목을 끄는 큰 사건이 되었다. 주교단의 성명서가 발표되고 문제가 정치권으로 확산하자, 그동안 방관했던 정부가 사태수습에 나섰다. 성명서 발표 후 6일이 지나 해고자 전원이 복직된 것이다.

이 사건이 있고 난 뒤 개신교 측에서도 노동문제에 관심을 보이기 시작했다. 동아일보는, 1969년 10월 24일 서울 시민회관에서 가톨릭, 개신교 등 종교단체 10개가 주최하고, 한국노사문제연구협의회, 한국신문편집인협의회 등 5개 사회단체의 후원으로 '사회발전과 노동문제'를 주제로 대강연회가 개최되었는데, 여기에 약 3천어 명의 청중이 모였다고 보도하였다.

연사 중 학계를 대표하여 나온 유홍렬 박사는 '근로자의 역사적 위치,' 시인이자 대한일보 사장인 주요한은 '기업인에게 이렇게 말한다,' 개신교의

사회발전과 노동문제 대강연회
(동아일보 1969년 10월 28일)

강원룡 목사가 '근로자의 사명,' 가톨릭을 대표한 김수환 추기경은 '노동문제 이렇게 본다'라는 제목으로 강연을 하였고, 근로자 대표 정남대는 '우리의 주장'을 낭독하였다.

김수환 추기경은 "'노동자도 인간이다.' 이 명제에 의심을 품을 사람은 아무도 없지만, 노동자가 우리나라 기업 내에서 노임을 비롯한 노동조건에 있어서 과연 충분히 인간 대우를 받고 있는가. 한국의 노동문제의 근본은 여기에 있다. 사용주들의 노동자에 대한 관념은 일반적으로 전근대적이고, 그들의 자세는 봉건사회에서 지주가 노예에 대하는 것과 별 차이가 없다. 근대화는 물질적 건설만으로 이룩되는 것이 아니고 인간이 함께 향상됨으로써 이루어진다"라고 질타하였다.(동아일보 1969년 10월 28일)

강연회는 "① 근로자의 권익옹호와 지위향상을 위해 교회가 할 수 있는 모든 방법을 동원 적극 협력하며, 이를 위한 사회여론 조성에 노력할 것을 다짐한다. ② 건전한 노동운동 육성을 위한 지도자 양성에 적극 협력하며 지원한다. ③ 우리는 비합리적이고 비현실적인 노동법을 개정, 근로자가 기업 및 정치에 참여할 수 있도록 입법 활동에 적극 노력한다"는 3개 항의 결의문을 채택했다.

가노청은 1970년 11월 전태일의 죽음을 계기로 참여하게 된 청계피복노조 활동 이후 1971년 태광산업 민주노조결성 방해사건, 1972년 한국모방 퇴직금받기운동, 1973년의 삼립식품 사건, 1976년의 동일방직 사건, 1977년의 원주 범양산업 여성노동자 임금인상요구 파업사건 등에 적극적으로 참여하였다.

이로써 가노청 회원들은 정보기관의 감시와 탄압, 그리고 해고를 당하는 고통을 겪게 된다. 도요안 신부는 김말룡과 함께 1970년의 전태일의 죽음을 접하고는, 더욱 적극적으로 가톨릭 노동운동을 펴기 위해 서울대교구 산하에 노동사목위원회를 만들어 초대 위원장직을 맡게 된다.

전태일의 분신

1970년 11월 13일, 서울 평화시장의 재단사 전태일은 "근로기준법을 준수하라!"고 외치며 자신의 몸을 불살랐다. 이 소식을 들은 김말룡은 충격에 휩싸였다. 당시 김말룡은 전국연합노조 위원장직에서 물러나 학계와 종교계 인사들을 만나며 노동현안들을 어떻게 풀어내야 할지 연구하고 있었다. 김말룡은 이때 훗날 서강대 산업문제연구소 소장을 맡게 되는 박영기 교수와 함께 『현대적 노사관계 – 우리나라의 경영자와 노동조합의 과제』라는 책자 발간을 준비하고 있었다.

1973년 8월에 발간된 이 책은 김말룡의 노동운동 25년을 정리하는, 의미 있는 작업이었다. 그 책은 박영기 교수의 도움을 받아 서독, 영국, 프랑스, 노르웨이, 일본 등 외국 사례들까지 다룬, 420여 쪽에 달하는 역작이었다. 당시로서는 노동운동가로서 꼭 알아야 두어야 할 사항들을 담은 '노동운동입문서'

격의 책이었다. 이 책의 서문에는, 원로 노동운동가로서 후배운동가들에게 향후 나아갈 바를 제시하려 한 김말룡의 의도가 잘 드러나 있다.

본서는 노동정책의 입안자, 기업에 있어서는 경영자와 노무관리의 스태프, 그리고 노동운동자 등, 실무자를 대상으로 노사관계의 이론적인 면과 선진외국의 예를 참고삼아 우리나라의 경영구조와 노동조합의 구조, 이에서 나타나고 있는 노사관계의 실태, 그리고 경제적, 사회적, 정치적 환경의 현황 등을 파악 분석하여 우리나라 노사관계의 오늘의 좌표를 확인하고, 앞으로의 방향 설정, 그리고 이것이 현대화하는데 도움이 되었으면 하였던 것이다. 이에 필자가 의도한 바가 반영되어 실무자들에게 다소나마 참고가 되었으면 다시없는 보람으로 생각되는 바이다.

1971년은 대통령선거가 있는 해였다. 1969년의 개헌으로 박정희는 3선 대통령 후보로 나섰다. 야당은 단일후보로 김대중을 내세웠다. 세상은 어느 때보다 정치적 사회적으로 혼란스러웠다. 고유가로 경제는 최악으로 치닫고, 노동시장은 얼어붙었다.

70년대 초지요. 저도 청계피복 현장에 가보았습니다만, 그 상황은 한마디로 참상이었습니다. 구조부터가 그랬습니다. 미싱 몇 대씩을 놓은 밀폐된 사업장의 공기 하며, 잠자리 등이 말이 아니었습니다. 무슨 강제수용소

연세대 도서관에서 찾은 김말룡의 『현대적 노사관계』 책자. 기증자는 1970년대 노동운동교육단체인 한국크리스천아카데미의 노동교육간사 였던 전 이화여대 총장 신인령 교수이다.

같았습니다. 업자들도 영세하다고는 하지만, 그런 속에서 철야도 하는 사이, 기진해서 쓰러지기도 하고 그랬습니다. 정부에 몇 번씩이나 건의를 해도 반응이 없자, 전소군이 근로기준법을 안고 정부에 대한 경각심을 촉구하고 노동자의 혜택을 바라는 유언을 남긴 후 자살했는데, 그 시대의 하나의 사실로 받아들입니다.(최일남, 김말룡 인터뷰)

김말룡 선생님과 진지한 만남을 가졌던 곳은 바로 경동교회에서 있었던 전태일 추모기도회였습니다. 여기에는 한국에서 사회활동을 하는 많은 인사들이 초대되었고, 저는 기도회 마지막에 축복기도를 부탁받았습니다. 여느 때나 다름없이 김말룡 선생님께서는 청계피복노조의 초창기부터 관심을 가지고, 거기에 열중하려고 하셨습니다. 비록 그 당시 김말룡 선생님께서는 아직 천주교 신자는 아니었지만, 그분께서 가지고 있었던 공명정대함과 정의의 문제에 대한 감각은 예리하고도 분명한 것이었습니다. 저를 비롯해서 김말룡 선생님과 조승혁 목사, 당시 가노청 전국회장이었던 윤순녀(수산나)씨는 새로 지은 돈 보스꼬 청소년센터에서 전태일의 친구들이었던 노조간부들을 위해 노조조직 등에 대한 기본 양성교육을 계획하게 됩니다. 그렇게 김말룡 선생님과 처음 만난 후, 우리는 계속해서 자주 만나게 되었고, 1979년 명동노동문제상담소가 문을 열게 되었을 때, 저는 상담소 여러 이사 가운데 한 명으로 임명되었습니다.(도요안 신부, 「김말룡 1주기 추모자료집」)

장충동에 있는 경동교회는 당시 강원룡 목사가 담임을 맡고 있던 곳이었다. 김말룡은 전태일의 죽음을 계기로 현장으로 즉시 돌아가기로 한다. 김말룡은 1970년 12월 21일, 한국노총의 전 위원장 정대천, 이규철과 함께 한국노총의 지도위원으로 위촉된다.(동아일보 1970년 12월 22일) 돌고 돌아 한국노총에서 다시 기반을 잡은 것이다.

1970년 11월 전태일 분신사건 이후 한국 노동계에서는 대중적인 민주노조 운동이 일어나게 된다. 이때 일어나기 시작한 한국노총 체제에 대한 비판 움직임을 배경으로 김말룡은 민주노조와 직접 관련을 맺고 있는 것은 아니었지만, 이를 기회로 하여 1971년 한국노총 위원장 선거에 입후보하였다.(국정원 보고서, 280쪽)

세 차례 노총 위원장 선거

1970년 10월 15~16일 양일간 열린 한국노총 대의원대회에서는 1964년부터 위원장직에 도전해 온 전력노조 출신 최용수가 제4대 위원장으로 당선된다. 그러나 최용수는 "22년간의 노동운동을 통해 나의 소원은 대통령이 되는 것보다 노총위원장이 되는 것이었다"며 당선소감을 밝혔던 때와는 달리, 1971년 5월 제8대 국회의원 선거에서 공화당 전국구 의원으로 당선되자 위원장직을 헌신짝처럼 버렸다.

최용수를 대신하여 남은 임기 2년을 맡을 새 위원장을 선출하는 보궐선거와 1972년 사업계획과 예산을 확정할 한국노총 대의원대회가 1971년 10월 20~22일 개최되었다. 위원장에 제일 먼저 출마선언을 한 사람은 자동차노조 소속 김말룡 (44세) 지도위원이었다. 화학노조 위원장 박영성 (45세)과 최용수 사퇴 후 위원장 직무대리를 맡고 있었던 운수노조 위원장 배상호(39세)도 출마했다.

1971년 한국노총 제5대 위원장 선거가 3파전으로 치러진다는 내용의 동아일보 기사

이 날 위원장 선거는 1차 투표에서 총 투표자 189명 중 박영성씨 74표, 배상 호씨 66표, 김말룡씨 46표로 과반수 득표자가 없어, 2차 투표를 실시했는데, 한 시간여 정회 동안 절충을 벌인 끝에 실시된 2차 투표에서 김말룡 씨가 사 퇴, 배-박 양씨의 대결로 좁혀져 총 투표자 189명중 배씨가 101표를 얻어 87표를 얻은 박씨를 누르고 당선되었다.(동아일보 1971년 10월 23일)

김말룡이 출마 선언을 했을 때, 당시 17개 산별노조 중 광산, 체신, 운수, 전력, 은행, 출판, 자동차 등 10여 개의 산별노조가 지지하고 있었다. 그러나 박정희는 껄끄러운 김말룡 대신 박영성을 당선시키기로 한다. 중정은 김말룡 의 지지세력을 약화시키기 위해 출마의사가 없었던 운수노조 배상호를 위원 장에 출마하도록 부추겼다. 그리고 김말룡을 지지하는 산별노조들을 겁박하 여 김말룡 반대세력으로 돌려 버렸다.

1970년 한국노총 위원장으로 선출된 최용수가 1971년 5월 공화당의 전국구 국회의원으로 당선됨으로써 1971년 10월의 대의원대회는 남은 임기 2년의 새 위원장을 뽑는 선거대회가 되었다. 중정은 김말룡의 당선을 저지하기 위 해 김말룡 지지의사를 표명한 4개 산별노조에 대해 지지철회 압력을 행사하 고, 박영성 후보를 당선시키기 위해 공작을 전개하였으나 선거결과는 배상호 후보가 위원장으로 당선되는 이변이 발생하였다. 그리고 김말룡은 대의원대 회에서 한국노총 상임지도위원이 되었다. 이런 의외의 결과는 중정이 대의원 들에 대해 압력과 회유를 하기보다 노총 상층부의 소수 간부를 중심으로 공 작을 전개했기 때문이라고 평가된다. 게다가 중정으로서는 김말룡이 아니라 면 배상호건 박영성이건 그들의 성향상 아무런 문제가 될 게 없다는 판단도 작용했을 것이다.(국정원 보고서, 280쪽)

그해 4월 대선에서 3선 대통령에 당선된 박정희는 노동계에도 무소불위의 칼날을 휘둘렀다. 세간에서는 1971년의 대선을 '선거에서 지고, 개표에서 이긴 선거'라며 김대중이 실제로는 승리한 선거라고 했다. 노총선거에서도 중정의 공작대로 김말룡의 당선은 막았으나, 중정이 밀던 박영성이 당선되지 못한 것은 김말룡을 지지하던 노조들이 중정 공작에 반발해 2차 투표에서 배상호를 지지했기 때문이었다.

유신체제와 한국노총의 어용화

1971년 12월 6일, 박정희는 국가비상사태를 선포한다. 1972년 10월유신에 앞서 '영구집권 1단계계획'을 실행에 옮긴 것이다. 이제 민주주의는 한국에서 있을 수가 없었다. 그러나 한국노총은 국가비상사태선언을 지지하면서 중앙위원회 명의로 「비상시국하의 우리 노동자의 자세를 밝힌다」라는 제목의 성명서를 발표했다.

그러나 국가비상사태 선포근거에 대한 비판이 일자 박정희는 1971년 12월 27일, 국가비상사태 선포요건을 규정한 「국가보위에 관한 특별조치법」(국가보위법)을 사후적으로 공포한다. 이 법 제9조 제1항은 "비상사태 하에서 근로자의 단체교섭권 또는 단체행동권의 행사는 미리 주무관청에 조정을 신청하여야 하며, 그 조정결정에 따라야 한다"고 하고, 이를 위반하면 7년 이하의 징역에 처한다고 규정한다.

1972년부터 1979년까지 일어난 노동쟁의 1만여 건 가운데 80% 정도가 파업을 해보기 전에 정부의 회유와 협박으로 '노사합의'라는 형식을 띠고 종료되었다. 노사합의가 이뤄지지 않은 나머지 20%는 '합의조정'이라는 이름으로 강제로 쟁의를 종료시켰다. 또 노동쟁의를 일으킨 노동자들은 강등, 감봉,

폭행, 매수, 외출금지, 시말서 강요 등의 부당한 탄압을 가했으며, 노조는 임원교체, 허위 해산신고서 제출, 사직당국의 감시 등으로 정상적인 활동을 할수 없게 만들었다.

1972년 10월유신이 선포되자 한국노총은 「구국통일을 위한 영단을 적극 지지한다」라는 제하의 성명을 발표하였다. 이 '유신체제하의 운동기조'는 한국노총을 "국가이익 우선주의 원칙에 입각하여 생산성향상운동을 통한 분배원천의 증대에 최선을 다하며, 복지균점정책과 사회보장제도 확충 등 폭넓고 다원적인 권익향상운동을 전개함으로써 조용한 가운데 빈곤 없고 비리없는 정의의 사회, 복된 나라로 건설해 나가는 유신적 개혁의 기수가 되려는것"으로 설정하였다. 국가권력의 억압에 대한 한국노총 상층부의 순응과 이에 더한 운동기조의 후퇴는 이에 그치지 않았다. 더 나아가 보름에 걸쳐 전국24개 지역 2,630명 간부들에게 10월유신 지지를 선전하고 계몽하는 작업을실시하였다. 산업별 노조들도 한국노총의 지시에 따라 모두 4,812회에 걸쳐760,841명의 조합원을 상대로 계몽활동을 전개하였다.(이종구 외, 『1970년 산업화초기 한국노동사연구』, 2002, 135쪽)

그 시대 한마디로 한국노총 지도부는 "국가가 있어야 노동조합운동도 할수 있다"라는 해괴한 주장을 내세운 것이다.

한국노총은 노동자의 삶과 직결된 각종 정책대안을 개발하고 이를 정부에 건의하는 것에 많은 역량을 집중했습니다. 그러나 그것만으로 밑으로부터 올라오는 치열한 삶의 요구와 자주적, 민주적 노동운동에 대한 갈망을 충족시킬수는 없었죠. 이러한 태도 때문에 한국노총은 줄곧 노동자들에게 불신을 받았고, 다양한 세력의 비판에 직면했습니다. 그런 한국노총은 비판의 수용을 단호히 거부하고 밖에서 벌어지는 반유신 민주화투쟁을 철저히 외면했습니다. 그리고 산별노조들은 중앙집권적 통제장치와 국가권력의 비호를 배경으로 밑으로부터 올라오는 민주화의 요구를 한사코 차단하려 했죠.(이원보, 앞의 책, 211~12쪽)

1973년 10월에 치러진 노총위원장 선거는 더욱 기가 막혔다. 이때에도 현직 위원장인 배상호, 그리고 김말룡과 광산노조 한기수 위원장이 출마하여 3파전으로 치러질 것을 예상됐다. 그러나 17개 산별노조 위원장들은 엉뚱하게도 "노조의 단합된 힘을 과시한다"는 명분을 내세우더니, '단일후보 추대를 위한 전형위원회'를 구성하여 배상호를 단일후보로 뽑고 만다. 김말룡과 한기수의 입후보를 원천적으로 막아버린 것이다. 노총 내부에서도 "무기명 비밀투표를 보장하는 노총규약을 어겼고, 규약에도 없는 전형위원회를 신설한 것은 불법"이라는 목소리가 높았지만, 선거는 그대로 진행되었다. 단일후보였음에도 불구하고 대의원 211명의 65%인 137명만이 배상호에게 표를 주었다.

1973년 10월 11일자 동아일보는, 전형위원장인 섬유노조 이춘선 위원장이 배상호를 단일후보로 선출한 이유에 대해 "정부협조를 얻기 쉬운 사람이 배씨라는데 의견을 모았다"고 보도했다. 이것은 규약을 위반하면서까지 단일후보를 선정한 공작의 배후가 박정희의 지시를 받은 중정임을 실토한 것이나 마찬가지였다. 이 선거에 대한 중정의 공작을 살펴보자.

1973년 10월의 위원장 선거가 있기 전인 9월 20일자 중앙일보에는 "자동차노조에 대한 노동청의 특별감사를 시행했는데 1972년도 예결산 자료가 모두 폐기되었다"라는 기사가 나온다.

노동청에 따르면 지난 6일 자동차노조 경기지부(지부장 지용택)의 모종 횡령 혐의에 대해 특별감사를 하는 도중 72년도 경리장부 일체가 폐기된 것을 알게 되었다는 것. 감사 앞두고 자동차노조서 횡령이 드러나자, 손창수 위원장은 19일 "경리상의 잇따른 자체시비를 없애기 위해 지난 6월 22일쯤 매년 6월 1일부터 다음 해 5월 말까지의 회계연도 예산결산서를 대의원대회에서 통과되면 자동 폐기할 수 있도록 새 처리규정을 만들었다"고 말했다. 자동차노조 김말룡 지도위원은 "노조는 임의단체이기 때문에 회계장부 등을 상법에 규정된 대로 10년 동안 보관할 필요가 없으나 종전대로 5년으로 환원할 예정"이라고 말했다. 24개 지부 9만 5천여 명의 조합원을 가진 자동차노조는 경기지부의 8천만 원을 비롯해, 6억여 원의 연간 예산규모를 갖고 있다.

이 기사는 김말룡의 위원장 출마를 방해하기 위한 중정의 공작이었다는 사실이 2007년 국정원 보고서에서 드러났다.

그는 박정희 군사정권 내내 기피인물이자 중정의 주요 사찰대상이었으며, 김말룡의 활동은 중정에 의해 엄격하게 감시되고 제한되었다. 이는 국정원 보유 자료인 「자동차 노조간부 비위사실 이첩」(73. 3. 6)제하 중정이 검찰에 발송한 문건에는 김말룡(노총 지도위원 겸 자동차노조 자문위원) 등 자동차 노조간부들이 공금과 조합예산을 부당지출 혹은 장부조작 등으로 착복하고, 조직분규를 배후조종하면서 수습비 명목의 금품을 수수하였다는 비위내용이 포함되어 있다. (국정원 보고서, 277쪽)

이렇게 중정은 김말룡의 약점을 잡아 위원장 출마를 저지하려 했다. 그러나 김말룡은 중정의 이 같은 공작을 눈치 채고 있었다. 그는 대의원대회 이후 노총 상임지도위원 자리에서 물러나게 되자, "중정이 노총을 산하기구로 예속시키고 관변노총, 어용노총을 만들어 정치적으로 이용하고 있다"라고 언성을 높였다.

중정이 '간택'하는 한국노총 위원장

1974년 2월, 김말룡은 '1973년 10월 대의원대회'를 거론하면서 "이 정기 대의원대회에서 선출된 배상호는 노총규약을 무시한 불법결의에 의해 선출되었으며, 그 배후에는 중정의 '오더'가 있었다고 하여 선거무효를 주장하는 소송을 제기하기도 하였다."(동아일보 1974. 2. 4자) 이러한 김말룡의 정당한 주장에도 불구하고 당시 언론은 '법정에 번진 노총분규'(매일경제) 등으로 보도, 노동계 분열의 한 축을 김말룡으로 지목하고 있었다.

1심 패소는 예상되었던 일이었고, 1975년 2월에 항소심이 진행되었다는 기사도 있지만, 그 결과가 어떠했는지를 보도한 기사가 없다. 1976년의 각종 문건에서도 배상호를 한국노총 위원장으로 소개하고 있으니, 김말룡은 패소한 것으로 보인다. 그러나 김말룡은 포기하지 않았다. 소송과 더불어 1974년 10월 18일에 열린 1974년도 대의원대회에서도 그의 투쟁은 계속되었다.

당일 10시에 시작된 대의원대회는 오후 7시 15분까지 무려 9시간 이상을 끌었으나 예정된 회의절차는 거의 손도 대지 못한 채 반대파와 지지파의 욕설, 야유, 인신공격만이 난무한 그런 대회였다. 또한 대회장 밖에는 양파의 실력대결 등 극한사태에 대비, 기동경찰 2백여 명이 동원되는 등 삼엄한 분위기가 되었다. 대회는 오전 11시 30분 내빈의 축사가 끝나고 본회의에 들어가기에 앞서 의장인 배 위원장이 정회를 선포, 전날에 미결로 넘어온 은행노조 대의원 23명의 자격을 심사하는 과정에서부터 양파의 대결로 번졌다. 17개 산별 노조위원장으로 구성된 자격심사위는 오후 2시 20분까지 의견조정에 실패, 표결에 부친 결과 9명이 자격인정에 찬성하여 제1라운드는 지지파의 승리로 끝났다. 그러나 오후 5시 40분 자동차노조의 김말룡 씨가 세 번째 발언을 통해 "집행부의 신임을 묻고 넘어가야 한다. 지난 1년 동안 현 집행부가 한

일이 무엇이냐"는 등으로 배 위원장에 대한 공격까지 곁들이자 분위기가 고조되어 이때부터 쌓인 울분이 쏟아져 나왔다. 광산노조의 황홍규씨는 "보위법으로 노동삼권이 묶여 노동조합은 명맥만 유지하고 있다. 집행부는 이에 대해 아무런 노력도 하지 않았다"고 규탄했고, 어떤 대의원은 "외부활동에 앞서 내부정비를 해야 한다"고 주장했다. 결국 이날 회의는 국가보위법 해제, 외국인투자기업의 노조 및 쟁의특례법 해제 등 6개의 특별결의문을 채택하고, 배위원장이 사퇴의사를 밝히면서 끝났다.(조선일보 1974년 10월 20일 기사 축약)

1974년의 대의원대회는 김말룡과 배 위원장 반대파의 승리로 끝난 듯했다. 하지만 6개의 특별결의문은 그야말로 공허한 메아리로 끝났다. 노총을 손톱에 낀 때만큼도 취급하지 않았던 박정희가 몇 줄 결의문에 흔들릴 리가 없었다. 게다가 사퇴의사를 밝혔던 배 위원장도 끝내 사퇴하지 않았다. 배 위원장의 임기는 1976년 10월 21일까지 지속되었다.

한국노총 제7대 위원장에는 중정의 공작대로 정동호가 선출되었다. 경향신문 1976년 10월 21일자는 "전국 17개 산업별노조의 대의원 356명 전원이 참석한 한국노총 전국대의원대회에서 정씨는 209표를, 섬유노조의 김영태씨는 146표를 각각 얻었다"라고 보도한다. 이 선거에 김말룡이 출마했다는 이야기는 없다. 경향신문 10월 23일자도 '박수로 일관, 18년만의 이변'이라는 제목 하에 "새 위원장을 선출할 때마다 온갖 잡음과 주먹까지 난무했던 한국노총 위원장 선거가 올해엔 환성과 박수로 일관된 조용한 대회로 치러졌음"을 보도하고, "당초 위원장 자리를 놓고 배상호 전 위원장과 정동호씨, 그리고 섬유노조의 김영태씨와 부두노조의 정한주씨 등이 치열한 득표공작을 벌였으나, 대회 이틀 전인 19일 배상호씨와 정한주씨가 중도하차하는 바람에 두 사람으로 압축되어 선거가 진행되었다"는 보도가 이어진다.

여기에도 김말룡의 이름은 등장하지 않는다. "예전 선거와 달리 잡음이 없는 선거였다"는 점에서 중정이 어느 해보다도 '위원장 선출 공작'을 철저하게 벌였고, 언론통제도 철저하게 했기 때문에 '김말룡 후보'가 외부로 전혀 드러나지 않았다고도 볼 수 있다. 중정의 공작 덕택에 '공개적인 잡음'이 없었던 것은 1979년 10월 8대 위원장 김영태가 선출될 때도 마찬가지였다. 두 번의 위원장 선거에서 '잡음이 없었다'는 것은 그나마 남아 있던 김말룡을 위시한 개혁파 내지 민주파가 완전히 제거되었다는 것을 방증한다.

당시 신문에서도 노총위원장 선출을 두고 중정이 벌인 공작을 추정하는 기사가 있었다. 1979년 10월 19일자 동아일보는 'YH사태로 주눅 든 노총대회'라는 제목 아래 8대 위원장 후보군을 설명하면서 "현 노총위원장 정동호 씨가 재선을 위해 출마 않고 탈락한 것은 화학노조를 기반으로 한 자신의 표 기반이 약한데도 원인이 있지만, 지난 YH사건에 대한 노총 자체 내의 반성과 집행부에 대한 신인도 저하에도 꽤 영향을 받은 것으로 알려졌다"고 분석하고 있다. 곧 중정이 YH여공들의 투쟁에 정동호 위원장이 적절히 대응하지 못해 사회문제가 되자 책임추궁 차원에서 정동호 위원장을 탈락시켰다고 본 것이다.

어찌 됐든 김말룡에 관한 각종 기록에는 1974년 위원장 선거가 마지막으로 되어 있다. 그러나 김말룡의 은퇴시기에 대해서는 약간의 논란이 있다. 국정원 보고서에서는 "정동호가 위원장이 된 1976년 위원장 선거에서도 김말룡이 출마했다"고 적고 있으며, "또다시 중정의 개입으로 (위원장 선거에) 실패했다"는 구절이 나온다. 이 보고서는 "중정은 네 명의 후보를 직접 지명해 실제로 선택의 기회를 주는 것처럼 위장함으로써 다른 후보들이 나오는 것을 원천봉쇄한 뒤, 선거 1주일 전에 후보 네 명 중 두 명에게 후보사퇴를 종용하더니, 선거 당일 또 한 명의 후보인 김말룡에게 최종 승자가 될 전국화학노조 위원장인 정동호를 위해 물러나라고 지시했다"고 기록하고 있다.

71년 노총 중앙상임위원으로 있던 그는, 국가보위법이 정한 "노조가 단체교섭이나 행동을 하고자 할 때에는 행정관서의 승인을 득해야 한다"는 조항을 보이콧하는 데 앞장섰다가 또 '작살'나는 바람에 74년의 노총대회를 마지막으로 노동조직의 일선에서 떠난다. 그 사이에 있었던 여러 가지 사건과 일화는 가히 한국노동운동사의 얼룩 또는 비극을 그대로 옮겨놓은 것 같다.(최일남, 김말롱 인터뷰)

1974년 10월 노총 전국대회를 끝으로 그는 노동운동 일선에서 물러났다. 중정은 노동단체를 완전히 정보부 산하 기구에 예속시켜 어용화하고 관제노조를 만들어 정치적으로 이용하고 있다고 비난하고 노총 상임위원 자리를 그만둔 것이다. 그는 유신체제에서는 더 이상 노동운동을 할 수 없다는 것을 뼈저리게 느꼈다.(고재섭, 「노동운동계의 대부 김말롱 이냐시오」, 『경향잡지』 1991년 2월호)

전노협과 민주노총 지도위원을 역임한 천영세도 인터뷰에서 당시 상황에 대한 이야기가 나온다.

제가 한번은 시청역 근처에 있는 KAL빌딩 꼭대기 강당에서 열린 한국노총 대의원대회에 참석한 적이 있어요. 그때는 대의원들도 철저히 확인을 거쳐야 들어갈 수 있었는데. 저는 당시 고대 노동문제연구소 연구원으로 근무하면서 노동자들 교육을 많이 했거든요. 그래서 축하 난을 직접 들고 간 거라 별 탈 없이 회의장에 들어갈 수 있었습니다. 그런데 위원장 선거를 하는데 김말롱 선생이 출마의사를 밝혔어요. 그런데 아무도 재청을 안 합니다. 누군가 재청을 해야 후보로 인정되는데 말이죠. 그게 첫 직접 뵌 모습이었죠. 그리고 나중에 1974년이 되면 고대 노동문제연구소가 활동이 축소가 돼요. 『노동자』라는 잡지도 못 내고, 노동자 교육도 못 하고, 그때 고대 총장이 김상협씨였는데 …. 그래야 연구소를 유지하게 해준다고 합니다. 해서 저는 독일유학 제의도 있었지만 거부하고 다시 일할 장소를 찾고 있었습니다. 그때 자동차노조 경기지부 지용택씨를 잘 알고 있어 부탁해서 자동차지부에 들어갔습니다. 거기에 김말룡 선생과 저와 갑장인 이영희 교수가 있었어요. 몇 달 정도 같이 있었는데 자동차 내부에도 간부들이 물과 기름인 사이가 참 많았어요. 많이 싸우고, 그러고 나면 김말룡 선생과 이영희 교수, 그리고 저 셋이서 술을 참 많이 먹었습니다. 또 김말룡 선생은 맛집을 잘 아셔요. 충무로 일식집이 있었고, 장충동 평양면옥, 삼각지로터리에 있었던 보신탕집 하고, 평양냉면과 만두를 좋아하셔서 선생이 이북 출신인가 그런 생각을 한 적도 있어요.

1972년의 김말룡. 자동차노련 지도위원으로 간부들과 서울의 한 다방에서 회의를 하고 있다

천영세와 1943년생 동갑인 이영희 교수는 서울법대를 졸업하고, 한국노총 전국자동차노동조합연맹에서 일하다 크리스찬 아카데미를 거쳐 독일유학을 다녀와 인하대 법대에서 노동법 교수를 했다. 한국노총 자문위원과 경실련 상임집행위원장도 지냈다. 이명박 정부 시절 제23대 노동부 장관을 역임하는 등 노동계에서 오랫동안 활동한 인물이다.

김말룡은 해방 후 조선펌프기계제작소에서 노동운동을 시작하면서부터 노동운동 개혁을 위한 도전을 멈추지 않았다. 칠전팔기를 방불케 하는 인생이었다. 하지만 박정희는 자신의 반대세력을 용납하지 않았다. 노동계에서 오랫동안 자신에게 저항해온 김말룡도 이제는 포섭대상에서 제거대상으로 몰아세웠다. 그렇게 김말룡은 권력에 의해 노동계에서 축출되어 야인으로 돌아왔다.

노총위원장 선거할 때마다 나는 빚을 져야 했어요. 선거자금이 끝끝내 마련이 안 되면 나한테 와서 이야기해요. 우리 친구 윤이 엄마라고 있었는데, 그 집 아저씨가 월남 가 있었거든요. 그래서 거기 월남에서 온 월급을, 그거를 밤낮 땡겨 가지고 빌려줘요. 그랬는데, 이번에 그 친구가 다리가 부러져서 병원에 입원했어요. 오늘 아침에도 전화했는데 …. 아직 못 걸어 다닌대요. (그 때의 정 때문에 지금도) 내가 매일 같이 그 친구한테 전화해서 오늘 있었던 얘기들 하고 그래요. 요번에 전화요금이 (무려) 3만 5천원 넘게 나왔더라구요.(『여원』, 박귀연 인터뷰)

김말룡이 노총위원장 선거에 나갈 때마다 그 뒤에는 아내 박귀연이 있었다. 김말룡이 독재정권과 맞서 노총 민주화라는 힘겨운 싸움에서 패하여 돌아오자 아내 박귀연이 맞아주었다. 김말룡은 잠시나마 평생의 동반자이자 든든한 후원자인 박귀연의 품으로 돌아온 것이다.

5장

명동노동문제상담소
소장 시절

1970년대 민주노조운동

청년 전태일의 분신 이후 청계피복노조에서 시작된 민주노조 운동의 새로운 바람이 불어왔다. 우선 1970년대에 발생한 주요 노동운동을 정리해 보면 다음과 같다.

1970년대 주요 민주노조의 출범시기와 투쟁	
1970. 11. 22	청계피복지부 출범
1972. 5. 10	동일방직노동조합 주길자 집행부 출범(한국 최초의 여성지부장)
1972~74	원풍모방지부 노조민주화투쟁과 회사재건투쟁
1973. 12. 20	콘트롤데이타지부 출범
1974. 4. 15	반도상사지부 출범
1975. 5. 24	YH무역지부 출범. 노조결성투쟁과 임금인상투쟁
1976~77	동일방직노조 조직수호투쟁
1977. 7. 10	협신피혁 노동자 민종진 가스질식사에 대해 청계피복, 원풍모방, 동일방직, 방림방적, 반도상사, 남영나이론, 인선사 등의 노동자들이 항의시위
1977. 9	청계피복지부 노동교실 사수투쟁 벌임
1978. 3. 20	동일방직 노동자 투쟁 보도 요구하며 동일방직, 원풍모방, 방림방적, 해태제과, 진로주조 등 노동자 30여 명이 기독교방송국 점거 농성, 방송 중단시킴
1978. 3. 26	개신교 17개 교단 여의도 연합예배장에서 동일방직, 원풍모방, 삼원섬유, 방림방적, 남영나이론의 여성노동자 6명이 노동3권 보장, 동일방직문제 해결, 박정권 퇴진 등 외치며 시위, 전원 구속
1979. 8	YH노조 폐업반대투쟁, 김경숙 사망

출처: 이종구 외, 『1970년 산업화초기 한국노동사연구』, 158쪽

1970년대에는 이외에도 태광산업, 삼원섬유, 풍천화섬, 한국마벨 등 노동자들의 노조결성투쟁과 해태제과 노동자들의 노동시간 단축투쟁, 방림방적 노동자들의 체불임금 요구투쟁 등이 전개되었다.

70년대의 민주노동운동은 5, 60년대 김말룡을 위시로 한 노동운동가들이 벌이던 노동운동과는 여러 면에서 달리 진행되었다. 5, 60년대의 노동운동이 김말룡과 같은 선각자 몇몇에 의해 주도된 운동이라면, 70년대 민주노동운동은 지도자뿐만 아니라 조합원들도 운동의 주체가 되어 나선 것이다. 노동자의 양적인 증가가 가장 큰 원인이겠지만, 질적으로도 전태일의 죽음으로 각성된 노동자들이 많아졌기 때문이다. 그들은 노조 지도자들이 회유책에 넘어가거나, 혹은 연행되어 현장지도를 못 하게 되면, 스스로 나서서 투쟁의 주체가 되었다. 권력과 자본가의 탄압을 명확하게 인식하면서 김말룡처럼 개인으로서가 아니라 집단의 힘으로 저항했으며, 심지어 죽음도 불사하였다.

"나에게 근로기준법을 가르쳐 줄 대학생 친구 한 명만 있었다면 …" 하는 전태일의 비명이 알려지자, 대학생을 비롯한 지식인들의 노동현장 진출도 급격히 늘었다. 앞서 서술한 가톨릭노동청년회JOC와 기독교도시산업선교회(산선)가 그 통로가 되어주었다. 각종 노동야학이 생기고, 각 지역에는 노동상담소가 설립되기 시작했다. 대표적인 노동교육기관으로는 '크리스천 아카데미'를 들 수 있다. 많은 노동자들이 노동운동을 배우기 위해 여기에 왔다. 앞의 『1970년 산업화초기 한국노동사연구』를 보면, 당시 절절했던 종교인과 노동자들의 심경이 기술되어 있다.

공순이, 공돌이라고 무시당하고 비하하면서 살았는데, 왜 살아야 하는지 삶의 의미가 부여되면 정말 달라져. 표정부터 옷 입는 거까지 정말 달라져. 가치관이 달라지니까. 옛날에는 친구 만나면 중학교 동창이면 집에서 논다고 그러고, 국민학교 동창이면 회사 다닌다고 그래. 공장 다닌다고 안 그러고.

그런데 의식이 바뀌니까 공장에 다닌다고 떳떳하게, 노동자라는 긍지와 자부심이 생겨. 이제 당당한 거야. 누가 뭐래도 나는 노동자라는 긍지가 생겨지고 … 그 애들이 결혼하는 게 참 힘들었어. 남자들 만나면 얘기가 안 되는 거야. 상대가 안 되는 거야. 남자들 대개가 허세잖아. 자가용을 가질 거라는 둥 맨날 물량적인 거지. 얘네들 그런 거에 하나 가치를 안 두는 애들인데, 그러면 정말 한심하대. 저거 상대가 안 되니까 그냥 관두는 거야. 시집갈 남자가 있어야지.(조화순 목사, 155쪽)

언니가 그러더군요. 동일방직에는 노동조합이란 게 있는데 간간히 데모해 가지고 월급도 올리고, 노동법에 정해진 대로 8시간만 일하고, 우리보다 환경도 훨씬 좋게 하고 그런다고요. 그 말을 듣는 순간 나는 아니 그런 것도 있구나, 눈이 환해지는 느낌이었습니다. 저는 그때 탈출구를 발견했던 것입니다. 내 삶에서 변화를 찾고 싶었고, 이런 견디기 어려운 현실을 바꾸고 싶었는데, 동일방직에서는 노동조합이란 게 있어 그것을 가능하게 만든다면, 아이고 나도 저기 들어가서 노동조합인지 뭣인지 해야 하겠다고 맘을 굳게 먹게 되었지요. 한마디로 희망이 생긴 겁니다.(추송례, 115쪽)

그들은 '노동에 대한 이해'가 달라져 있다. 예전에는 "못 사니까 공장에나 다니지"하는 식의 체념이었다면, "인간이라면 누구나 노동을 해야 한다"라는 노동에 대한 자부심이 생겨났다. 그런데 권력과 자본가는 '인간이라면 당연한 권리를 주장하는 노동자'를 동물보다도 못한 존재로 취급해 여공들에게 똥물을 퍼붓기도 했으니 자각된 노동자의 저항은 더욱 조직적이고 강력했다. 그들은 "노동조합 일을 하더니 사람이 달라졌다"라는 많이 들었다고 한다. 그것은 노조가 힘을 가지려면 노동자들의 신임을 얻는 것이 무엇보다 중요했고, 그러려면 노조간부들은 조합원들로부터 존경을 받을 수 있어야 했기 때문이었다.

이는 김말룡의 바램과도 일치하는 대목이다.

70년대 민주노동운동이 더욱 주목받은 것은 1980년대 신군부에 의해 저질러진 '5·17노동조합 정화조치'가 하나의 계기가 되었다. 이 노동조합 정화조치는 한마디로 노동조합의 활동을 완전히 정지시키는 무지막지한 폭거였다.

1980년 8월 21일, 전두환 신군부는 노동청을 통해 노동조합 정화지침이라는 걸 내렸다. 산별위원장 급 12명은 즉시 사퇴하고, 산별노조 산하 지역지부를 즉각 폐지하며, 노조정화운동을 지속적으로 추진하라는 것이었다. 그래서 한국노총 및 산별노조위원장 급 상층간부 12명이 바로 사직서를 쓰고 떠난다. 그러면서 지역지부 105개도 해산되고 조합원도 14만여 명이나 줄어들었다. 그러한 지침을 내린 데 이어 전두환 신군부는 노동계 인사 191명을 이른바 정화대상자로 선정했다. 그러고 나서 이 사람들한테 노조간부를 그만두고 현장에 복귀하라고 지시했다. 노조 민주화를 비롯한 민주노조운동을 열심히 했던 사람들은 여기에 다 포함됐다. 12월 8일 원풍모방 40명, 청계피복노조 9명 등 민주노조 간부와 조합원들이 연행됐다. 계엄사로 끌려간 이들은 협박과 폭행 속에서 사표를 강요당했다. … 원풍모방에서는 일부가 삼청교육대로 끌려가 소위 순화교육이라는 걸 받아야 했다.

전두환 신군부는, '서울의 봄' 시기에 8일간 농성·시위투쟁을 벌여 10인 이상 사업장의 퇴직금 지급을 제도화한. 그래서 이 시기 노동운동에서 큰 역할을 한 청계피복노조에 대해 1981년 1월 6일 해산명령을 내리고 노조사무실을 폐쇄했다. 노조원 21명이 농성에 돌입했지만, 경찰의 강제진압으로 11명이 구속되고, 농성하던 사람들은 다 해산되고 말았다. 청계피복노조와 더불어 대표적인 민주노조로 얘기되던 콘트롤데이타노조, 반도상사노조도 소위 정화조치에 이은 폐업으로 1981년과 1982년에 각각 노조 깃발을 내려야만 했다.

전두환 신군부 정권의 민주노조 파괴는 원풍모방에서 절정을 이뤘다. 전두환 신군부는 1980년 9월 방용석 지부장 등을 소위 정화조치했고, 12월에는 앞에서 말한 대로 노동자들을 연행해 강제로 사표를 받는 한편 그중 일부는 삼청교육대로 보냈다.(서중석, 『현대사 이야기』, '12.12쿠데타와 오월광주')

이러한 일련의 사태를 계기로 어렵고 힘들게 싸웠던 70년대의 노동운동 동지들은 공동체의식을 갖게 되었다. 이들은 더욱 똘똘 뭉쳐 싸웠다. 1987년 노동자 대투쟁은 이들이 포기하지 않고 끝까지 운동을 펼쳤기 때문에 가능한 것이었다. 지금의 '70년대민주노동운동동지회'(70민노회)가 당시 노동운동가들의 모임이다. 어쨌든 1970년대 노동운동은 김말룡의 노동운동을 넘어 '포스트 김말룡 시대'로 향했다.

민초들의 난방비

1976년, 김말룡의 나이가 50대로 접어든다. 허망하게 끝난 세 차례의 위원장 선거는 그를 지치게 했다. 그는 노총에서의 퇴진을 선택하고 사회원로 인사로 변모했다. 1974년 한국노총 대의원대회가 끝나자 『신동아』(1974년 12월호)에서 '겨울살이 걱정'이라는 주제의 좌담회를 개최했다. 여규식(조선일보 경제부장)의 사회로 박현채(홍익대 경상대 강사), 박영숙(전 YMCA 총무), 윤미자(조각가) 등과 함께 '전국자동차노조 지도위원'으로 소개된 김말룡이 토론자였다.

1974년 7월 20일, 정부의 석탄가격정책 실패로 석탄배급제가 실시되고 있는 가운데 겨울을 맞이하여 경제난을 어떻게 극복할 것인가에 대한 좌담이 있었는데, 연탄배급제와 연료공급의 문제점, 물가는 오르고 있는데 봉급은 제자리인 현실을 개탄하고, 어려운 국민들의 생활대책을 마련해야 할 정부는 엉뚱한 방향으로 가고만 있고, 권력의 부패와 독과점의 횡포는 늘어나고, 세제개혁은 서민생활을 압박만 하고 있으니, 제발 정부는 국민을 위한 정책을 펴라는 이야기가 쏟아져 나왔다. 김말룡도 다음과 같이 일갈했다.

근자에 공장폐쇄, 조업단축이 현저하게 늘어난 것 같아요. 얼마 전에 노동청에서 발표한 것을 보니까, 정확한지는 모르겠습니다마는 금년에 들어와서 휴업 폐쇄한 공장이 890개로 나와 있고, 거기에 따른 실업자가 6만 3천여 명이라고 합니다. 이런 현상이 앞으로 점점 늘어나지 않겠느냐 생각됩니다. 실업자에 대한 문제도 문제려니와 대부분의 공장들이 조업을 단축해서 임금지출을 적게 하려는 방법만 생각하고 있는 것 같아요. 우리 생각으로는 기업들이 임금지불능력이 없느냐 하면 그것이 아니에요. 작년 재작년은 호황이었기 때문에 상당히 자본축적도 있을 것이에요. 기업이란 수지가 맞을 때도 있고 안 맞을 때도 있지만 대체로 지속성과 사회성을 가지고 유지해나가야 하는데 작년 가을까지의 흑자는 빼돌려 놓고 금년에 들어와서 채산이 안 맞는다 해서 종업원을 줄이거나 휴업한다는 것은 몰염치한 짓이에요. 앞으로 정부는 노동정책적인 견지에서 실업자에 대한 대책이 따라야 할 것이고, 기업주는 기업주대로 어려운 생산여건일수록 더욱 사회적 책임을 다하려는 자세를 취하지 않고 마구잡이로 근로자를 감원하다간, 그로 인한 사회적 불안으로 산업평화를 잃을지 모를 사태가 올지 모른다는 점을 경각심으로 받아들여야 할 것입니다. 특히 이 점을 몇 번이나 강조하고 싶습니다.

그러나 토론을 진행한 사회자의 결론은 밋밋했다. "오늘은 겨울을 어떻게 잘 넘겨 보내는 지혜를 짜보자 했지만, 결론적으로는 뾰족한 지혜가 없고, 결국

정부당국이 잘 해주어서 우리로 하여금 믿고 살 수 있도록 해주기 바란다는 것뿐인 것 같습니다."

김말룡이 노동조합운동 일선을 떠났다고 해서 완전히 노동계에서 떠난 것은 아니었다. 그 시기에 여러 곳에 발표한 글에서 민주노조운동을 벌이는 후배들에게 다양한 충고를 하고 있다. 「경영과 노동」 1973년 6월호에서 김말룡은 '한국노동운동의 방향과 그 과제'라는 제하에 새마을운동의 궁극적인 기본방침을 '모든 국토의 산업화, 모든 일손의 생산화, 모든 인력의 기술화'라는 박정희 대통령의 지침을 거론하면서, 노동운동가들의 단합과 단결의 중요성을 설파했다.

노동운동의 기본이념은 사회정의의 완전구현과 인간이 지닌 존엄성에 대한 절대 신봉 속에서 성장되어 왔으며, 이것이 오늘에 이르러 동일한 목적을 위해 동일한 신념을 갖고 뭉쳐 싸우는 조직적인 유대, 즉 노동조합 철학의 기본적 토대가 되고 있다. 우리 노동조합운동가는 다른 사람들로부터 비웃음을 받고 몽상가나 공상가로 간주되었던 그 어떤 시점에 벌써 단합과 단결의 이념을 대변했다.

또 기업인들의 사회적 책무에 대해서도 강조했다. 자신을 노동운동 판에서 몰아낸 박정희의 노동관과 기업관에 대한 비판이었다.

드러커가 말한 바와 같이 종래의 기업은 최대의 이윤추구만을 그 지상과제로 왔으나 현대의 기업은 이러한 고착관념으로부터 기업의 사명을 기업의 사회화, 민주화에 두고 창조적 기술적 혁신을 그 방법으로 선택할 것을 요구하기 때문이다. … 기업 내 불필요한 마찰과 대립을 제거하고 아울러 노사분규 등 혼란으로 초래되는 생산과 노동의 손실을 예방하여 산업평화 속에 최대의 생산효과와 공정배분으로 노사관계를 종래의 대립적 관계에서 협조적 관계로 전환하는 것을 의미한다.

드러커Peter Ferdinand Drucker(1909~2005)는 오스트리아에서 태어나 미국으로 건너가 활동한 경영학자로 "기업은 영리를 추구하는 존재가 아니라, 고객을 위해 존재하는 것이며 시장이 곧 목적"이라고 주장했다.(New-Fordism) 또한, 기업가는 "경영의 중심은 고객이며, 노동자는 비용이 아닌 자산으로 인식해야 한다"고 했다.

김말룡은 『경영과 노동』 1973년 6월호에 「단체협약의 목적과 성격」이라는 글을 실었다. 이 글은 1973년 1월 26일 한국노사문제연구협회 주최로 열린 제41회 사례연구 토론회에서의 전국경제인연합회(전경련) 윤능선 사무국장의 발표문인 「단체협약에 관한 개선방향과 문제점」에 대한 반론이었다. 이 글에서 김말룡은 "한국경제 발전의 한 단원으로서 계속 첨예화한 대립 기미를 보이고 있는 노사 간의 격돌을 사전에 예방할 수 있다는 점에서, 그리고 나아가 양식 있는 이론적 측면에서의 대화의 채널을 형성할 수 있다는 점에서 그 의의가 크게 평가되고 있다"라고 취지에는 동의한다는 의견을 밝히면서도,

첫째, "단체협약은 노사 간의 쌍방계약을 내용으로 하는 자치규범이다"라는 전경련 윤 국장의 정의에 대해, "'자치규범'이라는 용어는 '법규범'이라는 용어로 명확히 대체 표현될 수 있도록 사용자 측의 의식전환이 시급하다는 당위성을 불러일으킨다"고 지적하고,

둘째, "노동쟁의 중 단체협약 체결요구 자체가 별로 분쟁의 대상으로 되고 있지 않은 것을 미루어 볼 때 단체협약에 대한 사용자의 이해도가 크게 향상된 것"이라는 윤 국장의 주장에 대해, 최근 들어 단체협약 체결건수가 줄어들고 있다는 점을 지적하면서, "외형적으로는 단협 체결요구의 감소로 기업주에 의한 對 노동조합관이 호전되고 단협에 대한 기업주의 태도가 크게 향상된

것으로 보여 지고 있으나, 내실적으로는 조합 활동보장 요구 및 단협 효력지속요구의 증대로 이와 정반대의 현상, 즉 차원 높은 수준에서의 기업주에 의한 對 노동조합관의 경시 내지는 이에서 비롯한 부당노동행위의 강도가 심화되고 있음을 나타내는 것이라 할 수 있다"고 지적하였다.

셋째, "조합전임자의 임금 등을 사용자로부터 지급받는 것은 노조법 제3조 단서 2호(그 경비지급에 있어서 주로 사용자의 원조를 받는 경우)로 보아 노조법상 정당한 노조로서의 활동을 위해서나 노조의 독자성을 견지하기 위해서도 마땅히 시정되어야 한다"는 윤 국장의 주장에 대해, "결론부터 말하자면 이상 경영자협회의 주장은 전술한 노조법 제3조 단서 2호 및 노조법 제39조 4호를 그릇 인식하고 있는 데서 빚어진 것이 아닌가 생각된다. 왜냐하면, 노조법 제3조 단서 2호 및 동 39조 4호에서의 경비지출 및 운영비는 노동조합의 일상경비지출, 즉 각종 회의비, 사무비, 교통비, 조직비, 쟁의비, 조사통계비, 접대비, 의무금 등 조합운영에 소요되는 자금을 의미하는 것으로서 근본적으로 조합전임자에 대한 급여(임금)와는 그 성질을 달리하고 있기 때문"이라고 지적하였다.

넷째, 당시 노동쟁의조정법 제5조의 "노사협의회의 설치 기타 노동관계의 적정화를 위하여 필요한 사항을 규정하여야 하며 노동쟁의가 발생한 때에는 자주적으로 해결하도록 노력하여야 한다"는 규정과 관련, "기존 쟁의조정법 내지는 단체협약에 명시돼있는 일반적인 의미에서의 상대적 평화의무를 절대적 평화의무로 대치하자"는 윤 국장의 주장에 대해, "이런 점을 미루어 단체협약에서의 평화조항의 설정은 당초 단체협약 그 자체의 항구적인 좌표인 산업평화의 안전과 지구적인 노사협력체제의 구현을 위해서도 현재의 수준에서 보다 기능성과 유동성을 가질 수 있는 방향으로 재정비되어야 할 것이며, 이런 의미에서 경영자협회가 주장한 이른바 '절대적 평화조항'의 설정문제는 결단코 두 번 다시 거론되어서는 아니 되어야 할 것으로 결론지어야 할 것"이라고 못 박았다.

또 이 글에서는 당시 노동관계법에 명시되어 있는 '유니온샵 제도'와 '유일 교섭단체 제도' 조항 철폐를 주장하는 윤 국장에 주장에 대해, 김말룡은 두 조항이 '현대적 노사관계의 관행적 룰'(세계적인 추세)이라고 주장하면서, "각 개 국가가 노동조합법, 근로기준법 등 노동관계법을 제정, 사용자로부터 근로 자를 보호하고 있다는 법제정 취지로 보아서도 이러한 조항은 계속 강행법규 로서 유효하게 유지되어야만 할 것"이라고 주장하였다.

김말룡은 가톨릭 교단의 잡지 『노동자와 교회』 1976년 11월호(제48호)에 「한국의 노동문제와 노동운동」이라는 제하의 글을 발표했다.

"현실적인 것은 합리적이다"라는 이른바 헤겔 역사철학의 주류는 말할 것도 없이 정신혁명을 기초로 한 그의 변증법 논리의 한 단면으로 보아도 무방할 것 같다. 그러나 여기에서 말하는 '현실적'이라는 의미가 '주어진 현실'을 맹 목적으로 추종하고 영합하는 이른바 시세에 재빨리 편승해 "내가 탄 배船는 만원이다"라고 손을 내어 젓는 그러한 뜻이 아니라, 보다 적극적이고 진취적 인 자세로 현실을 긍정적으로 바라보면서 '주어진 현실'을 '바람직한 현실'로 바꾸기 위해 '주어진 현실'과 부단하게 '대화'를 나누고 또 참여하는 그러한 뜻을 내포하고 있음은 물론이다. …

그러나 문제는 이 같은 과업의 나열이 중요한 것이 아니라 '주어진 과업' '부딪친 과업'을 노동운동의 원칙적인 자세와 좌표에 비추어 그때그때 여하 히 처리하느냐가 중요하다고 할 수 있다. 노동운동의 주역을 이루고 있는 지 도층들이 이 같은 과업을 역사적인 사명감과 긍지로, 그리고 피와 땀과 눈물 을 혀끝으로 적시면서 수행한다면 분명히 후세의 사가들은 오늘의 노동운동 과 그 주역들을 루비콘 강을 단숨에 뛰어넘은 시저처럼 길이길이 추앙할 것 이 틀림없기 때문이다.

그의 사상의 터전은 노동조합이라고 봐도 무방할 것 같다. 민주적이고

김말룡 평전

자주적인 노동조합운동만이 현대사회를 온전히 발전시킬 수 있으며, 그런 노동조합을 만들기 위해 노동운동의 지도층(노동운동가)이 역사적 사명감을 갖고 활동해야 한다고 재삼 강조하고 있다.

이냐시오

김말룡은 천주교정의평화위원회에서 활동하던 1970년대 중반, 명동성당에서 김수환 추기경으로부터 영세를 받았다. 그의 영세명은 예수회를 창립한 성 이냐시오 데 로욜라Ignacio de Loyola(1491~1556)의 '이냐시오'이다. 성 이냐시오는 가톨릭 개혁에 앞장섰던 영적 지도자로 추앙받고 있다.

> 그가 가톨릭에 기운 것은 5·16 후부터였다. 그때 그는 현재까지 이어지는 두 가지를 익혔다. 예배당으로 시작된 그의 종교순례는 78년도에 정식 세례로 이어졌다. 사회주의자도 보수우익도 아닌 노동운동가가 현재 노동운동론을 펼치는 배경은 성경적인 논리가 근거로 된다. 또 하나 몸에 익힌 습관은 등산이었다. 5·16 이후 그를 하루 종일 감시하는 기관원 옆에서 그가 낸 꾀는 등산이었다. 당일로 다녀오는 조건으로 허락을 받은 등산은 지금까지도 이어진다.(윤철호, 김말룡 인터뷰)

박 정권에 의해 강제로 노동계를 떠나야 했던 김말룡이 찾은 곳은 성당이었다. 김말룡이 가톨릭에 입교하도록 도운 사람이 있다.

> 김말룡 선생께서는 돌아가신 현석호 선생[1]의 영향을 받아 천주교에 귀의하신 후, 종교단체 내의 노동문제상담소에서 많은 활동을 하셨으며, 그 당시

시대적 상황에서 그분은 소명을 다하셨습니다.(배병우, 「김말룡1주기 추모자료집」)

현석호가 대한노총의 김말룡을 모를 수가 없었다. 둘 모두 박정희에 의해 쫓겨나는 입장이었다. 현석호는 김말룡의 인품을 높이 샀고, 할 일이 없는 그를 성당으로 이끈 것으로 보인다. 김말룡은 명동노동문제상담소 소장 시절 가톨릭교리연구소의 간사를 맡기도 했다.

자신의 힘만으로 노동운동을 하는 데는 한계가 있었다. 하느님 아니고서는 세상을 짓누르고 있는 엄청난 폭력을 바로 잡을 수 없다는 생각이 든 그는 1976년 하느님의 품을 찾게 되었다.

"1960년대에 개신교의 도시산업선교에 관여하시는 목사님들과 노동사목에 관여하시는 신부님들을 만나게 되었습니다. 신부 수도자들이 일생동안 하느님을 위해서 자기를 희생하는 점이 좋아 보여 천주교에 입교하였습니다. 내 자신이 노동자를 위해서 봉사희생하려면 보다 정신적인 신뢰와 지지가 필요하였습니다."(『경향잡지』 1991년 2월호, 고재섭의 인터뷰)

김말룡을 가톨릭으로 이끈 사람이 한 명 더 있다. 김말룡은 1960년 후반부터 서강대학교 산업문제연구소에서 주관하는 '노조간부 교육과정'의 전임 강사를 맡게 된다. 서강대학교는 가톨릭의 예수회가 설립한 대학이다. 서강대 설립의 주역 중에 바실 프라이스Basil M. Price(1923~2004) 신부[2]가 있었다. 그는 1966년, 서강대에 한국 최초의 노동문제 연구 및 교육기관으로 '산업문제연구소'를 열었고, 1988년 은퇴할 때까지 한국사회의 모순에 맞서 정의평화운동을 펼친 사람이었다.

그는 특히 산업문제연구소를 열면서 "자주적이고 책임 있는 노동조합만이 한국 노동자들의 권익을 보호하고 사회정의를 증진할 수 있다"고 주장했다.

198

김말룡의 신념과 일치되는 부분이다. 연구소의 '노조간부 교육과정'은 180시간이었는데, '3개월 야간과정'과 '1개월 기숙과정'이 있었다. 교육생들은 180시간 동안 연설하는 방법부터 노동법까지 노동조합 운영 관련 모든 것을 배웠다. 연구소는 노조임원만 아니라 경영자와 관리자들에 대한 교육도 행하였다. 이 연구소가 문을 닫는 2001년까지 35년간 약 1만여 명이 수강했다고 한다.

프라이스 신부가 노조임원 교육과정을 만들어 김말룡은 초청한 것인지, 김말룡이 연구소를 찾아가 교육과정의 개설을 제안한 것인지는 명확하지 않지만, 이때부터 프라이스 신부와 김말룡의 인연이 시작되었다. 프라이스 신부는 한국천주교 정의평화위원회 위원(1970)으로도 참여하였고, 한국농민교육협의회 창립(1975)에도 역할을 하였다. 특히 김말룡이 소장을 맡게

산업문제연구소를 서강대에 설립한
바실 프라이스 신부

되는 명동노동문제상담소LCO를 설립하는 데도 중요한 역할을 하게 된다.

훗날 김말룡은 "(가톨릭에 입교한 것은) 노동을 신성한 것이라 여기는 가톨릭의 교리 때문이었다"고 소회를 폈다.

성서에도 노동관이 나오지 않습니까? 노동하지 아니하는 자는 하느님과 관계를 가질 수 없다든가, 반대로 노동을 안 하는 자는 하나님의 피조물이 아니다는 말이 그런 것입니다. 그러니까 노동을 통해 하느님과 관계를 갖게 되고, 인간의 모든 조건 중에서 으뜸가는 것이 노동입니다. 그래서 교회는 노동을 신성시하고 노동을 열심히 하는 것이 신앙심의 충실 여부와도 연결됩니다. 노동이 신성하다는 것은 모든 것이 노동을 통해서 이루어지기 때문입니다.

따라서 노동의 신성성을 보장하기 위해서는 8시간노동제가 확립되어, 인간의 품위는 지킬 수 있도록 해야 합니다. 위정자는 노동을 천하게 보지 않도록 해야 할 의무가 있습니다.(최일남, 김말룡 인터뷰)

천주교정의평화위원회

사람들은 천주교에 입교하여 김말룡이 맡은 첫 직책이 명동노동문제상담소 소장인 것으로 알려져 있다. 그러나 김말룡은 천주교 정의평화위원회 위원으로 활동했다. 그의 1주기 때 나온 추모자료집 수록 김태봉 교수의 글에는, "송암(고 김말룡)과는 1975년 정의평화위원회에서 만나 함께 일하게 되었다"라는 구절이 나온다. 김말룡의 아호는 '송암松巖'이었다. '바위틈에 자란 소나무' 곧 '역경을 이겨내고 생명을 키워낸 그의 삶'을 빗댄 듯싶다. 또, 이 글은 "성격이 직선적이다. 한번 주장한 것은 절대 굽히지 않는다. 남을 잘 설득시키면서 자신은 설득당하지 않는 인물로 국회 돈봉투 사건이 가장 좋은 예"라고 김말룡의 인품을 평하였다.

한국천주교정의평화위원회는 교황청 정의평화위원회의 권고에 따라 설립되었다. 한국주교회의에서는 가톨릭구제위원회 한국지부장 캐롤George Carroll 安 주교에게 설립을 위임, 1970년 8월 24일 대전 성모여고에서 전국 가톨릭 대표 24명이 모여 창립총회를 개최하고, 초대 회장에 유홍렬柳洪烈을 선출하였다. 한국주교회의는 초대 총재에 황민성黃旼性 주교, 2대 총재에 지학순池學淳 주교, 3대 총재에 윤공희尹恭熙 주교를 각각 임명하여 지도, 육성해왔다.(사이트 '가톨릭길라잡이', 「가톨릭대사전」)

정평위는 1970년 창립총회 이후 뚜렷한 활동이 없다가, 1974년 민청학련과 인혁당 사건이 발생하자 활동을 재개한다. 그 사건으로 자식이 혹은 남편이 억울하게 감옥에 갇힌 신자들이 성당을 찾아 진실을 밝혀줄 것을 호소하였기 때문이다. 이에 시노트 James Sinnott(1929~2014) 신부[3]를 비롯한 많은 신부가 앞에 나섰다. 이 사건으로 정의평화위원회 총재 지학순 주교가 '유신헌법무효 양심선언'을 발표하고 구속되어 징역 15년 형을 받게 되고, 사제들이 모여 1974년 9월 26일 '천주교정의구현전국사제단'을 결성하게 된다. 이렇게 천주교 내에서 아래로부터 '정의평화 실현의 목소리'가 커지자 이에 대답하지 못했던 정의평화위원회가 재가동을 하게 된 것이다.

지학순 주교가 1974년에 정평위 담당주교셨어요. 그러다가 구속되었거든요. 지 주교가 감옥에 있으면서 정평위를 빨리 재구성하라고 당부하셨어요. 당시에 박상래 신부님이 아마 회장이 되신 것 같고요. 지 주교가 석방된 뒤 1976년에 위원회를 재구성하면서 담당주교가 있고 평신도가 회장인 체제로 바꾸었지요. 부회장은 신자 1인, 사제 1인 이렇게 하고요. 가톨릭 조직 중에서 회장이 신자, 부회장이 신부로 된 조직은 정평위 뿐이에요. 이 조직으로 14년간 가장 어려웠던 시기를 돌파해 온 거에요. 정의구현전국사제단과 한 짝이 되어서 이끌어 왔는데, 1988년 당시 회장은 이돈명 변호사였어요.(한인섭, 『함세웅 신부의 시대 증언 - 이 땅의 정의를』, 창비, 494~95쪽)

1974년 11월 15일 정의평화위원회 제4차 정기총회가 열렸다. 이 자리에서는 정평위의 규약 개정과 임원 개선을 하여, 회장 박상래 신부, 부회장 임광규 변호사, 박복주 수녀, 사무국장 이창복을 각각 선출한다. 기록에는 회장으로 나오지만, 당시에는 위원장으로 불렀다고 한다.

박상래 신부는 1974년 정의구현전국사제단 설립 당시 초대 대표로서,

인권회복을 위한 기도회가 전국주요도시에서 일람 일제히 열렸다. 서울 명동성당에서는 金壽煥 추기경의 집전으로 진행됐다. 〈명동성당에서〉

1974년 12월 10일 명동성당에서 열린 '인권회복을 위한 기도회'
(동아일보 1974년 12월 11일)

사제단 활동의 신학적 토대를 다진 사람이다. 그는 평생을 하느님의 정의와 백성들의 민주주의를 위해 투신했다. 그는 1990년 윤석양 이병이 폭로한 '보안사 민간인 사찰[4] 1,303명'의 명단에도 들어가 있었다. 윤 이병이 폭로한 명단에 함께 들어 있던 함세웅 신부는 사제단의 초대 총무를 맡는다.

정평위는 천주교정의구현전국사제단과 공동으로 1974년 12월 10일, 명동성당에서 26회 세계인권선언의 날을 맞아 '인권회복을 위한 기도회'를 개최한다. 이날 행사는 서울뿐만 아니라 부산·인천·춘천·원주·대전·전주·광주·마산·제주 등 전국 주요 도시에서는 6천 5백 명의 교직자와 신도가 참여하여 개최되었다. 2천 5백 명이 모인 서울 기도회에서 김수환 추기경은 강론을 통해 "정부 여당이 유신체제만 살길이고 개헌 주장은 좌시할 수 없다고 하는 것은 이 시국을 파국으로 몰아가는 것이다. 개헌을 주장하는 인사들을 반정부 인사로 몰 것이 아니라 이들도 조국의 안정·번영·평화를 위해 신변의 위협을 무릅쓰고 말하는 것으로 이해하고 대화를 통해 이 난국을 극복하자"고 호소한다.

이 날 기도회에는 인혁당 사건 구속자 전창일의 부인 임인영이 나와 인혁당사건 재판을 공개재판으로 해달라고 호소하였으며, 민청학련 사건으로 구속된 학생들의 가족도 구속학생들에 대한 인권유린을 규탄했다. 또 조지 오글 George E. Ogle 목사[5] 이 성명서도 낭독하였다.

지학순 주교는 1975년 2월 18일 출옥하였으나, 가택연금 등으로 활동이 자유롭지 못했다. 주교단은 정평위 재발족 준비위원회를 구성하고 윤공희 대주교를 위원장으로 선임한다. 정평위를 이끌고 있었던 박상래 신부는 정의구현전국사제단의 배후로 지목되어 중정에 끌려가 조사를 받아야 했다.

> 가톨릭주교회의 안의 정의평화위원회가 11월초에 재발족한다. 지난 2월 28일 춘계주교회의 총회를 마치면서 모든 성직자, 수도자, 평신도들에게 보내는 한국천주교주교단 메시지에 따라 정의평화위원회 재발족을 서둘러 온 준비위원회(위원장 윤공희 주교)는 위원회 규약을 결정하고 지난 14일 본부위원 30명을 주교회의 인준을 얻어 결정했다. 새 규약에 따르면 정의평화위원회는 주교회의가 임명하는 30명의 본부위원과 각 교구장이 임명하는 10명 이내의 교구위원으로 구성되며, 현세계의 정의와 평화를 구현해야 하는 하느님 백성의 시대적 사명감을 자각시키며 한국의 정치·경제·사회·문화 발전계획을 추진함에 있어 인간의 존엄과 정의와 평화구현을 목적으로 하고 있다. 11월 초 정의평화위원회가 정식 발족하면 가톨릭의 대사회활동은 일원화된다고 천주교회의 측근 소식통은 밝혔다.(경향신문 1975년 10월 23일)

경향신문이 전하는 '정평위 재발족'은 제27회 세계인권선언일인 1975년 12월 10일에 열린 제5차 정기총회를 말한다. 이날 주교단의 결정에 따라 정평위를 '주교회의 상임위원회 직속기구'로 격상시키고, 명칭도 '한국정의평화위원회'에서 '한국천주교정의평화위원회'로 바꾼다. 또, 위원회 내에 교육, 인권, 홍보, 사회, 경제 등의 분과를 설치하였다.

한국천주교정의평화위원회가 주교회의CCK 사무처 회의실에서 제5차 총회를 열고 주교단이 마련한 규약에 의거 새 회장단과 이사 및 감사를 선출함으로써 재발족했다. 중앙위원 및 교구 내 대표위원 40명 중 27명이 참석한 이날 총회는 회장에 문창준, 부회장에 최상선과 김병상 신부, 이사에 함세웅 신부, 하경철·구중서, 박복주 수녀, 감사에 노병준·조규상을 각각 선임했다. 총재단인 주교회의 상임위원을 대표해 총회에 참석한 윤공희 대주교는 개회사를 통해 정의롭고 평화로운 사회를 건설하기 위한 교회의 노력은 복음이 요청하는 것이라며 정의평화위원회는 국내외 사회정의와 인권신장을 위한 노력을 경주해야 할 것이라고 강조했다.(가톨릭평화방송 홈페이지, '오늘의 소사 - 1975년 12월 10일')

회장에 선출된 문창준은 평신도로서 1949년 스페인에서 시작된 꾸르실료운동을 한국의 민주화운동과 접목시킨 인물이다. 꾸르실료Cursillo는 스페인어로 '단기강습회'라는 의미이며, 1970년 6월 창립된 꾸르실료한국협의회는 1974년 제1회 전국 울뜨레야를 개회하는데, 울뜨레야Ultreya는 '전진하자, 앞으로 가자, 힘을 내자'는 뜻의 스페인어이다.

문창준은 꾸르실료한국협의회 창립부터 1980년대까지 회장을 맡았다. 70년대에 개최된 전국울뜨레야대회는 '사회참여는 그리스도인의 신성한 의무'임을 강조하거나, '의로운 민주사회의 수호자로서의 사명을 다할 것'임을 다짐하는 등 민주화운동에 대한 적극적인 참여의지를 키워내는 자리였다. 문창준은 전국울뜨레야대회를 통해 지학순주교 석방운동과 인권회복을 위한 기도회를 열었고, 오원춘 사건과 관련해 성명을 발표했다.

정평위의 재발족 시기에 혜성같이 등장한 인물이 김말룡이었다. 김말룡은 앞서 김태봉 교수의 증언대로 정평위가 재발족을 결정한 1975년부터 정평위 위원으로 활동하고 있었지만, 정평위 부회장을 맡은 것이 언제인지 확실치 않다. 『노동사목 50년사』(223쪽)에서는 김말룡이 1978~83 천주교정의평화위원회 부회장'을 했다고 되어 있으며, 장례식 보도 자료는 '78년 2월에 정평위 부위원장(위원장 대리)'을 했다고 되어 있다. 또, 최일남과의 인터뷰에서도 김말룡은 자신이 1978년에 천주교정의평화위원회 부회장이었다고 말하고 있다. 정평위 홈페이지에 올려 있는 '연혁'에서는 "1982년 2월 15일에 열린 제11차 정기총회에서 회장으로 평신도인 유현석 변호사가 선출되었고, 부회장에는 함세웅 신부와 평신도인 김말룡, 김어상 등 세 명이 선출되었다"고 적고 있다.

당시 가톨릭 단체들은 많았는데, 일할 사람이 많이 부족했어요. 저만해도 JOC 회장을 하면서 정평위 사무국장을 했죠. 그 당시 노동 관련 업무들이 생기면 바로 정평위에 계신 김말룡 선생님을 찾아가 해결책을 문의하고는 했습니다. 당시 김말룡 선생은 노동운동가 출신인데다가 대한노총과 한국노총의 민주화를 위해 노력하신 분이고, 그리고 4·19 때는 노총의장까지 하신 분으로 알고 있었기 때문이죠. 당시 정평위에서의 선생님 정확한 직책은 생각이 나지 않는데, 부위원장은 아니었습니다. 제가 정평위에 있었을 때는 부위원장 직이 없었거든요. 아마도 정평위 위원으로 계셨을 것으로 보입니다.(이창복 인터뷰, 2020. 5. 26)

어찌했든 정평위가 새롭게 재발족하자 김말룡은 새로운 희망을 품고 정평위 활동에 적극적으로 참여하고 있었다.

동일방직 사건

전국섬유노조 동일방직지부 이총각 지부장은 소위 '동일방직 똥물사건'
이 일어나기 전인 1976년부터 김말룡을 만나고 있었다. 동일방직은 일제가
만든 동양방적 인천공장(서구 만석동)을 1955년에 불하받은 인천의 대표적인
공장이었다.[6] 당시 동일방직에는 1,300여 조합원 중 남성은 200명에 불과했
지만, 노조위원장은 주로 남성인 상황이었다.

기독교를 중심으로 한 도시산업선교회와 연대하면서 1972년 5월 10일, 남한
단독선거가 치러진 지 꼭 24년 만에 한국 최초로 동일방직 노동조합 여성 지
부장이 탄생했다. 어용노조가 아닌 민주노조가 탄생하는 순간이었다. 주길자
지부장에 이어 이영숙 씨가 두 번째 여성 지부장에 선출됐다. 하지만 남성 노
동자의 탄압이 이 무렵 시작됐다.(조정훈, 이총각 인터뷰 「여성노동자, 민주노조로 민
주주의 다지다」, 통일뉴스 2018년 2월 21일)

조합원들의 자유로운 투표로 선출된 동일방직의 여성지부장들은 70년
대 노동계에 불어 닥친 민주노동운동에 적극 참여했다. 이에 당황한 회사
측은 여성지부장들을 회사와 결탁한 남성으로 바꾸려 했다. 회사는 1975년
노조의 정기대의원대회를 무산시켰고, 남성조합원들이 이영숙 지부장을 폭
행하는 사태가 벌어졌다. 더 이상 노조의 힘만으로는 회사를 이겨낼 수가
없었다.

노조 총무였던 이총각은 탄압을 이겨낼 방도를 마련하기 위해 김말룡을
찾아갔다. 그러나 힘없는 여성노동자들로서는 방도를 찾기가 쉽지 않았다. 노
조는 전면파업을 벌이기도 하고, 파업을 진압하는 경찰들을 향해 '알몸시위'
까지도 벌였지만 쉽지 않았다. 결국 지부장이 탄압에 못 이겨 사퇴하고 총무

였던 이총각이 그 자리를 맡게 된다. 이 과정에서 동일방직 똥물사건이 터진 것이다.

이영숙 지부장의 사퇴로 이총각 총무는 1977년부터 지부장을 맡았다. 그리고 1978년 2월 21일, 새로운 지부장을 선출하기 위한 대의원 선거일이었다. 회사 측과 상급노조인 한국노총 섬유노조는 이총각 집행부를 와해시키려고 온갖 공작을 벌이던 때, 오전 6시 교대시간부터 투표가 진행될 예정이었다. 오전 5시 50분경, 투표장으로 향하는 여성노동자들을 향해 회사 측 노조원 5~6명이 방호 수통에 똥물을 담아 달려들었다. 이들은 여성노동자들의 얼굴과 옷에 닥치는 대로 똥을 발랐다. 도망가는 여성노동자를 뒤따라가 똥을 뒤집어씌웠다. 야만의 시작이었다. 민주노조를 사수하려던 여성노동자의 노력은 실패했다. "무찌르자 산업선교, 물러가라 이총각, 때려잡자 조화순"이라 적힌 플래카드가 공장에 내걸렸다. 이총각 지부장을 중심으로 여성노동자들은 3월 10일 국무총리가 참석하는 장충체육관으로 향했다. "우리는 똥을 먹고 살 수 없다!"

서울 명동성당, 인천 답동성당 등에서 여성노동자들은 단식투쟁을 벌였다. 결국, 이총각 지부장을 포함한 124명의 여성노동자가 해고됐다. 1980년대 초까지 복직투쟁을 벌였지만 40년째 이들은 공장으로 돌아가지 못하고 있다.(조정훈, 이총각 인터뷰)

이들이 성당에 들어가 농성을 벌이자 천주교 측이 나서서 동일방직 사건을 사회문제화시켰다. 그러자 회사 측이 태도를 바꿔 협상하자고 제안해 왔다. 경찰도 농성을 풀면 연행을 하지 않겠다고 약속했다. 하지만 경찰은 1978년 3월 14일, 농성을 풀고 공장으로 돌아가던 이총각 지부장을 체포하였다. 그러자 동일방직 노동자 수백 명은 다시 명동성당에 들어가 단식농성을 벌이게 된다.

1978년 명동성당에서 농성중인 동일방직 노동자들을 만나는
김수환 추기경과 강원용 목사

동일방직 여성노동자들이 성당을 찾게 된 배경에는 김말룡의 조언이 있었다. 김말룡은 새롭게 출범한 정평위를 통해 동일방직사건을 사회문제화 하는데 노력했다. 1977년 정평위는 동일방직사건 관련 성명서를 발표하였으며, 1978년 4월에는 주교단에서 동일방직문제에 대한 정부의 반성촉구 성명서도 발표한다. 김말룡은 1978년에는 김병상 신부를 비롯하여 김찬국 교수, 공덕귀 여사, 성내운 교수 등을 내세워 '동일방직사건 긴급대책위원회'를 조직해 지원에 나섰다. 대책위원회에 참여했던 조화순 목사는 긴급조치 9호 위반으로 구속되기도 했다. 김말룡은 1979년 4월 명동노동문제상담소 소장이 되어서도 동일방직 문제에 계속 관여하였다.

(김말룡 선생은) "이 동지!"하시며 꼭 '동지'라 그랬어요. "이 동지, 나는 전화기를 항상 열어두고 있으니까 새벽이든지 언제든지 무슨 일이 있으면 꼭 전화하라고. 그러면 언제든지 달려오겠다." 뭐 이런 이야기를 하고, 그리고 그 양반이 또 한국노총에서 있었으니까 그 반대파 그 사람들 이야기를 많이 하시면서 "사람은 한 길을 가야 한다." "사람이 정권의 입맛에 따라 이리저리

움직이면 안 된다." 그런 이야기를 하시면서 "너희들이 잘하고 있는 거다." 격려를 많이 해주셨죠. 그리고 특히 "노조운동은 다 어렵다. 운동을 하다가 분열하면 더 어려워지니까 흔들리지 말고 단결해서 그 길을 그냥 돌아봄 없이 가야 된다." 그런 이야기죠. 그리고 그 양반이 신앙인으로서 우리한테 "아주 힘들때는 신앙의 힘으로 버텨가라"는 격려의 말씀도 많이 해주셨죠.(이총각 2차 인터뷰, 2019. 9. 25)

나하고 세실리아(이경심, JOC 상근자)가 주로 갔어요. 김말룡 소장님은 내 이야기를 들으면서 사무실 실무자에게 다 적으라고 해요. 이야기를 다 듣고 난 뒤에는 어떻게 대처하라고 방법을 일러 주시는 거죠. 또 법적으로 대응하기 위해 서류 작성할 것 있으면 그 실무자에게 시켜서 해주고 그러셨죠. 참 친절하게 대해주셔서 여러 번을 갔어요. 똥물사건 나기 전에도 갔지만 나고 나서도 가고 … 그리고 우리가 똥물사건 났을 때, ○○○과 ○○○이 크게 다쳤습니다. ○○○은 전신마비가 됐고, ○○○은 정신착란증이 왔어요. 그때 경심이가 김말룡 선생님에게 얘기해가지고 성모병원에 입원시켰었어요. 정신착란증이 온 ○○○은 성모병원 계열이라고 하는 정신병원에 입원했고 … 그런데 회사가 병원에 압력을 넣었어요. 그래도 정신착란을 일으킨 친구는 두 달인가 석 달인가 있었는데, 전신마비가 온 친구는 별거 아니라면서 강제로 퇴원을 시키더라고요. 그래서 하는 수 없이 저희가 노동조합 사무실에다가 침대 마련해서 그 침대에 눕혀 놓고 약도 먹이고 간호를 했죠.(이총각 1차 인터뷰, 2015. 7. 29)

1979년 10월 26일, 박정희가 김재규의 총탄에 맞아 비명횡사하자 희망이 보이는 듯했다. '서울에 봄' 시절인 1980년 3월 13일, 김말룡은 윤보선, 함석헌, 김수환, 김관석, 홍성우. 이돈명, 고은, 신경림, 이해동, 조화순, 인명진, 공덕귀 등 50여 명과 함께 동일방직해고근로자 복직추진위원회을 조직하고 자신이 직접 부위원장을 맡았다. 위원장은 문익환이었다. 그러나 전두환 신군부의 5·17 계엄선포로 더 이상 투쟁을 전개할 수가 없었다. 김말룡은 동일방직사건으로 경찰에 연행되기도 했다.

광주로의 모든 연결이 끊어지고 흉흉한 소문만 난무하는 상황에서, 서울에서도 수없이 많은 사람이 잡혀가고 구속되자, 역시 수배령이 떨어진 이총각은 여기저기 떠돌며 불안한 도피생활을 시작하게 되었다. 그러는 와중에도 김말룡, 안광수 목사, 공덕귀 등 재야인사들은 동일방직 해고노동자들과 함께 서울역 등지에서 유인물을 뿌리는 활동을 했다. 그때 김말룡 팀이 광화문 쪽으로 갔다가 경찰에 붙잡혀 구속되자, 총각은 경찰서로 면회를 가기도 했다. 인천과 달리 서울에서는 상대적으로 그의 얼굴이 안 알려진 덕분이었다.(이총각, 「길을 찾아서 – 수배 떨어져 도피생활 시작」, 한겨레신문 2013년 9월 11일)

김대중 정부 시절인 2001년 '민주화운동 관련자 명예회복 및 보상심의위원회'에서 민주화운동 관련자로 인정하면서 동일방직에 복직을 권고했지만, 현재까지도 동일방직 해고노동자들의 복직은 이뤄지지 않고 있다. 70세 전후의 그들은 아직도 복직을 희망하고 있다. 그것은 경제적인 이유나 자존심의 문제가 아니다. 70년대 민주노동운동의 정당성을 사회적으로 인정받는 것이 그들의 남은 인생 목표이기 때문이다.

오원춘 사건

김말룡의 1주기 때 발간한 자료집에 소록된 김태봉 교수의 글은, "오원춘 조작사건이 터졌을 때 총재 주교로 윤공희 대주교님이 계셨는데, 김말룡 선생은 정의평화위원회 부회장으로 중요한 활약을 많이 했다"라고 적고 있다. 정평위 재발족 준비위원장이었던 윤공희 대주교는 1979년 4월 3일, 춘계 주교회의에서 정의평화위원회의 총재로 선임되어 1987년 11월까지 재임했다. 그 기간인 1979년에 소위 '오원춘 사건'이 벌어졌다.

> 1978년 영양군은 유휴농지 활용과 농가소득 증대를 명목으로 군내 5개면에 가을감자 재배를 적극 권장하며 감자종자를 농가에 배급했으나, 종자가 불량하여 재배농가의 80% 이상이 감자의 싹이 나지 않았다. 그럼에도 영양군이 전혀 보상을 하지 않자 농민들은 1978년 10월 5일 '청기감자피해보상대책위원회'를 구성하고 피해실태조사를 실시해 총 피해액을 780만원으로 추산했다.(『한국민족문화대백과사전』, '오원춘사건')

1979년 5월, 씨감자 피해보상운동에 앞장섰던 안동가톨릭농민회 청기면 분회장 오원춘이 괴한들에게 납치되어 폭행을 당하는 일이 벌어졌다. 이후 오원춘은 안동교구 정의평화위원회와 농민회의 도움을 받아 "자신을 납치한 사람들은 중정 요원들이었다"는 내용이 담긴 '양심선언문'을 작성하게 된다.

그러자 중정은 경찰을 시켜 오원춘을 긴급조치 위반으로, 안동교구청 정호경 신부를 '허위사실 유포' 등의 혐의로 구속한다. 사건이 이렇게 확대되자 8월 6일 안동 목성동성당에 김수환 추기경을 비롯하여 신부와 신자 900여 명이 모인 가운데 기도회를 개최한다. 김 추기경은 '가난한 사람들의 교회가 되기 위해'라는 제목의 강론에서 "노동은 상품이 아니라 인격"이며, "교회가 세상으로 들어가 세상의 빛이 되고 땅의 소금이 되고 사회 속의 누룩이 되어서 핍박받는 사람들의 삶의 고통을 나누어야 한다"며 오원춘 사건에 교회가 관여하는 것은 당연한 의무라고 강조하였다.

사제와 신자들은 기도회가 끝난 후에도 성당에 머물면서 농성을 하였다.

이렇게 가톨릭과 농민회 측의 반발이 거세지자, 8월 16일 박정희는 가톨릭농민회와 도시산업선교회에 대한 특별조사령을 내린다. 그렇게 박정희와 가톨릭의 일전이 진행되던 중, 10월 26일 박정희가 김재규의 총탄에 쓰러지자 긴급조치가 해제되었고, 12월 8일 오원춘 사건 관련자들은 선고유예로 석방된다. 이후 오원춘은 진실화해위원회 조사를 거쳐 2005년 민주화운동 관련자로 인정받았다. '오원춘 사건'은 1976년의 '함평 고구마사건'과 함께 가톨릭농민회의 70년대 반유신투쟁의 주요 사례로 평가되고 있다.

명동노동문제상담소

기록을 보면 명동노동문제상담소 개설 시기와 김말룡이 소장이 된 시기가 상이하게 나타난다. 예수회 홈페이지에는 '바실 프라이스 신부 소개 글'에서 "1977년에는 명동노동문제상담소LCO를 개소해 억울한 일을 당하고도 권리를 보호받지 못하는 힘없는 노동자들의 권익을 위한 활동을 시작합니다"라며 1977년에 명동노동문제상담소가 설치되었다고 밝히고 있다. 또,「김말룡 선생 민주사회장 보도자료」에는 1978년 10월에 노동상담소장이 되었다고 나온다.『경향잡지』1991년 2월호는 "(명동노동문제상담소는) 1978년 정월부터 준비작업을 해서 1979년 4월에 문을 열 수 있었습니다"라고 되어 있다.

그러나『노동사목50년사』는 "1979년 9월 8일 이사회를 열고 노동문제상담소를 개설하기로 하고, 준비기간 3개월이 지난 11월 30일에 상담소를 창립했다"고 기록하고 있어, 이를 중심으로 아래의 관련 내용을 기술한다.

예수회의 프라이스 신부와 서강대학교 산업문제연구소 박영기 교수는 한국에서 첫 노동문제상담소를 설립하기 위하여 노력하였다. 이들의 노력은 1979년

9월 8일, 서울대교구에 노동문제상담소 이사회가 조직됨으로써 현실화하였는데, 서울대교구는 네덜란드 주교회의의 국제발전사무국 세베모(Cebemo[7], 지금은 Bilance[8] 라는 이름으로 알려짐)와 공동계획으로 3개월 정도 준비하여 1979년 11월 30일 과거 중국인 가톨릭공동체의 성당으로 사용되던 명동대성당 뒤편 건물에 노동문제상담소를 개설하였다. 1961년의 군사쿠데타가 발생하기 전까지 한국노총 위원장을 역임한 김말룡金末龍, 이냐시오(1927~96)을 한국 최초의 노동문제상담소 초대 소장으로 임명하였고, 신윤근·정양숙 등이 실무자로 일하기 시작하였다.(223쪽)

노동문제상담소는 설립이유를 다음과 같이 밝혔다. " … 오늘날 가난하고 어려운 생활조건을 지니고 있는 다수의 저임금 노동자들이 물질적 정신적 빈곤을 겪고 있는 현실과 그들이 교회의 복음에 가까이 하지 못하고 있는 상황을 확인하고, 그들이 교회를 통하여 진리에 접하고 참다운 영성생활을 통하여 성숙한 인간으로서 또한 바른 사회인으로서 생활할 수 있는 기회가 최대한 제공될 수 있도록 교회는 최선을 다하여야 한다. 산업사회의 노동문제는 그 유형이 매우 다양하고 그 대상이 광범위하며 그 관련분야 또한 다방면인만큼 교회는 이 문제에 있어서 신중한 연구검토가 필요하며, 현실에 적합한 방안을 찾아 단계적으로 실시할 수 있는 구체적인 실행계획을 수립하여야 한다. 이러한 목적을 수행하기 위하여 교회 내에 노동사목에 관한 상설기구를 설치하여 노동사목의 수행에 필요한 자료 분석과 방안을 검토하고 실행계획 및 활동을 지도 조정하는 것이 보다 합리적이고 효과적인 노동사목의 전개를 기대할 수 있는 하나의 방안이 될 것이다."(224쪽)

명동노동문제상담소는 천주교서울대교구에서 주도했지만, 가톨릭신자이거나 서울 거주자에게만 국한하여 상담을 받는 곳은 아니었다. 상담소에는 서울지역뿐 아니라 전국의 힘없는 노동자라면 누구든지 찾아 왔다. 서울대교구는 가톨릭의 사회적 역할을 강조했을 뿐 상담자의 범위를 제한하지는 않았다. 현재 상담소 자리에 들어서 있는 천주교인권위원회 간사들의 전언에 의하며, 얼마 전까지만 해도 상담소가 문을 닫을 줄도 모르고 찾아오는 사람들이 있었다고 한다.

우리 상담소를 찾아오는 사람 중에는 국민학교를 못 나온 사람도 많지만, 중이 제 머리를 못 깎는다는 격으로 상당한 지식층도 있습니다. 관리나 대학교수도 있고 고용 사장의 경우도 있습니다. 모두 광의의 노동법 해당자들이지요. 얘기를 듣고 함께 의논해서 문제를 푸는 자세를 취합니다. 우선 노동법 저촉여부를 판단하고, 다음에는 절차문제에 대한 방법을 제시합니다. 사건의 종류나 상대방의 지적 능력에 따라 방법이 다를 수도 있습니다.(최일남, 김말룡 인터뷰)

명동노동문제상담소 소장에 김말룡을 천거한 사람 중에는 도요안 신부도 있었다.

저는 김말룡 선생님께서 진폐증으로 아버지를 잃은 돈 보스꼬 센터[9]에 있는 한 소년에게 얼마나 많은 관심을 기울였는지 기억합니다. 담당 내과의사가 그 소년의 아버지의 사인을 '합병증(폐암)'이라고 기록했을 때, 김말룡 선생님과 저는 어째서 진폐증이 합병증(폐암)이 될 수 있는지 그 이유를 설명하기 위해서 수도 없이 그 의사를 찾아갔습니다. 그래서 결국 그 의사로 하여금 합병증(폐암)이 아닌 진폐증으로 밝혀질 수 있도록 설득하게 됩니다. 결국 이 소년과 가족은 진폐증 환자의 가족으로서 정부로부터 정당한 보상을 받을 수 있게 해주었습니다. … 김말룡 선생님은 활동가였을 뿐만 아니라 인간을 돌보는 분이셨습니다.(도요안 신부, 「김말룡 1주기 추모자료집」)

도요안John. F. Trisolini 신부는 한국 천주교 노동사목의 산증인이다. 살레시오회 소속인 도 신부는 전태일이 비참한 노동현실에 분노하여 죽음을 맞이하자, 김수환 추기경에게 직접 요청하여 1971년 3월 서울 대교구에 노동사목위원회를 만들었다. 초기에는 도시산업사목연구회라는 이름으로 창립되어 도 신부가 초대위원장을 맡았다. 그리고 1972년

1979년 11월 30일에 개설한 명동노동문제상담소 전경. 아래 외국인노동자상담소 현판도 걸려 있는 것으로 보아 1992년 이주노동자상담소가 설립된 이후의 사진으로 보인다.

에는 도시산업사목위원회, 1980년에는 노동사목위원회로 바뀐다. 그는 유신시절 연금을 당하는 등 탄압을 받았지만, 한국을 떠나지 않고 노동사목에 전념하다가 2010년 서울 노동사목회관 사제관에서 타개했다.

도 신부는 당시 노동사목위원회에서 같이 활동하였던 경갑룡 주교, 이용유 신부 등과 함께 노동문제상담소를 개설에 동의하고 김말룡을 소장으로 앉힌 것이다. 이후 김말룡은 국회의원이 되기 전 1991년까지 12년간 이곳에서 근무했다. 이렇게 프라이스 신부와 도요안 신부의 계획에 노동운동가 김말룡이 반대할 이유가 없었다.

노동계의 상황은 처절하였다. 제도적 법적인 탄압은 더욱 기승을 부렸다. 해고와 구속은 예사였고, 공작사건을 만들어서 젊은 학생들까지 사형대에 보내는 극악한 탄압이 자행되었다. 이러한 시대상황 아래서 정말 고통 받는 노동자들과 함께하면서 그들에게 조그마한 도움이라도 줄 수 있는 길이 무엇일까 하고 생각한 끝에 그는 노동문제상담소를 개설하게 되었다.(고재섭, 김말룡 인터뷰, 『경향잡지』 1991년 2월호)

억울하게 해고당하였거나 임금을 못 받고 있는 노동자, 산재를 당하고도 보상을 못 받는 노동자들을 위해 개인적으로 도움을 줄 수 있는 길이 노동문제상담소가 아니겠느냐 생각해서 노동계에 관심이 많은 신부님과 상의했어요. 상담하는 것까지야 잡아넣겠냐 하면서 다들 좋다고 하셔서 서울대교구 기구로 발족하게 된 거죠.(고재섭, 김말룡 인터뷰)

6·29선언 이후 명동노동문제상담소에 찾아온 노동자들의 상담내용은 다음과 같다. 1987년 7월부터 11월까지 합계를 기준으로 전체 1,598건(기결율 64%)을 상담하였는데, 이 가운데 노동관계법과 산재보상, 그리고 노사관계에 관련된 상담이 건수에서도 가장 많았고(1,059건) 기결율도 상대적으로 높았다 (85% 이상). 그러나 부당해고 내지 부당노동행위와 관련된 사건은 상담건수에서는 상대적으로 많았지만(287건), 기결율은 저조하였다(20% 이하). 아울러 체불임금과 퇴직금은 건수도 그다지 많지 않았고(163건) 기결율도 50% 수준을 보였다.(서울대교구 노동사목위원회, 『노동사목50년사』, 376쪽)

명동노동문제상담소는 개설 이후 수많은 노동자가 찾았다. 기록에 의하면 1987년 3월까지 18,623건의 노동문제를 상담했다고 나온다. 상담분야도 부당해고, 산업재해, 퇴직금, 체불임금, 부당노동행위, 휴가 및 제수당, 노동관계법, 취업문제 등 노동현장에서 발생하고 있는 문제들을 망라했다.

동일방직사건이 나기 전, … 또한 무뚝뚝한 인상에 늘 허허하는 너털웃음을 지으셨는데, 늙은 노동자의 모습을 연상케 했고 항상 어려운 얘기를 해도 낙천적으로 대답해주셨다. 그 연세에도 지치지 않고 일하는 모습은 참으로 인상 깊었다.(이총각, 「김말룡 1주기 추모자료집」)

우리 문제(동일방직)가 터지고 나서 명동상담소를 알게 되어 소장님을 찾아가 법률적인 자문을 받았죠. 찾아가면 이것저것 자세히 물어보셨죠. 그렇게 한참 시간이 지나면 꼭 밥을 사주시는 거예요. 나중에 보니 우리만 사주신 게 아니라 상담소를 찾아온 노동자들에게 자주 밥을 사주시더라고요. 당시는 무척 배고픈 시절이니까 상담도 중요하지만, 소장님의 인정에 많이 끌렸던 것 같아요. 그리고 항상 긍정적인 이야기를 주로 해주셨어요. 힘없는 노동자들이 자본가들을 이기기 어렵다는 패배감에 젖어 있다 보니 상담을 해도 힘이 잘 나지 않거든요. 그런데 큰 노동단체에서 지도위원까지 하신 분에게 긍정적인 이야기를 듣고 나니 자신감이 생긴 거죠.(이총각 1차 인터뷰)

이사회로 적어도 1년에 두 번 이상 만났지만, 저는 김말룡 선생님이 계시는 명동상담소 사무실에 자주 들러서, 현 상황과 문제에 대한 그분의 견해를 듣곤 했습니다. 제가 특별히 기억하는 것은 (당시 서울가톨릭신학대학 교수였던) 최창무 주교님이나 (현재 프랑스 외곽 쌩 데니Saint-Denis교구의 주교인) 오영진 주교님과 이따금 식사를 했던 것입니다.(도요안 신부,「김말룡 1주기 추모자료집」)

명동노동문제상담소가 개설된 이후 여러 가지 성과가 있었지만, 빼놓을 수 없는 것이 산재보상과 관련된 상담이었다. 노동자들이 급속히 늘어난 1960년대부터 공장의 규모는 커지고 생산력도 높아져 임금도 일정 부분 증가하였지만, 산업재해와 관련해서는 아직 기업가의 책임이 제대로 인식되지 않았던 때였다. 공장에서 사고가 발생하면 대부분 노동자의 부주의로 인한 것이라는 인식이 보편적이었으며, 진폐증 같은 장시간 노동을 통해 발생하는 직업병도 기업

명동노동문제상담소 소장
시절 김말룡이 사용한 명함

주에게 책임을 물을 수 없었다.

Q. 노동문제상담소를 개설하고 어떤 성과가 있었습니까?
A. 1980년대 초만 하더라도 당시 노동관계법에서 휴식시간에 근로자가 직장 안에서 운동하다가 또 오락하다가 다친 것은 산재로 인정하지 않았습니다. 그래서 그것은 산재보상법 제정 취지에도 어긋난 잘못된 것이라고 강력히 주장하였습니다. … 그리하여 1986년부터는 휴식시간이나 점심시간에 다친 것도 산재로 인정해야 한다는 사례가 생겼습니다.(고재섭, 김말룡 인터뷰)

또 다른 성과도 있었다. 진폐 환자는 대개 간암이나 폐암과 같은 합병증으로 죽게 되는데 1983년까지만 해도 진폐를 사인으로 인정하지 않았다. 그는, 자기 아버지가 7년 동안 진폐를 앓다가 간암으로 죽었는데 사망원인이 간암이라며 산재로 인정해주지 않는다고 하소연하는 젊은이의 딱한 사정을 듣고 노동부에 진정을 하였다. … 그래서 그는 의사들의 자문을 받아 현대의학에서는 공동사인으로 한다는 것이 통설인 점을 주장, 진폐가 있는 사람은 무슨 병으로 죽어도 진폐에 의한 사망을 공동사인으로 인정받게 하였다. 또한 1983년만 하더라도 고혈압·저혈압이 직업병으로 인정되지 않았는데 그는 노동부장관에게 강력히 얘기하여 기자회견에서 고혈압·저혈압도 직업병으로 인정한다는 결정을 발표하게 했다.(고재섭, 김말룡 인터뷰)

이렇게 산재의 사회적 인식을 적극적으로 바꿔낸 것이 김말룡이었다. 1981년 휴식시간 중 사망한 노동자에 대해 손해배상을 받을 수 있도록 한 것과 1984년 진폐증으로 인한 광부들의 직업병에 대한 보상기준을 마련한 것 등이 대표적인 예이다. 또 고혈압과 저혈압이 직업병으로 인정되지 않는데 대해 노동부에 강력히 항의하여 산재 결정을 얻어 내기도 했다.

당시 김말롱의 항의를 수시로 받은 노동부장관은 권중동이었다. 그는 1955년 서울대 미술교육학과를 졸업하고 인도 아시아노동대학 대학원 석사 과정을 수료한 당시로서는 엘리트 노동운동가로, 체신노조 위원장 출신이다. 그는 1976~79년 유정회 몫의 9대 국회의원을 지냈고, 1979년에는 중앙노동위원회 위원장, 전두환 정권 하인 1980~81년 노동청장을 지내다가, 노동청이 노동부로 승격하자 1981~82년 초대 노동부 장관, 그리고 1985~88년 12대 국회의원(전국구, 민정당)을 지냈다.

김말롱 선생은 그 양반이 자유당과 결별하고 민주당 할 때 내가 친했죠. 김말롱과 박영기 정도가 가장 친한 친구였지.… 김말롱이 고집이 세거든요. 그는 한번 아니다 하면, 아닌 거죠. 앞으로 장래가 있는데 (좀 살살해라 그래도) "나는 우파도 아니고 좌파도 아니고 우리나라 대한민국의 국민으로서 하나의 가치, 노동가치의 존엄성을 어떻게 찾을 것이냐, 더욱이 남자와 여자의 차이, 많이 번 자와 못 번 자의 차이, 공부한 자와 못한 자의 차이 이것부터 나가지 (해소하지) 않으면 나라는 망한다"고 했죠. 그 사람의 바탕은 대구입니다. 대구에 방직회사가 중심이에요. 그렇게 커서 인기를 얻게 되고. … 우리 둘(자신과 박영기 교수)은 서울에서 컸죠. 그렇게 바탕도 다른데 하필이면 셋이 만나서 대한노총에 있다가. … 정치적으로 자유당의 졸개들하고는 맞을 수가 없는 거지. 그 안에서의 '야판'이라고 할까, 항상 고생도 많이 했죠. 그러다가 5·16 나고 해서 노총위원장도 제대로 한번 해보지도 못하고.… (권중동 인터뷰, 2019. 2. 17)

김말롱은 권중동을 적절히 활용했다. 권중동에 의하면, 당시 자신도 외로웠다고 한다. 수시로 찾아와 옛이야기를 꺼내며 말을 건네는 김말롱을 거부하지 않았다. 독재정권 시절 권중동은 정부의 노동정책을 바꿀 힘까지는 없었다.

하지만 김말룡이 들고 오는 해고자 문제나 산재 문제에 어느 정도 힘을 보태 줄 수는 있었다.

> 그 무렵 나는 전에 입었던 산재가 다시 몸의 일부분을 엄습해 왔고, 다시 산재로 인정되어 치료를 받을 수 있도록 회사와 관할 노동사무소에 수차례 진정했었다. … 선생님은 항상 근로자들을 위한 정의라면 정부나 회사에 무서울 정도로 강하고 당당하셨다. 오히려 그들을 큰소리로 호통치셨으며 그들의 직무유기를 직접적으로 꾸짖으셨고, 저의 사건이 산재로 인정되도록 종용하시던 모습은 잊을 수 없는 큰 영광이었으며 희망의 등불이었다.(심철규, 「김말룡 1주기 추모자료집」)

심철규는 사북탄광의 막장 노동자였다. 전두환 정권시절 산재를 당한 그는 회사와 노동부를 상대로 싸웠으나 뜻을 이루지 못하다가 삼척 도계성당의 김영진 신부를 통해 명동노동문제상담소 김말룡을 알고 찾아왔고, 김 소장의 도움으로 산재를 인정받을 수 있었다.

> 해외 건설현장에서 사고를 당한 후 법적인 문제를 해결하기 위하여 1988년 가을, 명동에 있는 노동문제상담소를 내방하여 처음 뵙게 되었고, 그 뒤 선생님의 도움으로 대재벌 회사와 끝까지 투쟁하게 되었다. … 소멸시효로 산재보상을 받을 수 없었는데, 선생님은 소멸시효 기산점을 노동부와 중앙노동위원회에서 잘못 적용한 사건이라고 각계에 진정 및 소송까지 하여 수년간의 법정투쟁 끝에 마침내 승소하였다. 그 당시의 기쁨은 이루 말할 수도 없었으며 그 기쁨을 함께 나누던 선생님의 모습은 지금도 생생하다.(전성준, 「김말룡 1주기 추모자료집」)

전성준은 1996년 15대 국회의원선거 당시 김말룡이 인천 계양구에 출마하자 스스로 선거운동원이 되어 뛰었다. 그는 "몇 달을 같이 모시면서 고생과 기쁨과 좌절을 동시에 느낀 바 있다"고 회상하였다.

노동문제상담소 김말룡 소장은 "10년 전에 비하면 지금 노동자들은 문제가 생기면 우선 노동부에 찾아가야 한다는 것을 알 정도로 인식이 높아졌다"고 말하면서 "그러나 아직도 많은 기업주들의 근로자관은 전근대적인 인식에 입각해 있다"고 지적했다.(「노동자 권익옹호에 앞장 노동문제상담소」, 가톨릭신문 1988. 2. 22)

해고노동자에겐 절박함이 있다! 예전에 명동성당 길모퉁이 건물에 가톨릭노동상담소가 있었다. 1960년 4·19 혁명 직후 전국노동조합협의회 의장을 했던 김말룡 선생이 소장으로 오랫동안 노동 상담을 했던 곳이다. 그는 1990년 4월, 14대 국회에서 민주당 전국구 국회의원도 지냈는데, 지금은 돌아가신 지 오래됐다. 모란공원에서 열린 추도식 때 그의 아들이 아버지를 회고한 이야기가 인상적이었다. 구로공단에 있는 한 공장에서 여성노동자가 해고됐는데 복직이 안 돼 상담을 왔다. 그런데 여성해고노동자가 다음날 상담 내용대로 했는데 바로 복직이 되었더라는 거다. "복직하고 싶다"라는 말과 함께 칼을 신문지에 싸서 사장 책상 위에 올려놓고 나왔는데, 사장이 바로 다음 날 출근하라고 했다는 거다. 해고노동자는 목숨을 걸 만큼 절박한 상태다. 그때만 해도 낭만적인 측면이 있었던 같다. 요즈음 같았으면 사장실에 들어가기도 어려웠겠지만, 결행했다면 무단주거침입에 살인협박범으로 당장 연행됐을 것이다.(허영구, '공공운수노조 자유게시판', 2014년 3월 28일)

허영구는 전국공공연구노동조합 한국농촌경제연구원 지부장을 시작으로 노동운동에 투신했다. 이후 민주노총 부위원장을 지내면서 노총의 사회개혁 투쟁 참여를 주장했다. 현재는 평등노동자회 대표를 맡고 있으면서, 마석모란공원 민족민주열사희생자묘역 정비단 단장으로 활동하고 있다.

그분은 조직적으로 대응하기 어려운 상태에 있는 사람들을 헌신적으로 최선을 다해 법적 대응을 할 수 있도록 도와주셨고, 노동자들이 노동문제에 동참할 수 있도록 가교역할을 하셨다. 또 많은 지식인들, 학생운동가들이 국가보안법에 의해 억울하게 감옥에 끌려갔을 때도 정의평화위원회 활동을 통해 뒷받침하셨고, 김수환 추기경께서 노동문제와 사회문제에 대하여 정부에게 적절한 입장표명을 하시도록 역할을 하셨다고 생각한다. 대체로 연령이 높아지면 젊은 사람들과 또 현실문제와 거리가 멀어지게 되는데, 그분은 언제나 한결같은 마음으로 노동문제에 친근한 벗이 되어 주셨다.(이영순, 「김말룡 1주기 추모자료집」)

이영순은 전국금속노조 콘트롤데이타지부장 출신으로, 1980년 5·17노조 정화조치 이후에도 노동운동을 계속하다가 해고되었다. 이후 노동운동과 여성운동에 매진하다가 1995년 지방선거에 출마하여 서울시의원에 당선되었다.

김말룡은 상담소소장 시절 구속의 시련도 겪었다. 소장이 되기 이전에도 동일방직 노동자들의 투쟁에 함께했다가 경찰에 연행되었으며, 1980년 5월 '김대중 내란음모사건'에 연루되어 국가보안법 위반혐의로 체포되어 기소되었다. 공소장에는 "이해동과 함께 동일방직해고근로자복직추진위원회를 결성하고 복직추진투쟁을 했다"는 혐의가 들어있었다. '노동자복직투쟁'이 국가보안법 위반이었던 이 혐의는 '1984년 8·15특별복권'을 통해 실효되었다.

80년 광주항쟁이 있고 며칠 후 김 의원이 합수부에 끌려갔을 때의 일이다.

합수부에서 가택수색을 나왔는데 얼마나 세간사리가 없었던지 수사관이 그냥 마루에 앉아서 담배만 한 대 피우고 가더란다. 물론 김 의원도 풀려나왔고.… 그들의 청빈생활을 짐작케 해주는 에피소드다.(『여원』, 박귀연 인터뷰)

1980년 당시 김말룡 소장만이 아니라 직원인 정 마리안나 수녀(정양숙)도 '광주사태 유언비어 유포죄'로 연행되었다. 당시 정의평화위원회에서 광주사태를 다룬 카세트 테잎을 제작하여 배포했는데, 이때 카세트 테잎 복사를 정수녀가 한 것이다. 이 일로 정 수녀와 사제들이 합수부로 끌려가 고초를 겪었다. 정 수녀는 이때 받은 고문 후유증으로 20여 년을 투병하다가, 2016년 4월 세상을 떠났다.

명동노동문제상담소 해산

가톨릭의 후원을 받아 승승장구하던 명동노동문제상담소에 시련이 닥쳤다. 6월항쟁을 계기로 가톨릭의 후원을 통해 만들어진 평화방송에서 파업이 일어난 것이다. 평화방송노조는 1991년 1월 18일, 경영진의 보도 간섭과 편파방송, 조합원 해고 등에 항의하여 파업에 돌입했다. 그러자 평화방송 사측은 1월 22일, 파업 참가 조합원 28명을 징계위에 회부하여 27명을 해고했다. 1월 25일에는 사측이 공권력 투입을 요청해 회사에서 농성 중이던 노조원 28명을 연행했다. 이후 사측은 파업참가 노조원 36명을 업무방해혐의로 형사고발하였다. 평화방송 노조의 파업과 해고는 그동안 노동사목을 펼쳐오던 가톨릭 사제들과 평신도들에게 상당한 혼란으로 다가왔다.

서울대교구장 김수환 추기경은 평화신문 사태가 단지 노동조합의 문제가 아닌 반가톨릭적인 문제로 편집권을 맡길 수 없다는 입장을 피력하였다. 평화신문은 교회신문이고 교회 가르침을 반영하여야 하는데, 기자들이 이를 견지할 수 없다면 굳이 교회가 신문을 발행할 필요가 없다는 의견도 있었다.

노동사목위원회는 교회지도자들과 대화하여 이 문제에 대한 노동사목위원회의 역할을 재정립해야 할 것으로 정리하였다. 노동사목위원회는 김수환 추기경과 평화방송 사태에 대하여서도 의견을 나누었다. 보도제작권, 해고자 복직문제와 관련한 교회와 노동조합의 입장에 상당한 간격이 있음을 확인하였다. 노동사목위원회는 교회 내 언론통로의 객관성·공정성 제고, 언론계의 흐름인 편집권의 자율성 인정, 선교를 통한 복음화에 대한 부합성, 소 취하를 통한 구속자 처리문제 등 사후문제에 대한 조속한 대책을 마련, 『노동헌장』에 기초한 사태해결 촉구, 대화와 중재를 통한 상호 이해증진과 교회의 아량 등을 촉구하였다.(앞의 『노동사목50년사』, 312~13쪽)

김말룡은 평화방송 앞에서 1인시위를 벌이기도 했다. 노동자들의 민주적인 노조활동을 탄압한 사측에 대한 항의였다. 이 일로 김말룡과 가톨릭은 불편한 관계가 되고 말았다. 이후 김말룡은 정치권에 발을 들여 놓으면서 상담소장 직에서 물러나게 된다. 게다가 상담소 설립 초기부터 재정지원을 해오던 네덜란드 교회의 외원단체인 세베모에서 한국경제의 성장으로 더 이상의 지원이 어렵다고 통고했다. 이후 1992년부터 상담소의 재정은 서울대교구가 직접 책임지게 되었다.

이러한 일련의 사태는 노동사목위원회에 큰 변화를 초래하였다. 특히 재정문제와 함께 지도신부와의 관계가 문제점으로 지적되었다. 아울러 평화신문·평화방송 사태, 한국천주교중앙협의회와 교회가 운영하는 병원 등 각종 교회내 노사문제에 노동사목위원회가 적극 개입하여야 한다는 점도 강력히 제기되었다. 즉, 교회 안에서 노사문제, 상담소의 인재양성비의 지원, 혼자 근무하면서 느끼는 어려움(외부활동과 환자방문의 필요), 상담소 사업에 대한 사제들의 관심, 서울대교구의 상담소에 대한 지원확대 등과 같은 현안들이 제기되었다. 노동사목위원회는 이를 해결하기 위해 교회지도자들에게 협조, 지원을 요청하고, 노동사목위원회가 해결하지 못하는 일은 사회복지회 지원으로 보충하였다.(앞의 『노동사목50년사』, 378쪽)

이후 명동노동문제상담소는 노동사목회관과 이주노동자쉼터 등으로 분화되었다가 2002년에 해산하게 된다.

사목교서 '이 사회의 인간화를 위하여'

김말룡은 명동노동문제상담소 소장으로 있으면서 노동자 상담과 더불어 가톨릭의 노동사목과 노동법 개정을 위해 노력하였다. 먼저, 노동사목을 위해 '사목교서'를 작성하는 일원이 되었다. 서울대교구는 김말룡에게 가톨릭 교리와 관련된 중요한 임무를 맡긴 것이다. '노동사목'이란 "산업노동자들이 스스로 자신들의 권익을 회복하고 삶의 고통을 줄이며 생활을 개선하기 위해서 추진하는 노력에 도움을 줄 목적"으로 가톨릭 성직자와 신자들이 전개하는 여러 가지 활동을 지칭하는 말이다.

노동사목은 18세기 말 영국에서 처음으로 산업화가 시작된 이후 유럽 각국에서 전개되었다. 산업화 역사가 짧았던 한국에서의 노동사목의 종류는 외국보다는 적었지만, 내용적으로 노동운동에 미친 영향은 컸다. 가톨릭교회가 오래전부터 노동사목에 관심을 두게 된 이유를 인천교구총대리 오경환 신부는 1997년 10월호 『사목』에 기고한 「가톨릭교회의 노동사목」에서 다음

세 가지로 요약하고 있다.

첫째로, 노동자는 다른 사람들에 비하여 가난하고 학력도 낮으며 가정배경이 빈약할지 몰라도 그 본질적 존엄성에서는 어느 사람에게 조금도 뒤지지 않는 고귀한 인간이다. 노동자는 다른 이들과 마찬가지로 하느님의 모양대로 창조되었으며, 하느님의 사랑을 받고 있고, 영원한 생명으로 초대받고 있다. 따라서 노동자는 다른 인간과 동등하게 존경과 사랑과 대우를 받아야 한다는 신념이 교회의 노동사목 근저에 깔린 것이다.

둘째로, 이렇게 본질에서 동등한 존엄성을 갖고 있음에도, 특히 산업화 초기에 노동관계법이 제대로 갖춰지지 못하고 노동조합이 충분히 그 구실을 하지 못하는 상황에서 노동자들이 착취당하거나 학대를 받는 일이 비일비재하였다. 가톨릭교회는 먼저 산업화한 유럽이나 북미 대륙에서 이 같은 현실을 자주 목격해 왔다. 기업인들과 비교하면 노동자들은 거의 언제나 약자였기 때문에, 학대받고 착취당하여 빈곤하게 생활할 수밖에 없었다.

셋째로, 예수님을 믿고 따르는 가톨릭신자들은 모든 사람을 사랑하라는 명령을 받고 있고, 특히 세상에서 가장 보잘것없는 형제를 돌보고 사랑하라는 명령을 받고 있다. 사람들은 보통 권세 있고 돈 있는 사람들에게 접근하고 그들과 친하려고 하거나 친절하려고 애쓴다. 이러한 행동은 인간 본성의 산물이며 또한 상당히 실리적이다. 그러나 예수님은 언뜻 보기에 전혀 실속이 없는 행동, 힘없고 가난한 사람들에게 특별한 관심을 가져 달라고 요구했다.

1981년은 가톨릭의 노동인권선언이라 할 수 있는 회칙 「새로운 사태 Rerum Novarum」[10]가 교황 레오 13세에 의해 반포된 지 90주년 되는 해였다. 이에 맞춰 그해 9월 14일, 교황 요한 바오로 2세는 레오 13세의 회칙을 더 구체화하고 현실에 맞게 하는 회칙 「노동하는 인간Laborem Exercens」을 반포하였다. '1장 서론, 2장 노동과 인간, 3장 역사의 현 단계에서 본 노동과 자본의 투쟁, 4장 노동자의 권리, 5장 노동의 영성' 등으로 구성된 이 회칙은 노동에 관한 가톨릭교회 가르침의 모든 전통적 내용을 조직적이고도 체계적으로 수용하는 가운데, 노동을 통해 자아를 실현하고 세상의 발전과 함께 하느님 나라를 건설하는 '노동하는 인간'을 그 주제로 삼고 있었다.

요한 바오로 2세의 서신은 한국에도 보내졌다. 노동자들의 현실에 분노하고 있었던 서울대교구 노동사목위원회는 이를 가만히 지켜보고만 있을 수 없었다. 한국의 노동현실에 맞는 한국가톨릭의 선언이 필요하다고 판단하였다. 1984년 10월 29일, 노동사목위원회는 서울대교구장 김수환 추기경을 만나 '노동사목교서' 발표를 건의, 추기경의 동의를 받아냈다. 노동사목위원회는 김말룡과 서강대학교 산업문제연구소 김어상 교수에게 노동사목교서의 초안 작성을 요청하였다.

초안이 작성되자 1984년 12월 26일부터 도요안 신부, 최창무 신부, 김현배 신부, 오영진 신부, 주수욱 신부, 김말룡 소장 등이 '교서문헌을 위한 준비위원회'를 구성하였다. 1985년 1월 9일에 최창무 신부와 도요안 신부가 초안을 검토하고, 1월 22일에 준비위원회를 개최하였다. 3월 15일에 최창무 신부와 도요안 신부가 두 번째로 초안을 검토하고, 3월 26일에 준비위원회에서 초안을 정리하였다. 이후 최창무 신부가 문헌을 최종 정리하여 김수환 추기경을 통하여 주교회의에 제출하였으며, 1985년 7월 5일, 성 안드레아 김대건 사제 순교자 대축일에 한국 천주교 주교회의의 이름으로 발표하였다.(앞의 『노동사목50년사』)

한국천주교주교단의 사목교서 「이 사회의 인간화를 위하여」는 총 21개항으로 구성되어 있다. 교서는 "산업화과정에서 물량적 외형적 변화에만 치중한 나머지 인간의 가치와 공동체적 삶이 파괴되었다"고 지적하며, "교회의 가르침에 따라 경제성장과정에서 희생되고 소외된 이들에 관해 관심과 해결방안을 찾아야 한다"면서, 노동과 관련해서는 "정부의 노동운동에 대한 제약과 각종 규제 조치는 노동자의 기본권을 제한하여 우리나라의 노동조건을 악화시키고 노동운동의 기반이 되는 노동조합의 조직률과 그 기능을 크게 위축시키고 있습니다. … 정부는 신·구교회의 농민사목, 노동사목, 산업선교 활동을 용공시하여 선전함으로써 산업사회를 인간화하고 농민과 노동자의 급진적인 사회적 불만을 복음의 메시지로 순화하려는 교회의 노력을 비방하고 있습니다. 노동문제에 대한 이러한 도식적 편견으로부터 정부가 벗어나야 합니다"라고 지적하고 있다.

사목교서가 발표되자 김말룡은 이를 가지고 가톨릭신자들과 현장 노동자들을 대상으로 교육에 나섰다. 교리해설은 오영진, 김현배, 주수욱 신부가 맡았고, 노동자들의 현실문제는 김말룡과 김어상 교수가 맡았다. 천주교의 역할에 대해서는 최창무, 도요안 신부가 담당했고, 성당을 비롯하여 노동자 단체 사무실 등을 교육장으로 이용하였다. 교회 내에서도 본당 사목위원들과 구역장들을 노동사목교서 교육프로그램에 참여하도록 하였고, 이를 다른 교구로 전파되도록 노력했다.

1980년대 중반기 명동대성당 내의 평신도들의 움직임에서 주목할 만한 것은 1985년 3월 3일 사목회 내에 사회정의의 구현을 위하여 보다 활발한 활동을 전개하고자 '사회정의위원회'를 신설한 것이다. 이 위원회의 구체적 활동계획으로서는, 첫째 항시 다른 위원회와 유기적으로 협력하여, 사회정의의 고취를 위한 교육, 피정, 좌담회 등의 행사를 추진토록 기획하고, 둘째 매년 12월 인권주간 중에 특전미사를 봉헌하여 인권옹호와 사회정의를 위하여 일하는 사람들을 격려하는 행사를 계획하며, 끝으로 가난한 형제들의 권익보호를 위한 법률구조사업을 기획하는 것이었다.(명동대성당 홈페이지, '명동대성당의 역사')

이렇게 김말룡은 1985년 12월, 명동성당의 사목회 사회정의위원회 위원장을 맡게 되었다.

천주교 노동법개정추진위원회 조직

1980년 5·17노동계정화조치는 노동운동 자체를 말살하려는 초법적인 행위였다. 이 조치로 인해 1970년대의 대표적 민주노조 사업장이었던 청계피복노조, 반도상사, 콘트롤데이타, 태창메리아스, 원풍모방 등이 파괴되고 노조 간부들 중에는 삼청교육대에까지 끌려간 사람도 있었다. 연초 '서울의 봄'에 부활하던 노동운동이 다시 주저앉고 만 것이다. 이어 광주를 피로 짓밟고 집권한 전두환 군사정권은 박정희 정권이 남겨둔 각종 탄압기구를 부활시키는 한편, 1980년 12월 31일에는 근로기준법, 노동조합법, 노동쟁의조정법, 노동위원회법 등 노동관계 법안을 개악하고, 노조의 파업권을 약화시키기 위해 노사협의회법을 새로이 제정 공포하였다.

유신체제 하에서 긴급조치 등으로 노동자의 권리를 폭압적으로 규제했던 것에서 한 발 더 나가 노동자의 권리주장 자체를 할 수 없게 하는 법들이 만들어진 것이다. 새 노동관계법의 주요 사항으로는 산별노조체제를 해체하고 기업별노조체제를 강제한 조항을 들 수 있다. 그 밖에도 이 법은 노조설립요건 강화, 단체교섭권 위임금지, 제3자 개입금지, 냉각기간 연장, 공익사업범위 확대, 직권중재 대상확대 등의 독소조항들을 담고 있었다.

그러나 노동계는 신군부의 위세에 눌려 이렇다 할 법 개정 활동을 할 수가 없었다. 노동법 개정투쟁에 돌파구를 연 낸 사람이 바로 김말룡이었다. 그는 노동상담소 소장 직에 있으면서 천주교서울대교구 정의평화위원회 상임위원(1984년 12월), 명동성당 사목회 사회정의위원회 위원장(1985년 12월), 전국

평신도협회 사회정의위원회 위원장(1986년 6월) 등을 역임하였다. 김말룡은 이러한 천주교 내의 지위를 십분 활용하여 노동법 개정에 적극적으로 나섰다.

1983년 말, 김말룡이 상임위원으로 있었던 천주교 정의평화위원회는 70년대보다 더 열악해진 노동환경을 개선하기 위해 '노동법개정추진위원회'를 출범시키고는 노동법 개정초안을 만들어 진의종 국무총리에게 보냈다. 다음 해인 1984년, 정의평화위원회는 주요 사업으로 '노동법 개정'을 확정하고, 5월부터 전국의 성당을 거점으로 대국민 서명전에 들어갔다. 그리고 그해 9월에 열린 정기국회에 서명지와 더불어 개정안을 제출했다.

이들의 주장은 간단했다. "우리나라의 노동관계법들은 노동자의 기본생활권, 노동 삼권 등 노동자들도 인간다운 삶을 영위하고 행동할 수 있는 권리가 보장되는 쪽으로 개정되어야 한다"라는 것이었다. 이것은 앞서 설명한 천주교의 사목교서「이 사회의 인간화를 위하여」와 일치하는 것이었으므로, 최소한 천주교 내부에서는 누구도 반대할 수 있는 사안이 아니었다.

서명 전개에 이어 김말룡은 '노동법 개정 강의 순회투쟁'을 시작하였다. 1984년 9월 3일 광주가톨릭센터에서 '현행 노동법은 왜 개정되어야 하나'라는 주제를 시작으로 전국을 돌며 수십 차례의 강연이 진행되었다.

김말룡과 가톨릭 노동사목운동의 노력은 1987년 7·8·9월 '노동자대투쟁' 이후 1987년 11월 28일의 노동법 개정으로 일차적인 목표는 달성되었다. 그러나 당시 최대 이슈였던 '직선제 대통령선거'(개헌국민투표 10월 27일, 제13대 대통령선거 12월 16일)에 묻히면서 1980년 국보위 제정 노동법 이전의 노동법으로 되돌아가는 수준에서 법 개정이 마무리되었다.

김말룡은 여기서 멈추지 않았다. 87년 노동자대투쟁 이후 늘어나는 노동상담을 처리하기 위해 노동상담소를 확대하기로 한다. 그래서 노동자들이 많이 거주하는 구로본동(1987), 창동(1989), 구로3동(1990)에 각각 노동상담소를 설립하였다. 김말룡이 소장 직에서 물러난 다음에도 시흥동(1993)에 상담

『노동사목 50년사』에 등장하는 김말룡의 활동			
일 자	형 태	주 제	기 타
1987년 9월 초	강연회	'노동법 개정의 필요성' 등	
1989년 11월 27일	토론회	'교회는 현 노동계 흐름 속에서 어떤 방향으로 나아가야 하는가' 등	토론자로 도요안 신부, 안효경, 김말룡, 이무술, 김주철 등이 토론자로 참여
1989년 정초	강연회	'노동법 개정에 따른 노동운동의 전망'	
1989년 3월	강 의	'산업재해의 현황, 관련제도 및 대책'	
1989년 11월	특 강	'1990년도 노동운동의 동향'	
1991년 1월	특 강	'1991년 노동운동의 현황과 전망'	
1991년 4월 28일	토론회	『노동헌장 - 새로운 사태』 반포 100주년 기념 토론회	토론자로 최창무 신부, 김춘호 신부, 김말룡 소장 등과 180여 명 참여
1994년 5월	특 강	'1994년도 노동계 상황과 전망 - ILO의 노동법 개정 요구, 블루라운드와 노동'	
1995년 정초	토론회	'1995년 노동계 동향과 전망'	
1996년 1월	강연회	'1996년도 노동계 상황 - 선거와 노동자의 정치참여가 노동운동에 미치는 영향'	

소가 들어섰고, 1994년에는 예비노동자들인 청소년들을 대상으로 하는 '가톨릭청소년상담센터'(현 까르딘청소년상담소)[11]도 개설되었다. 이렇게 노동환경 개선을 위한 그의 투쟁은 계속되었으며, 노동법 전면 개정에 대한 뜻도 굽히지 않았다.

김말룡의 노력과 더불어 여소야대 국회였던 1989년에 본격적으로 노동법

개정이 논의되었다. 그리고 6급 이하 공무원의 단결권과 단체교섭권을 허용하는 노동조합법 개정안과 방위산업체 근로자의 파업권을 허용하는 노동쟁의조정법이 3월 9일 국회에서 의결되었으나, 3월 24일 대통령 노태우의 거부권에 막히고 말았다. 단지 적용범위를 5인 이상으로 확대하고, 주 노동시간을 44시간으로 단축하는 근로기준법만 3월 29일 통과되었다.

1980년대 김말룡의 삶

박귀연에 의하면, 명동노동문제상담소 소장을 하던 시절의 김말룡 가정이 제일 안정적이었다고 한다. 소장 월급은 60만원이었다.

월급을 타 가지고, 60만원 주든가? 뭐 얼마 줬어요. 근데 국회의원 되어가지고 첫 월급 타서 얼마 준 지 알아요? (얼마 줬는데요?) 80만원인가 얼마 주더라고. 내가 하도 어이가 없어서 요거밖에 안 돼요? 하니까 뭐 어찌어찌하다 보니까 돈이 없네, 그래요. 그러다가 국회의원 마지막 돼 갈 때 어느 날 백만 원을 줘요. 이게 왠 돈이에요? 그러니까, 누가 쓰라고 줬어. 그래서 이거 백만 원을 내가 받았다 치고 도로 드리는 거니까 가져가시라고 그랬어요. 그랬더니 "왜 다시 주느냐"고 물어보셔요. 제가 이거 드릴 테니까 국회의원 그만둘 때 빚져서 나오면 용서 없다고 그랬죠. 그랬더니 그걸 또 받아 가시 대 … (하하하) 그러다가 돌아가시고 집안 정리를 하는데 장롱 위에서 삼백만 원이 나왔어요. 그게 전 유산이에요. 그게 … (박귀연 인터뷰)

김말룡은 3남매를 두었다.(장남 경수, 차남 한수, 막내딸 미정) 그런데 둘째아들 한수는 한때 노동운동을 꿈꿨다. 1985년, 최일남과의 『신동아』

1994년 3월 방한한
고르바초프 전 소련대통령과
함께

국회의원 시절
부인 박귀연 여사와 함께

릭신도의원회 신

1994 . 1. 24 (월) 오후 6시

김수환 추기경과 함께

인터뷰에 나오는 내용이다.

2남1녀 중 장녀는 시집을 보냈고, 큰아들도 장가를 가서 따로 산다. "둘째아들은 대학과 군대를 마치고 집에서 놀고 있습니다. 그런데 이놈이 아주 걸작입니다. "아버지, 나 노동운동 할래요." 이러지 않습니까? 하기야 노동운동가 후예 중에 대를 이어 노동운동하는 사람 못 봤습니다. 하지만 그놈은 취직도 못 하고 있어요. 들어가면 '위장취업'이 될 게 아닙니까. 허허."

『사회평론』 1994년 3월호 인터뷰에도 같은 이야기가 나온다.

그의 둘째아들은 한 때 아버지를 따라 노동운동을 하겠다고 했었다. 그는 좋다고 승낙했다. 대신 노총 단체 등에 있는 것은, 거기서 사무를 보는 거지 노동운동하는 게 아니다. 밑바닥부터 일해야 한다고 충고했다. 그는 택시 쪽으로 소개를 해 스페어 운전사로 일했다. 새벽 4시면 나가서 12시 가까이 돼서 들어오던 아들은 어느 날 세수하다가 코피를 쏟았다. 얼굴도 안 보고 그와 중매로 결혼했던 부인은 노동운동한다고 하다가 아이를 잡겠다며 난리였다. 아들이 의식이 좋다고 자랑하던 애인은 스페어 운전사를 한다고 그래선지 도망을 하였다. 아들의 노동운동 진출은 실패로 끝났다며 웃음을 터뜨린다.

정기적으로 월급이 나오고, 자식들의 장래도 걱정할 수 있었던, 부족하지만 단란한 가정의 기쁨을 조금이라도 누릴 수 있었던 '1980년대의 김말룡'이었다. 하지만 그의 생각에는 변함이 없었다. 노동자의 자유로운 조합 활동은 그의 평생소원이었다.

노동자 입장에서 보면, 정부도 기업도 서로 결탁하다 보니 노동자의 힘으로는 부족하니까 밖의 힘을 빌리려는 현상이 상대적으로 나오는 것입니다. 그러다보니까 노동문제가 현장에서 해결되지 않고 밖에서 맴돌아 희생자만 나오는 것입니다. 또 그런 문제들을 미봉책으로만 호도해 왔어요. 그런 일이 70년대, 아니 60년대부터 소급 누적되어 왔습니다. 노동자들이 4·19, 5·16, 5·17을 겪어 오는 동안, 그들의 의식은 성장해 왔으므로 정부는 그것을 합법적으로 양성화하는 제도적 장치를 마련해야 하는데, 폐쇄적으로만 나가니까 문제가 더 복잡해집니다. 자유로운 노조활동과 단체교섭권을 신장해서 길을 터주어야 하는데도, 그걸 막기만 하니까 불법으로 하는 결과를 가져옵니다.

근자에 일어나는 문제의 책임이 형식상으로는 불법으로 했다 해서 근로자에게 돌려지는 수가 있는데, 그보다는 정부나 기업주에게 있습니다. 어느시대나 책임이 분담되어야 하는데도 불구하고, 지금은 노동자에게만 짐이 지워져 처벌을 받습니다. 그러니까 외형상의 불법만 지적할 것이 아니라, 원인이나 동기 등이 케이스 바이 케이스로 분석되어야 하고, 노동문제를 노동문제로 다뤄야 해결의 실마리가 나옵니다. 외형상의 불법 때문에 정당한 요구까지 말살되어, 덕을 보는 건 기업주고 비난은 국가가 받게 되었습니다.(최일남, 김말룡 인터뷰)

1946년부터 시작한 노동운동이었지만, 그 45년이 지난 지금도 노동자는 일할 의무만 있지 노조할 자유는 주어지지 않았다는 이야기다.

상담소가 발족된 지 11년이나 지났습니다. 노동운동이 시작될 그때나 지금이나 나아진 게 별로 없습니다. 기본적으로 노동운동의 자유가 있어야 합니다. 노동자가 주체가 되어 자율적으로 운동할 수 있는 권리, 단결권이 보장되어야 합니다. 이것이 안 되는데 단체교섭권이고 단체행동권이고 하는 것이 무슨 의미가 있겠습니까? 1989년 공안정국 이래로 노동안정, 사회 안정을 명분으로 노사분쟁을 원천봉쇄하는 일이 공공연히 행해지고 있습니다. 작년의 노동쟁의 건수가 1989년에 비해서 4분의 1밖에 안 된다는 통계가 있다고하지만, 1989년이나 작년이나 간에 노동운동의 자율성이 보장되어 왔느냐 하고 묻고 싶습니다. … 노조는 노동자가 주체가 되고 주인이 되어 단결권을 행사할 수 있을 때 발전할 수 있는 것이고, 그들이 발전한다는 것은 사용자와 대등한 선까지 집단적인 힘이 발전되는 것을 의미합니다.(고재섭, 김말룡 인터뷰)

이런 주장을 하는 이가 김말룡 뿐이었던가? 노동자의 인간적 대우를 요구했던 1970년 전태일의 분신투쟁이 있은 지도 31년이 지난 시점에서 김말룡은 전태일과 똑같은 주장을 하고 있었다. 사회에는 희망이 없었고 노동자에게는 분노만있었다.

6장

국회의원이
되다

신민주연합당

　1987년 6월 민주항쟁과 연이은 노동자대투쟁은 한국사회의 근본적 변화를 일으키는 대사건이었다. 무려 4개월 동안 엄청난 시민이 거리로 나와 정치제도와 노동현장을 바꾸어 놓았다. 1971년 제7대 대선 이후 15년간 중단되었던 대통령직선제가 부활했고, 노조조직률은 급증하여 1989년에는 20%에 육박했다. 그러나 1987년 제13대 대선에서의 야권분열은 항쟁의 열매가 채 익기도 전에 떨어지고 마는 결과를 낳았다. 1990년에는 민주정의당, 통일민주당, 신민주공화당 '1여+2야'의 야합으로 218석의 거대여당 민주자유당(민자당)이 탄생하면서 6월 항쟁의 결실은 모두 사라지고 만다.

　이 시기 김말룡은 사회원로로서 연달아 벌어지는 시국사건들에 직간접적으로 참여하고 있었다. 6월 항쟁 두 돌을 맞이하는 1989년 6월 10일, 김말룡을 비롯한 사회원로들은 연명으로 성명서를 발표했다.

　"6월항쟁은 민주화 대장정에 빛나는 이정표였으나, 두 돌을 맞는 지금 우리의 심정은 착잡하고 안타까움을 금할 길이 없다"고 하면서 '비상시국대책회의'를 제안한다. 그리고 비상시국회의의 과제로 '광주민주화운동탄압 및 5공비리 관련자 처벌, 이철규 군 사인규명, 국가보안법·노동악법·교육악법 철폐'를 주장한다. 성명에는 김찬국, 박형규, 윤공희, 지선, 박경리, 이태영, 홍남순, 계훈제 등 학계·종교계 등 재야인사 58명이 참여했다.

김말룡의 나이도 환갑을 넘었다. 40여 년에 걸친 노동운동, 그리고 가톨릭에 귀의하여 노동사목에 참여한 지도 20여 년의 세월이 흘렀다. 그는 이제 노동계와 가톨릭 평신도를 대표하는 사회원로가 되어 있었다. 그러던 중 민자당이 창당되자, 분열되어 있던 야권과 시민사회진영은 이에 대항할 통합야당을 추진하게 된다. 여기에 김말룡이 노동계를 대표하여 참여하게 되는 것이다.

통합야당을 세우려는 김말룡을 비롯한 사회민주 원로들은 1991년 2월 5일, '신당창당발기위원회'를 발족시켰다. 그리고 3월 23일 '신민주연합당 창당준비위원회'를 결성하고, 위원장에 이우정, 부위원장에 김말룡을 선출했다. 이들은 "범민주세력의 통합정당을 결성하고 앞으로 진행될 지방자치선거와 대통령선거에 이르는 일련의 선거에서 승리하여 범민주 수권정당의 토대가 될 것"을 다짐하였다.

신민주연합당 창당준비위원회는 김대중의 평화민주당과 통합한다. 4월 9일, 삼성동 한국종합전시장에서 대의원 3천여 명이 참석한 가운데 통합대회를 열어 신민주연합당(신민당)을 창당하고, 김대중을 총재로, 이우정을 수석최고위원으로, 김말룡 등 10명을 최고위원을 선출한다. 그리고 같은 해 9월 11일, 김영삼의 3당야합에 반대한 통일민주당 탈당인사들이 주축이 되어 1990년에 창당한 민주당(세칭 꼬마민주당, 의석 10석)과 합당하여 통합민주당(민주당)을 결성한다. 이로써 민자당에 대항할 범민주통합신당이 완성이 된 것이다.

김말룡은 1991년 8월, 신민당에서 노동특별위원회 위원장으로 선출되어 당내 노동계 대표의 위상을 확고히 했다. 김말룡은 1992년 3월 24일 총선을 앞두고

1991년 4월 11일 신민주연합당 현판식.
좌측 맨 앞에 김말룡의 모습이 보인다

제14대 국회의원 당선자 부부동반 오찬을 마치고
김대중, 이기택 대표와 기념촬영(1992. 3. 30, 거구장)

통합민주당 조직강화특별위원회(위원장 김원기)의 위원으로 선임된다. 조강
특위는 14대 총선 공천 심사 및 외부인사 영입을 추진하는 기구였다. 처음에는
하향식 공천이 아닌 상향식 공천을 하려 논의되었으나 계파갈등으로 조강특위
의 역할은 축소되었다. 김말룡은 자신의 노동운동의 기반이자 1960년 7·29총
선거에서 출마했던 대구(중구)에 출마하려 했으나, 전국구 후보 19번에 배치
된다.

제14대 총선(299석: 지역구 237석, 전국구 62석)은 민자당, 민주당, 그리
고 정주영이 이끄는 통일국민당 3파전으로 치러졌다. 여당인 민자당은 3당 합
당 시 218석에 이르던 의원수가 149석으로 쪼그라들었고, 야당은 128석(민
주당은 97석, 국민당 31석)을 얻는다. 민주당은 1번 김대중에서 19번 김말룡,
22번 이장희까지 22명의 전국구 의원을 당선시켰다. 김말룡은 민주당 내 개
혁그룹에 속해 있었다. 김말룡은 의원회관 336호에 자리를 잡는다.

원내에 진출한 인사를 재야 계보별로 보면, 13대 때 이미 원내에 진출했던 평
민연에서 이길재, 장영달 씨가 가세해 박석무, 정상용, 김영진 의원까지 포함

하면 5명을 당선시켰고, 민주연합이 이부영, 유인태, 박계동, 원혜영 씨와 영입돼 당선된 제정구씨까지 5명, 신민주연합이 이우정, 김말룡, 신계륜씨 등 3명으로 모두 13명이다. 그러나 재야계보에 속해 있지는 않으면서도 비슷한 성향인 이철, 이해찬 의원과 '개혁그룹'으로 포괄되는 조순형, 장기욱씨 등을 포함하면 숫자는 더 늘어난다. 여기에 김정길, 노무현 의원 등 원외 소장파와 경기·충청지역에서 당선된 무계보의 인사들 및 개혁적인 원외위원장 그룹까지 사안에 따라 공동보조를 취할 수 있다고 본다면, '새정치'에 대한 심정적 동조그룹은 광범하게 분포돼 있다고 봐야 할 것이다.(한겨레신문 1992년 4월 1일, 「3·24심판 이후」)

제14대 총선결과는 1991년 3월 26일에 실시된 지방의원선거와 6월 20일에 실시된 광역의원선거에서의 야권의 패배를 어느 정도 회복하는 계기가 되었다. 이제 남은 것은 같은 해 12월 18일로 예정된 대통령선거였다.

민주당은 1992년 5월 25~26일의 전당대회에서 제14대 대통령후보로 김대중을 선출한다. 이 전당대회의 의장을 김말룡이 맡았다. 김말룡은 65세로 민주당 의원 중에서 75세인 홍영기 의원 다음으로 나이가 많았다. 김말룡은 7월 29일, 대선을 앞두고 민주당의 지부조직을 정비할 조직강화특별위원회(위원장 한광옥) 위원으로 임명된다. 이때 김말룡은 민주당 경북도지부장을 맡고 있었다. 그러나 14대 대선에서 김대중은 낙선하고 정계를 떠난다. 김말룡의 정치적 후견인이 사라진 것이다.

제정구 의원과 함께

대선 전에 김대중 총재가 만나서 좀 도와달라고 했어요. 김 총재 자신도 이제 마지막이고 김 선생도 이제 마지막으로 국회에서 일하는 것도 보람이 있는 것 아니냐고 말했어요. 그래서 대선을 위해서 돕는다는 심정으로 나왔지요. 그런데 김대중 총재가 떨어졌지 않았습니까? 저는 지금도 부정선거 때문에 패배했다고 생각합니다. 김 총재가 낙선을 하고 나니 허전해요. 그리고 국회의원 활동도 보람이 없고 아무 하는 일이 없는 것 같으니 은근히 이거 이제까지 내가 욕

민주당 노동조사단 구성

민주당은 28일 최근 잇따르고 있는 노동문제에 대한 실태조사를 위해 3개의 조사단을 구성해 29일부터 현지조사 활동에 들어가기로 했다.
◇ 한국조폐공사＝김말룡(단장) 원혜영 김원길 김원웅 김준희
◇ 원진레이온＝김말룡(단장) 신계륜 최두환 신기하 최재승 조정무 신동균
◇ 강원도 탄광 폐광사태＝김말룡(단장) 홍사덕 유인학 최욱철

1993년 7월에만 주요 노사분규 현장 세 곳의 조사단장을 김말룡이 맡았다고 보도하는 한겨레신문(1993년 7월 29일)

은 안 먹고 살았는데 말년에 욕먹겠다는 생각이 들었어요. 그래서 내가 노동위원회 회의가 끝나면, 혼자 그만두기는 좀 그러니 누구 같이 그만둘 사람 없냐고 농반진반으로 얘기 하고 했지요. 그런데 이번에 돈 봉투로 해서 국민들의 격려전화가 엄청나요. 그래서 이제야 생기가 도는 것 같습니다. 이제야 국회의원 된 보람을 느껴요.(윤철호, 김말룡 인터뷰)

김말룡의 말년이 아름다웠던 것은 국회의원이 되었기 때문이 아니라, 국회의원이 되어서도 40년간 지켜온 신조를 잃어버리지 않았기 때문이다.

민주당의 단골 '조사단장'

제14대 국회의원이 된 김말룡은 노동계의 문제들을 정치권으로 끌어들이는 데 큰 역할을 한다. 우선 당내에 각종 노동관련 특위나 조사단을 구성하고 위원장을 맡거나 조사단장을 맡는다.

시 기	위원회·조사단 등 명칭	비 고
1991년 5월	신민당, 한진중공업노조 위원장 박창수 사인 진상규명 조사단장	위원: 이흥록, 이상수, 정상용, 최봉구
4월	신민당, 원진레이온 산업재해사건 특별조사단장	위원: 이상수, 이철용, 채영석 의원, 권운상 (구리시지구당위원장)
8월	신민당, 노동특별위원회 위원장	
1992년 6월	민주당, 총액임금대책위원회 위원장	위원: 원혜영 등 9명
7월	14대 국회 상임위, 노동위원회 배치	2기에서는 환경노동위원회로 명칭 변경
7월	제주지역 노동탄압실태 진상조사단 단장	한라일보, 한라병원, 오리엔탈호텔, 제주의료원 등의 노조원 20여 명이 함께 도청을 방문했으나, 도청의 비협조로 원활한 조사가 이뤄지지 못함
1993년 4월	전국구속수배해고노동자 원상회복 공동대책위원회 위원으로 참여	이돈명 변호사, 박형규 목사, 김찬국 전 연세대 부총장, 이효재 전 이대교수, 김말룡 민주당 의원 등 각계인사 50여명 참여
7월	한국조폐공사 조사단 단장	위원: 원혜영, 김원길, 김원웅, 김준희
7월	원진레이온 산업재해사건 조사단 단장	위원: 신계륜, 최두환, 신기하, 최재승, 조정무, 신동균
7월	강원도 탄광폐광사태조사단 단장	위원: 홍사덕, 유인학, 최욱철
7월	현대노사분규조사위원회 위원장	
1994년 6월	'철도·지하철노동조건개선을 위한 공동대책위원회' 참여	김말룡, 박형규, 이창복 등 47명으로 구성
7월	제14대 국회 상임위 환경노동위원회 배치	
12월	조수원 열사 장례대책위원회	
1995년 5월	현대자동차 양봉수 분신사건 진상조사	입원 중인 대구동산병원과 울산공장을 방문하여 조사
6월	한통노조사태와 관련한 '부당한 공권력 반대와 노동인권 보장을 위한 범국민대책위' 참여	대책위에서는 '김영삼 대통령 탄핵소추청원서'를 김말룡 의원을 통해 국회에 제출
1996년 1월	'전력노조 고 김시자 열사 분신대책위원회' 참여	

박창수 열사 진상규명 조사단장

김말룡 의원이 처음 맡은 조사단장은 '한진중공업 노조위원장 박창수 사인 진상규명 조사단장'이었다. 한진중공업의 전신은 대한조선공사(약칭 '조공')

였다. 김말룡은 전부터 한진중공업과 인연이 있었다. 김말룡이 연합노조 위원장직에서 물러나 서강대 산업연구소 강사로 있을 무렵 발생한 조공쟁의는 60년대 말에 벌어진 가장 규모가 큰 쟁의였고, 그가 다시 노동조합 활동을 재개하는 계기가 되었던 사건이었다. 그런 인연을 가진 회사에서 20년 만에 또다시 김말룡을 현장으로 불러들이는 사건이 발생한 것이다. 김말룡은 국회의원의 권한을 십분 활용한다.

박창수 열사는 1960년 부산에서 태어났다. 1979년 부산기계공고를 졸업하고 1981년에 조공에 입사한다. 그는 87년 노동자대투쟁 뒤 '조공노조 민주화추진위원회'(노민추)에 참여하여 노민추 산하조직인 상록회와 백두회에 가입하면서 노동운동을 시작했다. 1990년 5월, 조공은 한진 그룹에 매각되면서 회사 이름도 한진중공업으로 바뀐다. 박창수는 7월, 조합원 93%의 압도적인 지지로 한진중공업 노조위원장으로 선출된다. 박 위원장은 1990년 1월에 출범한 전국노동조합협의회(전노협)에 가입, 중앙위원이면서 부산지역 노동조합총연합(부노련)의 부의장을 맡는다.

당시는 산별노조를 허용하지 않고 있었기 때문에 전노협은 불법단체였다. 박 위원장은 대우중공업 파업을 지원했다가 '3자 개입 금지와 집시법 위반'으로 1991년 2월, 경찰에 연행되었다. 박 위원장은 안기부로부터 전노협을 탈퇴할 것을 강요당하며 무수한 고문을 당해야 했다. 박창수 위원장은 고문에 의한 상처를 치료하기 위해 5월 4일 안양병원에 입원했고, 이틀 뒤인 6일 의문의 죽음으로 병원 앞마당에서 발견되었다. 노태우 정부는 자살했다고 발표했으나, 이를 믿는 노동자나 시민들은 없었다.

박창수가 의문사 당하자, 김말룡은 민주당 내에 자신이 단장으로 나서서 조사단을 꾸린다. 조사단장 김말룡은 조사결과를 발표하면서 "이 사건은 전노협과 한진중공업 노조에 대한 당국의 와해공작과정에서 발생한 것이 거의 틀림없는 것 같다. 시간이 걸리더라도 노동운동에 대한 탄압의 실상을 밝혀내고

말겠다"고 말했다.(분성우, 「박창수씨 죽음, 미궁 헤멘다」, 『시사저널』 1991년 6월 6일호)

제가 처음 김말룡 의원을 만난 거는 박창수 열사 투쟁 때였습니다. 저는 그때 노조 교육선전부장으로 상근을 하고 있었죠. 장례투쟁 내내 상주 역할을 하고 있었는데, 김말룡 의원이 조문을 왔습니다. 당시에는 국회의원은 아니었고, 다른 정치인들과 함께 내려왔지요.(박성호 인터뷰, 2018. 8. 28)

김말룡은 당시 국회의원은 아니었지만, 신민당 최고위원이었다. 신민당 조사단의 활동과 노동자들의 저항에도 불구하고 수원지검은 '노동운동에 대한 회의와 수감생활에 대한 기피로 인한 비관자살'이라고 발표한다. 더 기가 막힌 것은 경찰이 백골단을 동원하여 빈소를 철통같이 지키며 진상규명투쟁을 벌이던 노동자들 몰래 영안실 벽을 부수고 시신을 강제로 탈취했다.

박창수열사대책위 소식지 표지

박창수 의문사 사건은 김말룡 사후인 2000년의 의문사진상규명위원회에서도 조사하였다. 하지만 결과는 '진상규명 불능'이었다. "첫째, 민주화운동과 관련한 위법한 공권력의 직간접적인 행위에 의해 죽음에 이른 것이라고 판단하면서도, 사망현장에 있었던 동행인이 누구인지 알 수 없다. 둘째, 영도경찰서와 국가안전기획부 직원들의 한진중공업 노동조합 간부들에 대한 탄압이 확인되어 '노동관계법과 국가안전기획부법'을 위반한 사실은 확인하였으나, 박창수의 죽음이 타살인 점은 확인할 수 없다"라는 두 가지 이유로 '불능' 판결을 내린 것이다.

그렇다면 위원회가 검찰의 주장을 받아들인 것인가? 박창수 위원장이

자결한 것이 사실인가? 유족들은 위원회의 어정쩡한 결정에 강력히 항의했다. 2013년 민주화운동 관련자 명예회복 및 보상심의위원회에서 박창수를 '노동민주화운동 관련자'로 인정하였지만, 아직도 그의 죽음의 진실은 밝혀지지 않았다.

원진레이온사태 조사단장

김말룡은 원진레이온사태 조사단장을 1991년과 93년 두 번 맡았다. 1991년 1월, 원진레이온의 김봉환 노동자가 사망한다. 원진레이온의 전신은 흥한화학으로 친일파 박흥식이 설립한 회사다. 인견사(레이온)를 생산하던 이곳은 처음에는 흑자를 내다가 1960년 중반 이후부터 화학섬유(나일론 등)가 인기를 끌면서 수익이 줄자, 1976년 원진산업에 인수되어 원진레이온으로 회사 이름이 바뀐다.

인견사는 나일론과 같은 인조섬유이나 펄프의 섬유소를 원료로 이용하는 공정으로 화학섬유와는 공법이 다르다. '빛나는 실'(레이온)이라는 뜻과는 달리 제조공정에서 섬유소에 이황화탄소(CS2)와 같은 유해물질을 투입해야 생산할 수 있었다. 그러니 레이온 생산 공장에서는 별도의 설비를 갖춰야만 노동자들이 안전하게 생산할 수 있었다. 그러나 원진레이온 기업주들은 이를 무시했고, 이를 감시해야 할 정부는 자기 역할을 하지 않았다. 그러던 중 노동자들에게 온몸이 마비되고, 언어장애가 생기고, 기억력 감퇴, 성불능, 콩팥기능 장애 등의 증상이 나타나기 시작했다.

노동자들은 청와대와 노동부에 진정하기에 이른다. 1987년 노동부가 조사에 나섰고, 허용기준치를 초과하는 유해물질이 검출된 것을 확인하기에 이른다. 하지만 노동부는 이를 감췄다. 그해 시민들의 참여로 「한겨레신문」[1]이 창간되고, 원진레이온 노동자들의 실태를 파악한 「한겨레신문」은 이를 대대적으로 보도했다. 1988년, 원진레이온에 15세의 문송면 노동자가 수은중독으로 사망하사 대책위원회가 구성되었나. 원진레이온 노동자들이 직업병 피해자로 밝혀지자, '문송면군대책위원회'는 이들과 함께 공동투쟁에 나서기로 해 '원진레이온 직업병피해자가족협의회'(원가협)이 결성된다.

원가협은 88서울올림픽 성화 봉송로를 막는 등 강력한 투쟁을 벌이자, 국제행사를 앞두고 외국언론을 의식한 정부가 나서 노사 간의 합의를 종용하게 된다. 그해 9월 14일 1차 합의에 이르지만 원진레이온사태는 여기서 끝나지 않았다. 1989년 11월, 원진노동자 정근복이 사망하고, 1990년에는 1983년에 퇴직한 김봉환이 이황화탄소 중독판정을 받았다. 김봉환은 당연히 원진 측에 산재신청을 냈다. 하지만 회사 측은 김봉환의 산재신청을 받아들이지 않았다. 그렇게 회사와 밀고 당기는 사이에 1991년 1월 5일, 김봉환은 사망하고 만다. 원가협을 비롯한 시민사회 진영은 137일간 노동자 김봉환의 장례투쟁을 벌였다.

1991년 4월 9일에 출범한 신민당도 적극적으로 나섰다. 4월 30일 신민당은 주요 간부회의를 열고, 최고위원인 김말룡을 단장으로, 국회의원 이상수, 이철용, 채영석과 권운상 구리시지구당 위원장 등으로 구성된 특별조사단을 구성하여 현지조사에 나서기로 한다. 신민당은 대변인 성명에서 "그 동안 원진레이온 공장이 죽음의 가스중독실로 불려 왔음에도 불구하고 정부당국이 무성의하게 그대로 버려둬 온 것에 대해 '미필적 고의에 의한 살인방조행위'나 다름이 없다"고 질타하며 노동부가 즉각 조사에 나서라고 촉구했다.

그러니까 제가 김말룡 의원님을 처음 만난 거는 91년도에 원진직업병 투쟁할 때예요. 신민당 진상조사단이 온다고 해서 그때 회사 안에서 만났어요. 제가 브리핑을 해드렸지요. 원진 직업병 피해자들하고 같이 …. 그때는 찾는 정치인들이 많아 특별히 신경을 쓰지 못하고 있었지요. 그때 신민당만 아니라 여당인 민자당의 이인제 의원도 왔고, 국회의 진상조사단도 왔지요.(박석운 인터뷰, 2019. 11. 15)

국회 노동위는 지난 30일 첫날 회의에서 여야 간에 쉽게 '원진레이온 직업병 및 작업환경실태조사 소위' 구성에 합의해 직업병에 대한 국민의 관심을 반영. 민자당 간사인 김병룡 의원은 "원진레이온 사태는 국민과 일선 노동자들에게 큰 충격을 준 사건이다. 따라서 한 작업장의 문제가 아니라

제14대 국회 노동위원회 시절 김말룡 의원

사회적인 문제로 다뤄져야 한다"며 여야합의로 진상조사소위구성을 제의. 신민당 이상수 간사도 "원진레이온 노동자들은 죽을 줄 알면서 일하고 있다. 철저한 사태파악을 위해 조사소위를 구성하자"며 金 의원의 의견에 재청. 이에 따라 노동위는 김병룡 의원을 단장으로 이인제, 김동인, 이상수, 홍기훈, 장석화 의원을 위원으로 소위를 구성하고 2일 현지 조사 등 조사 활동을 하기로 결의.(부산일보 1991. 5. 1「기자실」)

야당과 시민사회진영이 움직이면서 김봉환은 산재 희생자로 인정받을 수 있었다. 그리고 '이황화탄소에 대한 업무상 재해인정기준'까지 만들어져 이후 김봉환과 같은 죽음이 생기더라도 산재로 바로 적용될 수 있는 제도적 장치까지 생겼다.

김말룡 의원은 원진사태가 나자 신민당 시절에도 오셔서 진상보고서도 내셨고, 그리고 국회의원이 되신 다음에 원진 3차 투쟁이 벌어져요. 이때 큰 힘이 되어 주신 거죠. 3차 투쟁은 폐업반대 투쟁인데, 이 양반이 많이 도와주셨어요. 원진투쟁은 1차, 2차, 3차 있었거든요. 1차 투쟁 때는 88년도인데, 그때가 굉장히 어려울 때인데, 박영숙 평민당 부총재가 주선을 해가지고 평민당에서 이상수 의원, 통일민주당에서는 노무현 의원, 그렇게 해가지고 1차로

정리를 한 거예요. 2차 투쟁 때는 굉장히 세게 투쟁을 한 거죠. 137일간 장례 투쟁을 한 거니까. 그때는 언론도 많이 도와주고, 투쟁도 열심히 해서 확 뒤 집었지요. 3차 투쟁은 폐업반대 투쟁인데, 김 의원님이 많이 도와주셨어요.
(앞의 박석운 인터뷰)

원진레이온의 3차 투쟁은 1993년에 시작되었다. 당시 원진레이온은 법정관리를 받고 있었다. 관리자는 산업은행이었다. 김영삼 정권은 원진레이온의 적자폭도 컸지만, 강화된 산재기준으로 인해 직업병 환자들이 늘어나자 폐업을 결정하기에 이른다. 그리고 15만평에 이르는 공장 대지를 팔아 그동안의 적자를 메우려 했다.

그러자 원진에서는 3차 투쟁을 준비할 대책위원회가 구성되었다. 일방적인 정부의 폐업방침에 반대하며, '직업병대책과 고용보장쟁취를 위한 원진비상대책위'가 조직된다. 여기에는 1, 2차 투쟁에서 승리한 자신감 넘치는 노동자들이 있었다. 또 막 등장한 보건의료운동 활동가들도 적극적으로 참여하여, 구기일과 양길승을 공동대표로 하는 원진공동대책위원회로 확대하여 한층 수준 높은 투쟁을 벌였다.

대책위는 '원진 전문병원 설립과 정부투자기관 재취업보장, 요양 중 사망한 노동자 유족보상금 지급' 등의 요구를 확정하여 사용주와 정부에 제시했다. 그러나 사용주와 정부가 이를 받아들이지 않자, 대책위는 상여 시위, 영정시위, 소복행진, 휠체어 행진, 해골가면시위, 방독마스크시위 등 다양한 형태로 집회와 행진을 벌였다. 그 사이 산업재해와 직업병 문제의 심각성이 사회 전반으로 확산되었고, 산업재해 · 직업병추방 · 고용보장문제 등에 선진적 제도를 도입하자는 목소리가 높아졌다.

1, 2차 투쟁 과정에서 노동자들의 민주화 의식이 확실히 된 거예요. 민주화가

김말롱 평전

되어서 파업도 하고 완전히 뒤집힌 거죠. 3차 때에는 그런 상태에서 했는데, 노동자들이 폐업반대 투쟁하면서 고용승계, 고용안정투쟁과 그 다음에 직업병 내지 보상금에 대한 안전판을 만들라고 요구하며 한참 투쟁을 했어요. 노동자들은 민자당 사무총장인 강삼재 의원 지역구인 마산에도 가고, 산업은행도 가고. 이래저래 투쟁을 많이 했죠. 여기에 야당인 민주당도 함께 했죠. (앞의 박석운 인터뷰)

원진레이온의 3차 투쟁은 김말룡 사후인 1997년에 가서야 마무리된다. 당시 채권은행인 산업은행은 원진 산재피해자들을 치료하기 위한 병원 설립(현 녹색병원)과 원진 산재피해자들을 구제할 재단(현 원진재단)에 기금출연 등을 약속하였고, 1999년 6월 5일, 경기도 구리시에 현재의 원진노동자건강센터(원진녹색병원, 노동환경건강연구소, 원진복지관)가 완공되어 원진 산재피해자들이 보다 나은 의료서비스와 복지혜택을 받을 수 있게 되었다.

해고노동자 원상복직 지원대책위

해고노동자들이 전국적으로 움직이기 시작한 것은 1991년 11월 11일, 한강시민공원에서 열린 '전국노동자대회'부터였다. 이들은 이날 '전국해고노동자모임'이라는 명의의 유인물을 배포하는 등 활동개시를 선언했다. 여기서 "군사독재정권 시절 경제성장을 빌미로 노동자들에게 무조건 희생을 강요했다"고 지적한 뒤, "이에 노동자들은 민주노조의 깃발 아래 강요된 희생을 거부하며 투쟁을 했다는 이유로 자본과 권력에 의해 현장에서 밀려났다"며, 해고는 개인의 무능력이 아니라 정치적 이유로 발생한 것임을 분명히 했다.

1992년 5월에는 충북 청원 매포수양관에서 '전국해고자수련회'가 개최되었다. 매포수양관은 1960년대 중반 청소년 선교를 목적으로 미국인 선교사들이 세운 시설로 1987년 6월 항쟁 이후 1990년대 중반까지 민주진영의 여러 단체들이 이용하던 공간이었다. 1992년 11월 11일의 노동자대회에서는 '전국구속·수배·해고노동자원상회복투쟁위원회'(이하 전해투)가 결성되었다. 초대 위원장은 기아자동차 해고노동자인 조준호가 맡았으며, 집행위원장은 코리아타코마 해고자 강중철이었다.

1992년 12월, 3당합당에 합류한 김영삼이 대통령에 당선되고, 이듬해 2월 25일 '문민정부'를 출범시킨다. 김영삼은 군부 내 사조직인 '하나회'를 해체하고, 검은돈의 거래를 차단하기 위한 금융실명제를 실시하여 한때 90%가 넘는 국민지지율을 얻기도 했다. 또한 44세의 이인제를 노동부장관에 기용하여 기존 정권과는 차별화된 노동정책을 취한다. 이인제는 "전노협, 업종회의 등 법외 노동단체들과의 대화를 하겠다'고 선언하고, '노조의 정치활동 허용, 해고효력을 다투는 노동자의 조합원 자격인정, 재벌 회장의 부당노동행위 시 구속, 노조의 인사권·경영권 참여요구의 정당성 인정, 근로자의 날 5월 1일(노동절)로 변경' 등 노동계의 주장을 적극 수용할 의사를 보였다.

호기롭게 친노동정책을 선언한 노동부장관 이인제는 마지막 '근로자의 날'인 1993년 3월 10일 기자간담회를 열고, "구시대의 산물인 노사갈등을 해소하고 산업 민주화의 정착을 위해 해고근로자의 복직 및 취업을 적극적으로 주선하겠다"고 말하고, "모든 해고자는 일터로 돌아가야 한다"며, '해고근로자 5,200명 복직지침'을 관련 부서에 하달했다고 발표했다.

1994년 '근로자의 날'이 5월 1일로 회복되었다. 그러나 '노동절'이란 이름은 되찾지 못했다. 그러나 대통령과 장관의 해고노동자 복직 천명에도 해고노동자가 있는 개별 사업장은 꿈쩍도 하지 않았다. 4월 2일, 이인제 장관은 '복직유도를 위한 세부지침'을 마련하여 45개 지방노동관서에 시달하고, "대기업 인사담당자들을 만나 복직을 적극적으로 요청할 방침"이라고 밝힌다.

그리고 기업주들에게는 "정부의 의지를 적극적으로 수용해 달라"고 요구하고. 노동자들에게도 "원상회복투쟁만 강조할 것이 아니라 기업주와의 대화를 통해 원만한 복직을 추진해 달라"고 요청했다.(경향신문 1993년 4월 3일)

그러나 노동부장관의 연이은 호소에도 해고노동자들의 복직은 이뤄지지 않았고, 오히려 재계는 정부에 반발하는 태도를 계속 보였다. 결국 전해투 소속 해고노동자들이 다시 거리로 나서야 했다.

'해고노동자 복직' 권고뿐

정부지침 한달 지나도록 1명도 없어
구속력 없고 지도사항…업체선 냉담

한겨레신문 1993년 4월 11일

1993년 4월 10일 '전국구속수배해고노동자원상회복투쟁위원회' 소속 해고노동자 100여명이 8일부터 종로5가 한국기독교교회협의회 인권위 사무실에서 무기한 단식농성에 들어갔고, 이에 따라 이돈명, 박형규, 김찬국, 이효재, 김말룡 등 각계 인사 50여 명이 모여 해고자들의 농성에 동조하는 공동대책위원회를 구성한다. 이 대책위는 성명서에서 "해고자복직지침을 발표하고서도 지금까지 구체적 후속조처를 취하지 않아 실질적 복직이 거의 이뤄지지 않고 있다"고 주장하고, "구속·수배·해고노동자들이 감옥과 길거리에서 고통스런 삶을 살고 있는 한 노사 간 화합이나 산업평화는 근본적으로 위협받을 수밖에 없다"라고 밝혔다.(한겨레신문 1993년 4월 9일)

대책위는 4월 13일, 기독교백주년기념관에서 문익환 목사, 김승훈 신부, 김찬국 교수 등 각계인사 150여 명이 모여 '전국 구속·수배·해고노동자 원상회복을 위한 지원대책위원회'를 확대결성하게 된다. 대책위는 해고노동자들의 원직복직이 이뤄질 때까지 청와대, 노동부 등 관계기관과 해당사업장을 항의 방문하는 한편, 4월 15일에는 탑골공원에서 거리캠페인을 벌이기로 했다. (한겨레신문 1993년 4월 14일)

해고노동자들의 투쟁과 시민사회의 지지활동에도 해고노동자 복직은 이뤄지지 않았다. 5월 31일, 전국의 해고노동자들은 민주당 마포 중앙당사에서 2차 철야농성을 벌였다. 4월 7일부터 23일까지 16일간, 그리고 9월 11일부터 10월 18일까지 38일간 목숨을 건 단식농성도 벌였다. 전해투 소속 해고노동자들은 해고자가 있는 곳이라면 어디든지 달려가 함께 투쟁했다. 민자당, 민주당, 국정감사장까지 쫓아다녔으며, 청와대를 비롯한 노동부, 법무부, 병무청, 각 지방노동사무소, 그리고 경제 5단체와 재벌그룹 본사, 단위사업장 등등 안 다니는 곳이 없었다.

같이하던 동지가 죽음의 위기에 처하고 머리가 부서지고 팔이 부러지는 상황, 고향의 아버님이 자식의 복직탈락을 비관하여 농약을 마시고 목숨을 끊는 상황, 직장 해고가 가정에서의 해고, 이혼이나 가정파탄으로 이어지는 등 한마디로 기막힌 상황이었다. 그러나 이런 이야기들을 찬찬히 하고 있는 한 해고노동자의 얼굴에선 미소가 떠나지 않는다. "힘들어도 항상 웃으려 합니다." "원직 복직이 힘들다는 사실에 신경 쓰기보다는 노동해방에 대한 사상과 희망을 굳건히 지켜내는 것, 지금 하고 있는 일을 더 잘해야 한다는 생각이 더 큽니다. 그리고 그것이 버텨 올 수 있는 힘이 되었습니다. 지원대책위를 꾸리고 도와주신 분들의 노력이 큰 힘이 됐고요." (전해투 홈페이지, '연혁')

'5, 6공화국 하에서 노동조합 활동과 관련하여 발생한 해고노동자의 원상회복을 위한 특별법'도 추진했다. 그러나 재계의 압력이 거세진 가운데 이인재 장관도 경질되고, 문민정부의 한계도 드러나면서 법제정도, 일괄복직도 무산되었고, 투쟁은 어려워져만 갔다. 문민정부가 약속했던 원직복직이 이뤄진 것은 1994년까지 2년간 이뤄졌던 80여 명뿐이었다. 사업장도 공공기관뿐이 었다. 남은 것은 전해투 싸움에 함께 했던 김말룡과 해고노동자들의 끈끈한 정뿐이었다.

93년부터 전해투 투쟁을 시작했거든 그때부터 김말룡 의원이 있었어. 우리를 음으로 양으로 도와주셨지. 원래는 조준호 대표가 김 의원을 잘 알았던 거지. 나도 처음 만난 게 조 대표가 한번 국회에 가자고 해서 갔는데, 이분이 밥도 사고 그러더라고. 그래서 '참 보수적인 야당 정치인일 텐데 … '하는 생각들 어서 그랬는지, 별로 느낌이 없더라고. 경상도 억양에 담배를 벅벅 피우는 동 네 아저씨 같은 생각이 들었어. 그리고 옛날에 그것도 한국노총에서 노동운 동을 했다고 해서 기분이 별로 안 좋았는데…. 그런데 나를 보고 딱 그래. 아 버지뻘인데도 나보고 "이 동지! 고생이 많으시죠. 저도 옛날에 해고 생활 오 래 해봐서 잘 압니다."고 하시는 거야. 잘 안 믿어지더라고 '참 노회한 정치인 이구나' 그렇게 생각했거든 … 그 다음에는 우리가 왕창 감옥에 들어갔을 때, 수원까지 와서 법정에서 앉아 세 시간 동안 재판 내내 지켜보시는 거야. 아주 고맙더라고. "바쁘신데 어떻게 오셨냐"고 하니까. "국회의원 배지라도 달고 나이든 노인이 법정에 앉아 있으면 위에서 판사들이 볼 것 아니겠어요?" 그 리고 인천에도 몇 번 왔어. 영창악기에서 해고동지들이 텐트 농성을 하고 있을 때야. 김말룡 국회의원이 왔다고 해서 부랴부랴 달려갔는데 웃기는 일 이 생겼어. 회사 정문에서 수위들이 들어가지 못하게 막은 거지. 회사 관계자 를 만나자고 하면서 호통을 치는데 경비실에서는 '국회의원이 이런 곳에 올 일이 없다'며, '웃기지 말고 돌아가라'며 무시를 한 거지. 물론 회사에 미리 연락을 했을 리도 없고. 그래서 경찰이 출동하고 한바탕 난리가 났어. 잠잠 해지고 나서 김 의원이 농성하던 텐트에 들어와서 앉아서 이야기를 하셨어.

단식한 지 20여일이 된 해고자들이 뼈만 남아 앙상한데 드러누워 있는 머리 맡에 오셔서 손을 붙잡고 "힘내라"면서 격려하시더라고. 그러니까 우리가 참 원군을 만났네. 딱 그런 느낌이었어.(이형진, 조수원추모모임 좌담회 발언, 2019. 12. 14)

이형진은 당시 '인천해고노동자협의회' 사무국장이었다. 한진그룹의 한국공항에서 해고된 노동자의 이야기도 있다.

내가 김말룡 의원님을 처음 만난 게 92년도인가? 91년도인가? 그럴 거야. 왜 그랬느냐면 그때 나보다 먼저 해고된 사람이 있어서 가톨릭노동상담소의 김말룡 소장을 상담차 만나러 간 거거든. 두 번째는 전해투 할 때인데, 그때 이미 돈 봉투 사건이 나서 환노위가 발칵 뒤집혀서 신문에 김말룡 의원의 이름이 연일 실리고 있었지. 그러던 차에 '김말룡 후원의 밤'을 한다는데 조준호 대표가 나보고 그 행사를 맡아서 치르라는 거지. 그때 내가 전해투 대외협력을 하고 있을 때인데, '후원회 밤' 전체 기획과 준비를 내가 했어. 행사를 국회의원회관에서 했는데, '민주대머리' 박철민 불러서 사회 보게 했고, 안치환 불러서 노래하게 했고, 김말룡 의원 사진 크게 그려서 뒤에 걸개그림 달고, 그리고 뭐 그런 게 기억나고, 세 번째는 아마 내가 김말룡 의원 차를 제일 많이 탔을 거야. 그 소나타 있잖아. 김말룡 의원이 지원대책위 대표였고, 투쟁하다가 구속되고 뭐 급한 일이 생길 때마다 모시고 다녔으니까. 1993년에 경기도 광주시에 있는 장애시설 '혜인원'에서 이사장 비리가 발견되고 대책위원회가 만들어졌는데, 정광용 대책위 위원장이 해직되고 말아. 그래서 백기완 선생과 김말룡 의원을 모시고 현장을 간 거야. 그때 '김말룡 활약상'을 직접 눈으로 본 거지. 혜인원 가서 조지고, 시청 가서 담당자들 조지고, 노동부 가서 조진 거야. 문제의 해결여부를 떠나서 그 과정이 시원시원했던 거지.

그런 일이 다반사였으니까. 그리고 네 번째로는 내가 95년 해고자 신분으로 위원장 선거를 나갔을 때인데, 내가 있던 한국공항이 연합노조 소속이었고, 해고자 신분에 위원장을 나가니까 싸울 일이 한 두 가지가 아닌 거야. 어용노조랑 싸워야지, 그룹사랑 싸워야지, 안기부와 경찰하고 싸워야지, 노동부하고 싸워야지. 그러다 우연히 김말룡 의원에게 이야기하게 된 거야. 그런데 이양반이 이번에도 화끈한 거야. 그 자리에서 서울지노위 위원장한데 전화를 해요. 해서는 "한국공항에 안경호라는 해고자가 있는데 요번에 노조위원장 선거에 나간다. 이게 불법이 아니다. 회사에서 부당노동행위를 하기 전에 미리 찾아가 지도감독해라. 그리고 지금 그 사람을 보낼 테니까 만나봐라." 그러시는 거야. 그렇게 지노위에 전화하시고 또 남부지방노동사무소 소장한테 똑같이 전화하신 거지. 그래서 얼떨결에 나는 지노위 위원장과 남부지방노동사무소 소장하고 면담도 했고, 선거결과는 낙선이었지만, 그때 김말룡 의원의 모습이 정말 위대하게 보인 거지.(안경호, 조수원 추모모임 좌담회 발언)

대우정밀 해고자의 이야기다.

저도 병역특례 문제로 국회의원 회관을 자주 찾았는데, 국회의원실 하면 진짜 편하게 갈 수 있는 유일한 곳이 김말룡 의원실이었어, 의원회관 가면 일차적으로 무조건 김말룡 의원실 간다고 말하면, 그러면 의원실에서 들어와라 하지. 한마디로 프리패스지. 그래서 의원실에 올라가면 자기는 담배 피고, 우리는 뭐 얘기 좀 듣다가 나와서 다른 의원실을 한 바퀴 도는 거야. 만약에 김말룡 의원이 없었더라면, 병특 문제 풀어가는 해법도 많이 힘들었을 수도 있었겠다, 그런 생각에서 김말룡 의원의 역할이 상당하지 않았겠나 하는 거지. 그리고 나중에 병무청하고 장례투쟁 할 때도 알게 모르게 김말룡 의원의 역할이 있었던 것 같애. 민주노총에서 주최한 서울역 집회라든지 명동성당

집회 등 할 때 당시 분위기로서는 쉽지 않았거든. 누군가가 보이지 않는 역할을 했기 때문에 가능하지 않았을까 생각하는 거지. 당시 대책위 차원에서 당시 천영세 고문님하고 몇 분이 행사장소 등을 교섭을 해주셨거든. 그때 김말룡 같은 정치인이 없었더라면 가능하지 않았을 거다, 이런 생각이 드는 거지.
(박종석, 조수원추모모임 좌담회 발언)

전해투 출신 노동자들의 기록은 『사회평론 길』의 '김말룡 인터뷰'에서도 확인할 수 있다.

그의 사무실은 자질구레한 체불, 부당노동행위 등을 호소하는 민원인들로 항상 붐빈다. 인터뷰를 시작하기 전에 의원회관 사무실에는 한 사람이 찾아와 그를 기다리는 것 같더니 인터뷰 도중 밖엘 나가 보니 두 사람이 더 와 있다. 그들은 서로 모르는 처지인데 택시문제 대해 얘기하면 서로 걱정들을 하고 있었다. 다른 의원들의 사무실에서는 별로 주목 받지 못할 민원들이지만, 그는 이런 일들을 가톨릭노동상담소에서 13년을 하루 같이 대한 때와 마찬가지로 일일이 다 챙겨준다. 그는 "노동위원회가 다른 데 대해서는 힘이 없지만, 노동부나 노동위원회에 대해서는 힘이 있지요. 전화로 많은 것을 해결합니다. 안되면 국감 때가 두려우니까요"라고.

김말룡은 국회의원이 되었으나 노동자들이 기댈 수 있는 큰형님의 위치를 한결같이 마다하지 않았다.

철도·지하철노동조건 개선을 위한 공동대책위원회

서울지하철노동조합은 1987년 8월 12일 결성되었다. 초대위원장은 배일도였다. 노조가 결성된 지 2년이 채 안 된 1989년 3월, 조합원들은 파업투쟁을 전개했다.

조합원들은 결국 1989년 3월 16일 자본과 정권에 맞선 투쟁을 전개했다. 이 투쟁은 서울지하철노조 조합원과 공사의 투쟁이 아니라 노동자와 자본과 정권의 전선이었다. 노태우 정권은 서울지하철노조의 투쟁에 무자비한 탄압으로 응했다. 하지만 조합원들은 탄압에 굴하지 않았다. 2,345명이 연행되고 위원장을 비롯한 수많은 이들이 감옥에 갔지만 7일간 조합원들이 이어간 자발적 투쟁은 자본과 정권의 간담을 서늘하게 했다.(정경원, 「서울지하철노조 30년! 의미와 과제」, 2017)

이후 서울지하철노조는 노조 내부갈등으로 이렇다 할 역할을 하지 못하다가, 1993년 김연환을 위원장으로 하는 5대 집행부가 출범한다. 그리고 1994년에는 전국지하철노동조합협의회(전지협)가 결성된다.

94년 6월 23일 전기협 농성장에 경찰병력이 투입되자, "위원장 명령 없이 복귀 없다," "노동자는 한 번 한 약속을 지킨다"는 결의로 서울지하철노조는 24일 파업하고, 곧이어 부산지하철노조가 파업했다. 조합원들은 산개해 현장을 비웠으며, 고려대·동덕여대·경희대로 이동하며 경찰병력을 조롱했고, 명동성당에서 무더위와 싸우며 파업대오를 유지했다. 복귀하는 순간까지도 연대의 의지를 꺾지 않았다. 이 투쟁은 김영삼 정권의 본질을 드러내는 계기가 되었고, 민주노총 건설을 향한 흐름에 속도를 붙였다. 자본과 정권은 수많은 해고자, 51억 손배 가압류로 보복을 가했다. 6~7대 집행부는 이에 맞서 현장 조직력을 회복하기 위해 고군분투했다. 어려운 재정을 조합원과 민주노조진영의 연대로 극복해가며 현장은 서서히 회복되고 있었다.(정경원, 위 글)

전기협은 1994년에 결성된 '전국기관사노동자협의회'의 약칭이다. 1994년, 철도 노동자들과 지하철 노동자들이 연대파업을 벌였다. 전기협 농성장에 경찰병력이 투입되자 다음 날인 6월 24일 전지협은 총파업투쟁을 전개한다. 경찰은 지하철 노동자들의 농성장에 공권력을 투입하여 해산을 시도하였다. 그러자 파업지도부는 명동성당으로 들어가 파업투쟁을 계속 지도하였다. 파업투쟁은 지도부가 명동성당 농성을 중단하고 경찰에 자진출두한 9월 12일까지 진행되었다. 75일간의 긴 투쟁이었다.

이렇게 물류와 교통의 핵심 사업장인 철도와 지하철에서 파업투쟁이 벌어지고 공권력이 투입되는 등 노동자의 권익과 시민들의 생활에 커다란 손실이 발생하자, 시민사회에서는 이를 해결하기 위한 대책위를 구성한다.

1994년 6월 24일 김말룡, 박형규, 이창복 등 현역 의원 및 재야인사 47명이 '철도·지하철 노동조건 개선을 위한 공동대책위원회'를 구성하고 최형우 내무부장, 오명 교통부장관, 김화남 경찰청장, 최훈 철도청장 등 4명을 불법연행 및 철도법 위반혐의로 서울지검에 고발했다. 이들은 고발장에서 "전기협 노동자들이 근무시간이 아닌 비번시간에 합법적으로 농성을 벌이고 있음에도 불구하고 지난 23일 새벽 영장 없이 이들을 불법 연행한 것은 명백한 실정법 위반행위"라고 주장했다.(한겨레신문 1994년 6월 25일)

노동계와 시민사회는 철도와 지하철 노동자들의 파업에 대한 민자당 정권의 탄압을 규탄했지만, 야당인 민주당은 엉뚱한 대책을 내놓는다. 민주당은 당무회의에서 "기간산업인 철도와 지하철 파업 결의와 관련해서 어떠한 경우에도 파업은 안 된다"며, 그 입장을 당 대변인의 성명을 통해 발표한다. 그러자 시민사회대책위에 참여하고 있었던 김말룡은 "사실을 파악한 뒤 당의 입장을 밝혔어야 했다"며 성급한 당의 결정을 비판했다.

한국통신노조에 대한 공권력 투입 반대와
노동인권보장을 위한 범국민대책위

1995년의 한국통신노조 파업은 정부의 무리한 공기업민영화(민자화) 추진과정에서 발생하였다. 한국통신(현 KT)은 1981년 체신부에서 전기통신업무(전화국)를 분리하여 '한국전기통신공사'를 설립함으로써 비롯되었다. 한국통신의 민영화 계획은 노태우 정부인 1987년 미국의 통신시장 개방요구에 따라 결정되었다. 한국통신의 민영화는 'KT'로 이름이 바뀐 2002년에 가서 완성된다.

1994년부터 민영화에 반대하는 '노동자 및 시민사회'와 '정부 및 공사 운영자들' 사이에 전초전이 벌어졌다. 당시 한국통신노조는 조합원 5만 2천여명으로 국내 최대 단일노조였다. 1994년 5월 조합원 직접선거로 선출된 유덕상 위원장은 임금인상은 물론 정부가 추진하던 공기업 임금 가이드라인 철폐와 통신시장 개방반대, 그리고 대기업 위주의 민영화 중지 등을 정부와 공사측에 요구하였다.

이러한 요구가 해를 넘기면서도 계속되자, 1995년 5월 '신경제정책'(세계화선언)을 내세우며 공기업의 민영화를 추진하던 김영삼 대통령은 "한국통신노조가 불법행위를 계속하며 정보통신 업무를 방해하는 것은 국가전복의 저의가 있지 않고서는 생각할 수 없는 일"이라며, 한국통신노조를 반정부 세력으로 몰아붙였다. 이와 같은 대통령의 발언이 있자마자, 공사 측은 노조간부 64명에게 중징계를 내렸고, 경찰은 유덕상 위원장을 비롯한 노조간부 20여명의 검거에 나섰다. 노조는 광화문 한국통신 본사에서의 농성에 이어 5월 23일부터는 노조간부에 대한 경찰의 검거를 피해 명동성당과 조계사에 천막(상황실)을 설치하고 농성에 들어갔다. 조합원들도 준법투쟁을 벌이며 정부와 공사측에 저항했다.

국회 환경노동위는 1일 진념 노동부장관을 출석시킨 가운데 간담회를 갖고 한국통신사태와 현대자동차 분규문제를 집중 추궁했다. 민주당에서는 김말룡, 원혜영, 신계륜 의원이 차례로 나서 "검찰과 경찰이 전면에 나서 노동자를 구속하며 공안 통치를 방불케 하고 있는데 주무부서인 노동부는 뒷짐만 지고 있다"며 노동행정 부재를 질타했다. 민자당 최상용 의원도 질책에 가세했다. 그는 "공기업 문제는 지난해 정부가 획일적인 임금가이드라인을 제시하면서부터 예견됐던 일"이라며, "지금까지 문제를 방치해 놨다가 경찰을 투입해 일을 시끄럽게 만드는 것은 정부의 무책임을 드러낸 것"이라고 지적했다.(한겨레신문 1995년 6월 2일)

대치 상황이 고조되고 있을 무렵인 6월 6일, 정부는 전격적으로 조계사와 명동성당에 경찰을 투입해 농성 노조간부 13명을 모두 연행했다. 놀라운 일이었다. 명동성당의 장덕필 주임신부는 "권력남용이며 2천년 동안 지켜온 교회법을 침해한 처사"라고 비난했으며, 김수환 추기경도 진노했다고 한다. 또 조계종 총무원 문화사회부장 시효스님은 "불제자들의 소망을 짓밟는 공권력 남용"이라고 정부를 비난했다.(「동아일보」, 1995년 6월 7일) 이날 오후 서총련 소속 대학생 300여 명이 시내에서 노조 침탈 규탄 기습시위를 벌였으며, 이후 학생·시민단체들은 범국민대책위원회를 결성, 규탄집회를 이어갔다.

'부당한 공권력 반대와 노동인권보장을 위한 범국민대책위'(공동의장 고영구·천영세)는 20일 각계인사 1천 5백여 명이 서명한 '김영삼대통령 탄핵소추 청원서'를 국회에 제출했다. 대책위는 김말룡 의원을 통해 제출한 청원서에서 "김 대통령이 한국통신노조의 노동쟁의를 국가전복기도로 규정함에 따라 과잉 공권력 행사와 노조간부에 대한 구속 남발이 행해졌다"며 "이런 발언은 헌법상 보장된 노동3권을 전면 부인한 것으로 마땅히 탄핵소추의 대상"이라고

주장했다.(한겨레신문 1995년 6월 21일)

조계사와 명동성당에 대한 공권력 투입은 김 대통령에 대한 탄핵안이 국회에 제출될 정도 충격적인 사건이었다. 탄핵안은 국회의원 과반수 발의로 이어지지는 못했지만, 이 일로 고공행진을 구가하던 YS의 지지율은 바닥으로 곤두박질쳤다. 이어 6월 27일 열린 제1회 전국동시지방선거에서 민자당은 참패를 당하게 된다.

민자당: 광역단체장 5석, 기초단체장 70석, 광역의원 333석
민주당: 광역단체장 4석, 기초단체장 84석, 광역의원 391석
자민련: 광역단체장 4석, 기초단체장 23석, 광역의원 94석

당시 명동성당에서 연행된 한국통신노조 쟁의부장 장현일은 "김말룡 의원이 여러 번 농성장을 찾아 주었습니다. 물론 의원님 외에도 여러분이 찾아 주어서 짧은 농성기간이었지만, 큰 기대를 가지고 농성을 이어갈 수 있었습니다"고 말했다. 이 일로 해직되었던 장현일은 13년이 지난 2008년에야 복직되었다.

2006년 '민주화운동 관련자 명예회복 및 보상 심의위원회(위원장 하경철)'는 1995년 한국통신 파업사태와 관련해 해고 노조원 26명을 민주화운동 관련자로 인정하고, 위원회는 회사(KT) 측에 이들을 복직시키라고 권고했다.

조수원 열사 장례대책위원회

조수원은 강원도 태백에서 광부의 아들로 태어나 고등학교를 졸업하고 1986년 방위산업체인 부산 대우정밀에 병역특례(일명 '병특')로 입사했다.

'병특'은 1973년에 신설한 제도로, 군복무 대신 군수업체 연구기관, 주요 기간산업체, 학술·예술·체육 분야 등에서 근무했다. 군복무 기간보다 긴 5년간을 근무해야 하지만, 급여도 나오고 하여 가난한 가정의 젊은이들로서는 매력적인 선택이었다. 하지만 그늘도 있었다. 이들은 근무처에서 해고되면 바로 군에 입대하여 3년의 군복무를 새롭게 시작해야 했다. 이런 약점 때문에 사용주들은 다른 직원들보다 더 험하게 이들을 다뤘다. 조수원도 다른 병특 노동자들처럼 가족의 생계를 위해 병특을 택한 것이다.

1987년 노동자대투쟁이 벌어지고 대우정밀에도 민주노조가 만들어졌다. 노조가 생기자 임금도 오르고 부당한 처우가 개선되기 시작했다. 평소 병특 노동자의 근로조건이 불리하다고 생각하고 있었던 조수원은 노조에 가입(편집부장 역임), 병특 노동자들의 처우개선을 위해 노력했다.

1991년 3당 합당이 이뤄지자, 정권은 부산지역 민주노조운동의 선두에 있던 대우정밀노조를 탄압하기 시작했다. 당시 조합원 200명이 해고되었는데, 이 중에는 병특 노동자 조수원도 포함되어 있었다. 조수원은 병특 근무 4년 6개월이 지난 상태여서 의무복무기간이 6개월 남아 있었지만, 해고되었기 때문에 다시 3년간의 군복무를 해야 하는 상황이었다. 조수원은 해고의 부당성을 알고 있었기 때문에 '전해투'를 선택했다. 이때부터 조수원은 병역기피자라는 낙인이 찍혔음에도 불구하고, 당당하게 부당해고에 저항하는 '거리의 투사'가 되었다.

조수원은 죽기 전 4년 동안 전해투 동지들과 함께 집회와 농성, 항의방문에 적극적으로 참여하였고, 물과 소금까지 끊는 '아사단식투쟁'까지 전개했다. 그리고 틈을 내 장기기증까지 해가며 투쟁의 정당성을 보여 주려 했다.

1995년 4월, 전해투지원대책위를 비롯한 각계인사 수백여 명이 "국회가 나서서 병역특례자 문제를 해결하라"고 청원하였다. 12월에 열린 국방위원회에서는 '세 당사자인 병무청, 해고사업장 사업주, 병역특례자가 합의할 것을 권고'하는 결의를 한다. 조수원은 병무청을 직접 찾아 갔다. 그러나 국회의 권고에도 병무청은 요지부동이었다. 병무청은 "징집하겠다."는 입장에서 물러서지 않았다.

조수원은 절망했다. 4년간 목숨을 걸고 싸워 왔지만 성과는 없었다. 조수원은 남은 투쟁은 자신의 목숨을 버리는 일밖에 없다고 생각했다. 1995년 12월 15일 새벽, 전해투가 농성하고 있었던 민주당 서울시지부 5층과 6층 사이 비상계단에서 조수원이 목매어 숨진 채 발견되었다. 그의 나이 28세였다. 그의 죽음은 또 다른 투쟁으로 되살아났다. 조수원의 사망소식을 들은 전국의 해고자들과 수많은 노동자들이 달려왔다.

'조수원열사장례대책위원회'는 장례식을 미룬 채 열사가 못 다한 투쟁을 끝내는 일부터 시작했다. 대책위는 죽음의 원인 제공자인 신한국당과 병무청, 그리고 대우그룹 김우중 회장을 찾아가 "열사를 살려내라!"고 외쳤다. 대책위의 요구사항은 간단했다. '병역특례자 군 문제의 완전해결 및 병역악법을 개정하라!', '조수원 동지의 명예를 회복시켜라!', '전국 해고노동자의 원직복직을 즉각 실행하라!' 등 세 가지였다.

12월 23일에는 서울역 광장에서 1,500여 명이 모인 가운데 추모대회를 열고 병무청으로 몰려갔다. 압박을 받은 병무청은 '병특문제를 해결하기 위해 병역특례관련 악법 조항을 개정한다'는 문서에 서명했다. 그러나 대우그룹은 쉽게 협상에 나서지 않았다. 대책위의 더욱 강도 높은 투쟁을 벌였다. 대우정밀은 해를 넘기고 1996년 1월 3일에 가서야 '병특 해고자 전원 복직', '조수원 열사 명예회복', '민형사상 면책' 등을 담은 노사합의문에 서명하였다.

조수원 열사의 장례식은 1996년 1월 5일과 6일, 서울과 부산에서 각각 거행되었다. 유가족과 장례식을 주관한 대책위는 열사를 경남 양산의 '노동열사들의 성지' 솥발산 공원묘지에 안장했다.

조수원 사건 때는 진짜 열심히 하셨어요. 그 문제를 해결하려고 노심초사 하셨어요. 이 양반이 지극정성으로 챙기시는구나, 하고 내 감동을 했다니까. 그래서 병역문제 해결을 하려고, 병특 해고자들 문제를 해결하려다가, 굉장히 열심히 하다가, 결국엔 조수원이 일을 당했잖아. 그러고 나니까 그거를 (병무청과 대우정밀) 함께 합의를 시켜내려고 노력하셨지. 병무청도 가고. … 내가 병무청도 모시고 간 게 생각이 나. 서울 병무청에. 결국에 그래서 해결을 하셨잖아. 그때 아마 김말롱 의원이 아니었으면 해결하기 쉽지 않았을 거야.

(박석운 인터뷰)

조수원의 동지들은 김말롱에게 조수원의 묘 비문을 지어 달라고 부탁했다. 양산 솥발공원묘지에는, 동지는 가버리고 김말롱이 지은 비문만이 동지의 투쟁정신을 기린다.

조수원 동지 그대는 이 시대를 가르는
마지막 불꽃입니다.
오도된 역사의 질곡을 직선으로
갈라놓은 채 스물아홉의 젊음을 불살라 버렸습니다.
그대에게는 끝내 제도의 족쇄를 채울 수 없었습니다.
죽은 자본이 산 인간을 아무리 옥죄일지라도
노동자라는 숭고한 이름이 더 소중함을
우리에게 깨우쳐 주었습니다.
병역특례 해고노동자가 더 이상 분단고착과
자본착취의 재물이 될 수 없다는 사실을
이 시대에 분명히 일깨웠습니다.
우리는 그 동안 너무도 많은 것을 잃어 버렸습니다.

김말롱 평전

그러나 모든 것을 잃지는 않았습니다.

조수원 동지! 당신이 우리에게 그걸

가르쳐 주었습니다.

이제는 죽은 제도가 산 인간의 참 지혜로

분쇄될 것입니다.

그것이 바로 당신의 부활입니다.

그래서 우리 모두는 당신의 이름을 기쁘게

불러 봅니다. 조수원 동지여!

1995년 1월 5일 김말룡

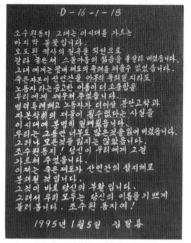

조수원 열사 묘에 있는 김말룡이 쓴 비문

고 김시자 열사 분신대책위원회

조수원의 장례식이 끝난 지 일주일이 채 지나지 않아 또 한 명의 노동자
가 목숨을 끊었다. 한국전력노조 한일병원지부장 김시자는 1961년 8월 19일
전북 김제에서 2남3녀의 막내로 태어났다. 그는 면장인 아버지를 두어 어렵
지 않은 어린 시절을 보냈다. 서울로 이사와 경희여고를 졸업하고 경기간호전
문대를 다녔다. 1984년 한일병원에 입사한 김 위원장은 87년 노동자대투쟁을
거치면서 노조의 대의원이 되었다. 길지 않은 대의원 활동이었지만 남달리 노
조활동에 열성이었던 김시자는 노조원들의 지지를 받아 1989년 직선제 1호
지부장으로 선출되었다.

본조 그러니까 전력노조가 어용이다. 시자가 지부 단위에서 뭐 하려고 하
면 본조에서 브레이크를 자꾸 걸고, 그래서 좌절하고 그랬어요. 그러다가 분
신을 하게 된 거죠. 그 문제 가지고 한 1, 2년은 시자가 내가 있는 연구소로

자주 찾아 왔어요. 내가 특별한 경우에는 (노동경제신문 등에) 기고도 하고 그랬죠. 김시자 입장에서 "노동조합 민주화가 시급한 문제다." 이렇게 본거죠. 그래서 제가 김말룡 선생과 이 문제로 의논도 자주 하고, 시자랑 만나기도 하고 김시자 죽고 김 의원님하고 내가 제일 먼저 한일병원을 찾아갔죠. 지금도 죽기 전에 김시자가 나를 찾아와 이야기하던 모습이 눈에 선해요.(이광택 인터뷰, 2019. 10. 3)

당시 전력노조위원장은 최태일이었다. 당초 최태일은 정년은 1994년 3월까지였다. 하지만 최태일은 노조위원장을 계속하기 위해 자신을 비롯한 13명의 노조간부들에 대해 특별정년연장을 회사에 요구하여 얻어냈다. 이에 노조 내 민주파들은 '위원장 연임을 위한 특정인 정년연장'을 반대하며 농성에 돌입했다. 이 시기 김시자 위원장은 이러한 전력노조 내의 비민주적인 행태를 해결하고자, 1993년에 서초동에서 오픈한 산업사회연구소 이광택 소장과 김말룡 의원을 만나고 있었던 것이다.

특히 1994년 3월 31일로 정년퇴직하여야 할 본부위원장을 2년 1개월이나 노조 대표자로 계속 활동하게 하는 것은 "노조를 어용화 시키고 노동조합을 조직 또는 운영하는 것을 지배·개입한 부당노동행위"라고 주장하고, 서울지방노동위원회에 구제신청을 제기하였습니다. 그런데 서울지노위는 1994년 3월 4일 정년연장의 합의가 노동조합위원장의 요구에 의해 이루어졌기 때문에 부당노동행위가 아니라며 구제신청을 기각하였습니다. 그래서 나는 노동경제신문에 정년연장으로 인하여 3만여 명의 조합원이 선거권 등 행사와 노조업무 담임권 행사가 방해되어 부당노동행위가 성립된다는 취지의 판례평석을 기고하였죠.[2] (이광택 인터뷰)

1966년 4월, 전력노조 위원장 선거일이 다가오고 있었다. 당시 전력노조는 직선제가 아닌 위원장 간선제를 고집하고 있었다. 정년을 연장시킨 최태일과 이에 동조한 회사 측은 재선을 위한 공작을 펴고 있었다. 간선제이므로 대의원 선출이 무엇보다 중요했다. 이들은 지부의 대의원 선출권한을 가지고 있었던 민주파 지부장들을 제거하기로 하였다. 우선 최태일은 위원장 직권으로 조직분열행위를 했다며 노조 전임자 중 민주파 7명을 지위해제 시킨다. 그리고 회사는 민주파 지부장 2인을 징계했다.

최태일은 1월 12일 경주에서 열린 제54차 중앙위원회에서 무리수를 둔다. 지난 선거에서 자신에게 대항했던 광주전력지부 오경호 위원장과 전력노조의 민주화를 주장하는 한일병원지부 김시자 위원장에 대한 징계 건을 안건으로 올린 것이다. 김시자 위원장은 "징계는 부당하다. 이런 상태로 그냥 있으면 노조 민주화는 이루지 못한다"고 외치며 회의장을 뛰쳐나갔다. 잠시 후 김시자 위원장은 몸에 불을 붙인 채로 회의장으로 돌아왔다. 사람들이 경악하여 이리저리 뛰어다녔다. 화염에 휩싸였던 김시자 위원장은 곧바로 경주동국대병원으로 옮겨졌다. 이어 병원 측의 요구로 서울중앙병원(현 아산병원)으로 이송하였으나, 13일 새벽 숨을 거두고 말았다.

전력노조 故김시자열사분신대책위원회(이하 분신대책위)가 구성되어 13일 오후 추모집회를 개최하였다. 전력노조 민주파 조합원, 민주노총 간부, 철도노조민주화추진위원회, 한국통신노조 간부 등 200여 명이 참여하여, '어용노조 집행부 퇴진, 노조 전임자 축소 대' 등의 요구를 내세웠다. 이날 밤 최태일 위원장은 김말룡 국회의원과 노동부 근로감독관 입회하에 김시자 위원장의 죽음에 책임을 지고 집행부 총사퇴서를 작성하였으며, 조합원들 앞에 무릎을 꿇었다.(「민주노총20년 - 연표」, 22쪽)

대책위의 활동이 계속 이어지던 19일, 경찰은 아무런 통고도 없이 사복경찰 200여 명과 전경 2개 중대로 영안실을 침탈했다. 장례식장 뒤편, 지층으로 햇빛이 들어 올 수 있게 만들어 놓은 창문을 뜯어내고 들이닥친 경찰은 분신대책위 간부 6명과 노동자·학생 79명을 강제로 연행해 갔다.

> 운명하신 건 현대아산이었고, 곧바로 한일병원 영안실로 이동을 했죠. 그리고 하루 지나고 김말룡 의원이 소식 듣고 바로 오셨죠. 분향소 차려지고 거의 바로 오셨어요. 그 어려운 상황에서도 노동운동가답게 판에 대한 흐름을 읽어내고, 우리 노조의 상급단체인 한국노총이 그동안 어떤 역할을 했는지 가볍게 짚어 주시고는 한국노총을 대할 때는 적대적으로 대해야지 절대 끌려 다녀서는 안 되다고 말씀하셨습니다. 다행히 민주노조의 인사들이 많이 찾아왔고, 김시자 열사를 지지하는 시민사회 인사들이 찾아와 장례대책위를 수월하게 꾸렸습니다. 하지만 경찰이 장례식장을 침탈하고 가족들을 회유하여 가족장으로 장례를 치르고 말았습니다.(박인기 인터뷰, 2018. 7. 2)

경찰의 보호막 아래 가족장으로 치러지고 나자 대책위는 '전력노조민주화투쟁 결의대회'를 개최했다. 28일 종묘공원에서 전 조합원 결의대회가 개최되었고, 이 날 비상총회를 통해 '김시자열사정신계승 및 전력노조민주화추진위원회'(한전 노민추)가 결성되었다. 김시자 열사의 정신을 계승한 '한전노민추'는 이후 전력노조 민주화를 위해 노력하다가, 2001년 전력노조 제56차 전국대의원대회에서 수력원자력노조와 화력발전 5개 지부가 단일노조를 만들어 전력노조와 분리하기로 결의하고, 이후 민주노총 공공연맹을 상급단체로 하는 한국발전산업노동조합(발전노조)이 결성되었다.

당시 한일병원지부 부위원장이었던 박인기는 이후 김시자 열사에 이어 지부장이 되었고, 이를 그만둔 현재에도 '김시자열사추모사업회' 회장을 맡고 있다.

노동운동 관련단체 지원활동

정치인 김말룡은 노동자들을 직접 지원하는 일에도 나섰지만, 노동자를 지원하는 단체를 찾아 노동자들을 간접 지원하는 역할도 마다하지 않았다.

김말룡 선생을 처음 만난 게 천영세 선배가 화학노조에 있어서 중소사업장들 조직 많이 하고 해서 제가 있던 섬유노조보다 많은 활동이 있었어요. 그때 화학노조가 을지로 5가에 있던 지오세(JOC) 사무실에서 강연회를 개최한 적이 있는데, 김말룡 선생이 강사로 오신 거예요. 그래서 처음 인사하고 이야기도 듣고 했죠. 근데 전에 다른 사람들에게서 이 분은 완전 세게 한국노총하고 세게 각을 세워가지고 계속 투쟁하는 분이고, 그 이전에 이승만 치하에서도 전설 같은 분이셨다고 들었거든요. 그래서 제가 알고 있던 박현채 선생님처럼 호랑이 같은 분인 줄 알았어요. 그런데 직접 만나 보니까, 아 멋지고 점잖은 풍채 좋은 신사분인 거예요. 멋쟁이 이미지를 지닌 "아~ 저런 분이 그렇게 싸우셨구나." 그랬죠. 그 다음에 YH사건 나고, 광주항쟁 나고, 섬유노조에서 쫓겨나고, 그러다 다시 현장으로 내려가서 지하활동 하고 했으니까, 그 후론 김말룡 선생을 볼 일이 없었죠. 그래도 그때 인사를 해 놓으니까 면을 터 놓은 인연으로 전국노운협[3] 만들어지고 총회 같은 거 할 때 꼭 김말룡 선생을 모셨죠. 격려사 같은 거 해주시라고.(김승호 인터뷰, 2018. 9. 11)

현재 '전태일을 따르는 사이버 노동대학' 대표를 맡고 있는 김승호는 1990년부터 1993년까지 전국노동운동단체협의회(전국노운협) 공동의장을 맡고 있었다. 당시 그가 전국노운협 총회에 김말룡 선생을 모시려 하자, "한국노총과 관련된 분인데 모셔도 되겠냐?"며 물어오는 후배에게, "어차피 남쪽은 자본주의인데 뭐 대한노총 했던 분이라고 배척하고 할 입장이 아니다.

대한노총이든 전평이든 참 노동운동을 하던 분들을 우리의 전통으로 모시는 게 옳다"고 대답했다고 한다.

김말룡은 1993년 3월, 한국노동펜클럽KLP 회장을 맡는다. 한국노동펜클럽은 김말룡과 친분이 있는 전 노동부 장관 권중동이 '노동문제의 규명과 합리적 해소 및 조정을 목적'으로 1991년 8월 24일 창립하였고 초대 회장을 맡았다.

1993년 11월 20일 제가 서초동에 산업사회연구소를 오프닝을 했어요. 제가 외국생활 오래 하다가 1988년에 귀국을 해서 노동연구원 창립멤버로 들어가서 3년 가까이 일을 하다가 나왔거든요. 그리고 말하자면 독립된 연구소를 했죠. 제가 소장을 맡고 배병우 선생님을 회장으로 모셨어요. 그리고 창립식 때 김말룡 의원님에게 축사를 부탁드렸습니다. 그때 처음 김말룡 선생님을 만나게 된 거죠.(이광택 인터뷰)

현재 사단법인 한국ILO협회 회장을 맡고 있는 이광택 교수는, 배병우 교수를 산업사회연구소 회장으로 모시면서 배 회장과 친분이 있는 김말룡 의원을 만나게 된 것이다. 이후 김말룡, 배병우, 이광택 세 사람은 수시로 만나 만나게 된다. 이광택 교수는 1994년 초 '국회 노동위 돈봉투 사건'이 불거지게 되자, 이를 자신이 관여하고 있었던 『노동경제신문』과 『노사광장』 등의 잡지에 특집으로 보도하는 등 이 문제를 사회문제화 하는데 큰 역할을 하게 된다.

1995년 4월 28일 오후 4시 30분, 마침내 한국노동사회연구소 창립총회가 열렸다. 장소는 서울 마포구 공덕동 오거리에 있는 서울대 동창회관이었고, 130여 명의 발기인이 참석했다. 창립총회는 먼저 국민대 이광택 교수를 초빙하여 '노동조합의 정책활동'이라는 주제의 특별강연을 들었다. 이어 김진균 준비위원회 공동대표가 임시의장을 맡아 개회인사를 하고, 이돈명 변호사와 김말룡

민주당 국회의원이 축사를 했다.(한국노동사회연구소, 『한국노동사회연구소30년사』, 2018, 77쪽)

1986년에 설립된 한국노동교육협의회를 모태로 하는 한국노동사회연구소는 노동정책 연구와 노조간부 교육에 힘을 쏟았다. 또 독일의 프리드리히 애버트 재단의 후원을 받아 노조간부 강좌를 실시하기도 했다. 창립 당시 이사장은 김진균 교수였으며, 소장은 김금수, 부소장은 이원보가 맡았다. 김말룡은 고문을 맡는다. 한국노동사회연구소의 첫 사업이 김말룡의 의정보고서를 작성하는 일이었다고 한다. 김말룡은 1995년 4월에 창간된 월간지 『사람과 일터』의 고문도 맡았다.

국회노동위 돈봉투 사건

1992년 김말룡은 14대 국회의 전국구 의원으로 당선되자 노동위원회를 자원한다. 그러나 여야 원구성 협상은 연말 대선을 앞두고 있던 터라 무려 125일이 지난 10월 초에 가서 끝나게 된다. 4개월 늦게 개원된 국회에서 김말룡은 노동위에서 활동을 시작한다. 두 야당인 민주당과 통일국민당은 노태우 대통령의 민자당 탈당과 중립내각 구성이라는 양보를 받아냈다. 원구성은 법사위를 포함한 10개 상임위를 민자당이, 노동위를 포함한 5개 상임위를 민주당이, 통일국민당이 행정위와 동자위 2개를 가져갔다. 10월 2일, 원 구성을 마치고 활동을 시작한 노동위원회 위원장은 민주당의 변호사 출신 장석화 의원이 맡았다. 노동위원회는 1994년에는 '노동환경위원회'로, 1995년에는 현재의 이름인 '환경노동위원회'로 각각 명칭이 바뀐다. 후반기에도 김말룡은 환노위에서 활동했다.

노동부를 상대로 한 국감에서 민주당 의원들은 노동부의 노동관계법 개정 후퇴에 대해 따졌다. 김말룡 의원(전국구)은 "노동부가 노동법 개정문제를 내년으로 미루는 것을 기정사실화한 채 업무보고를 하는 것은 김영삼 대통령의 선거공약, 노동부장관의 수차례에 걸친 공언, 신경제 5개년계획에 노동법 개정을 포함한 사실 등에 비춰볼 때 잘못된 것"이라며, "노동법 개정을 내년으로 연기하려면 대통령이 직접 해명하든지, 국무회의에서 신경제 5개년계획에 대한 취소·변경 의견이 있어야 할 것"이라고 말했다. 신계륜 의원(성북을)은 "노동부에 설치된 노동관계법연구 소위의 작업이 국가예산의 뒷받침을 받아 운영되는 만큼 그동안 논의됐던 각

김말룡(전국구)	총액 492,223,000원 (438,796,000원)

▲본인 △자동차 쏘나타 6,000,000원 ▲배우자(박귀련) △주택 서울 성동구 구의동 217-21(대지 188.1㎡, 건물 79.8㎡) 280,223,000원 △자(김경수) △주택 서울시강동구 상일동 173 삼성빌라 1동(33평형) 165,000,000원 △자동차 콩코드 5,000,000원 △채권 사무실 임차금 25,000,000원 ▲자(김한수) △채권 전세보증금 16,000,000원 △주식 25,000,000원 △채무 -30,000,000원

한겨레신문 1993년 4월 7일자에 보도된 민주당 당무위원 재산공개 시 김말룡과 자녀 2인의 재산현황.

종 쟁점에 대한 소위의 연구 성과를 공개하라"고 촉구했다. 이에 대해 이인제 노동부장관은 "아직 문서로 보고받은 바도 없고, 결정된 내용도 없다"고 버티다가 신 의원의 추궁이 계속되자 "아직 공식적인 안이 마련되지 않아 공식보고는 어려우나 그동안 소위에서 논의됐던 쟁점사안과 주요활동을 정리해 보고하겠다"고 물러섰다.(한겨레신문 1993년 10월 5일)

1993년 14대 국회 전반기 마지막 국감이자 문민정부 첫 국정감사에서 하나의 사건이 불거진다. 당시 노동위 국감 증인으로 포항제철 부당행위와 관련한 정명식 회장 등 4명, 현대자동차 노사분규 관련 전서원 사장 등, 한국자동차보험(이하 '자보', 현 DB손해보험) 집단감원 관련 김택기 사장 등과 조폐공사 부당노동행위, 탄광 산재진폐, 범한전기노조 탄압, 지역의보 노조탄압, 씨티·웨스트팩은행 노사분규, 서울택시 교섭문제, 원진레이온

폐업문제 등 관련자 29명을 채택했다.

한국자보에서 부당노동행위가 문제가 된 게 작년 여름부터였어요. 회사 측에서 김준기 회장이 간부 연수 자리를 만들어 노조를 깨라고 역설을 한 겁니다. 그 뒤 1천 8백여 조합원들 중에서 1천명이 넘는 조합원들이 무더기로 조합을 탈퇴했습니다. 노조 측에서는 큰일 난 것 아닙니까? 첫 번째 문제가 생겼을 때는 해결이 되었는데, 지금까지 계속되고 있는 2차 사태 때는 회사가 계속 강경방침을 걸어 노조 측에서 농성에 들어갔습니다. 10월 14일 자보 사장을 증인으로 불러 질문을 하니 처음부터 거짓말만 늘어놓았습니다.(김명교, 「믿을 만한 일꾼, 김말룡 의원」, 『사람과 일터』 1994년 4월호)

국감이 끝나자, 민주당의 노동위 의원들은 '포철 정 회장은 불출석'으로, '자보 김 사장과 범한전기의 정 사장은 위증혐의'로 세 명을 고발하는데 의견을 모았다. 이들 중 자보의 김 사장은 "자보가 노조를 탄압하기 위해 백여 명이나 되는 노동자를 집단 해고했음에도 불구하고 정상적인 해고였다"고 주장했기 때문에 위증혐의를 받은 것이다. 민자당이 이에 반대하자, 장석화 위원장은 결론을 못 내리고, 민자당 간사 최상용 의원과 민주당 간사 원혜영 의원이 만나 양당 입장을 조율해서 처리하기로 한다.

그런데 석 달이 지나도록 간사들의 조율이 전혀 진행되지 않고 있었다. 이러한 상황에 대해 김말룡은 참기 어려운 분노를 느꼈다고 한다. 자보와 범한전기 두 사장의 위증혐의는 여야의 의견 차이가 있어 조율이 어렵다 치더라도, '포철 정 회장의 불출석'은 명백한 국회법 위반이므로 여야 합의조차 필요 없는 사안이었다. 김말룡은 장석화 위원장을 찾아가 "포철 정 회장만이라도 위원장 직권으로 고발하라"고 요청했다. 국회법에서는 "증인의 불출석과 허위진술이 있을 경우에는 위원장 명의로 고발한다"고 규정하고 있었다. 이렇게

장 위원장과 고발 건으로 대립하고 있는 사이에 사건이 하나 생겼다.

지난해(1993년) 11월 12일 밤 11시께 귀가해보니 과일 바구니와 쇼핑백이 있었다. 과일 바구니는 배달된 것이었고, 쇼핑백은 평소 등산을 같이 다녀 안면이 있던 자보(한국자동차보험)의 박장광 상무가 놓고 간 것이었다. 쇼핑백을 열어보니 도장이 여럿 찍힌 누런 봉투가 들어 있었다. 봉투를 뜯어보니 하얀 봉투가 나왔는데, 그 속에 돈으로 짐작되는 네모꼴 물체가 들어 있었다. … 다음 날 돈을 돌려보냈다. 돈을 돌려준 3~4일 뒤 만났을 때 박 상무는 세 번이나 "다른 의원은 다 받으시는데 왜 그러시느냐"고 말했다.(문정우, 「노동운동가의 '이유있는 반항'」, 시사저널 1994년 2월 10일호)

등산을 통해 친분이 있는 박 상무가 잘 봐달라고 찾아온 것쯤으로 취급했던 김말룡은 장 위원장이 너무나 소극적으로 나오자, 박 상무가 한 말 중에 "다른 의원들은 다 받으셨다"라는 대목이 떠올랐다. 그래서 고발에 대해 소극적인 노동위 위원들의 태도가 자보 측으로부터 뇌물을 받았기 때문이라고 판단했다. 돈 봉투를 열어보지는 않았지만, 우선 봉투 크기가 돈보다는 큰 수표 크기 정도가 됐고, 만약 백 만원 짜리 수표라면 백장 정도 들어 있는 것으로 보였다. 그렇게 되면 약 1억 원씩을 노동위원들에게 돌린 셈이 되는 것이다. (「한겨레신문」, 1994년 2월 8일)

노동위만 그런 것이 아니었다. 고발 건으로 김말룡과 장 위원장의 갈등이 계속되자, 1월 7일에 열린 민주당 확대간부회의에서 '장 위원장 명의로 고발하자'는 김말룡의 의견대로 결정이 됐다. 그런데 열흘이 지난 17일 열린 최고회의에서 '민주당 노동특위 위원장인 김말룡 의원 명의로' 고발하자며 번복된다. 김말룡은 "국회 쪽 일을 어떻게 당 특위에서 나서서 고발을 하냐."며 다시 논의해 달라고 요구했다. 하지만 당에서도 더 이상 논의가

김말룡 평전

진행되지 않았다. 김말룡은 이러한 국회와 당의 흐름이 자보의 뇌물 때문이라고 결론내리고, 돈 봉투 전달사건을 폭로하기로 결심한다.

김말룡 의원은 말한다. "자동차보험의 국회 로비 돈 봉투사건은 단순한 노동위원회 로비사건으로 보아서는 안 된다. 이는 우리 한국정치와 국회의 국정운영 현실이다. 따라서 국회 돈 봉투사건으로 해석되어야 한다"고 주장했다.(「김말룡 의원, 그는 누구인가」, 『노사광장』 1994년 3월호)

세칭 '국회 돈봉투 사건'은 한 의원이 대기업으로부터 뇌물공세를 받고 거절한 단순한 일과성 사건이 아니다. 돈봉투 속에 든 '돈의 액수가 얼마였는가?'라든가 뇌물공세의 고발로 인해 '동료 의원들에게 누가 끼쳐졌는가?'하는 등의 주변적 관심은 이 사건의 본질과 거리가 먼 것이다. 노동자 단결권의 문제, 재벌그룹 소속의 대기업 한국자동차보험 경영인이 저지르는 부당노동행위의 문제, 노동부의 노동행정 집행상의 문제, 국회 상임위원회인 노동위원회 감사기능상의 문제, 그리고 검찰수사의 철저성의 문제, 재벌과 권력의 유착 등 복잡다단하며, 그 하나하나가 모두 중요한 사안들이 이 사건을 통해서 한꺼번에 드러난 것이다.(김말룡, 「국회 돈봉투사건의 진상은 이렇다」, 『노사광장』 1994년 4월호)

요즘으로 치면 '국정농단사건'이 터진 것이다. 그러나 국정농단을 저지른 인물들은 부인으로 일관했다. 최상용 민자당 간사는 "김말룡을 무고죄로 고발하자"고 까지 했다. 김말룡을 증인으로 세우자는 주장으로 노동위 회의가 공전이 되기도 했다. 1월 28일 노동위에 나온 자보 측 김택기 사장, 이창식 전무, 박장광 상무를 증인으로 불러 추궁을 했지만, 그들은 이미 말을 맞춘 듯 "과일바구니는 줬지만 돈 봉투를 전달한 적은 없다"고 부인했다. 김말룡으로서는 이들이 두 번째 허위진술을 한 것으로 볼 수밖에 없었다.

결국 김말룡의 주장대로 노동위는 2월 4일, 자보와 범한전기의 사장을 위증혐의로 고발했다. 하지만 끝내 국감에 불출석한 포철 정 회장은 고발하지 않았다. 검찰은 수사를 통해 자보가 290여억 원의 비자금을 조성했음을 밝혀냈다. 그리고 김택기 사장은 국감 위증혐의로, 이창식 전무와 박장광 상무도 위증 및 뇌물혐의로 구속되었다.

그러나 4개월여에 걸친 검찰의 수사에서 밝혀진 것은 아무것도 없었다. 위증혐의로 고발당한 김택기 사장은 3월 30일 무혐의로 석방되었다. 돈 봉투를 전달한 혐의와 관련해서도 자보가 비자금을 조성한 사실만 밝혀냈을 뿐 어떻게 사용되었는지는 아무 것도 밝히지 못했다. 다만, 박장광 상무가 개인 돈 1백만 원을 김말룡에게 전달하려 했다고 진술한 점만 인정됐다. 검찰의 조사 결과와는 달리 노동계와 시민사회의 반응은 대단했다.

끊임없이 쏟아지는 편지, 전보, 그리고 전화, 소위 '국회 노동위 돈봉투 사건' 으로 유명해진 김말룡 의원(67세)의 서울 구의동 집에는 전국 각지, 각계각층에서 보내오는 격려의 말들로 북새통을 이루고 있다. 심지어 한밤중이나

한겨레신문 1면을 장식한 돈봉투 사건 기사

새벽녘에도 수시로 전화를 해 '꿋꿋이 소신을 지킬 것'을 당부하는 이도 한 둘이 아니었다. '정의의 노老투사' '개혁정치의 선봉장'… 이번 사건이 있고 난 후 김말룡 의원에게 붙은 수식어들이다.(『여원』 1994년 3월호, 박귀연 인터뷰)

검찰의 무성의한 수사결과 발표가 끝나자, 시민사회단체가 나서서 3월 31일 김승훈 신부, 정윤형 교수, 김동완 목사, 김금수 노동교육협회 대표 등 130여명이 '국회 노동위 돈 봉투사건과 한국자보 부당노동행위 진상규명을 위한 시민연대'를 결성하고 한국자보 임원 고발과 거리 서명에 들어갔다. 시민연대 기획위원 박석운은 "일본 내각이 붕괴하게 된 결정적인 동기도 뇌물사건에 대한 일본국민들의 고발운동이었다"며 "검찰이 정치권의 눈치를 보며 수사의지가 없는 뇌물사건에 대해 시민운동차원에서 법적으로 대처해 나갈 생각"이라고 밝혔다.(「한겨레신문」, 1993년 4월 16일) 4월 22일부터는 한국자보 노조간부 10여명이 노총회관 6층에서 무기한 단식농성을 시작했다.

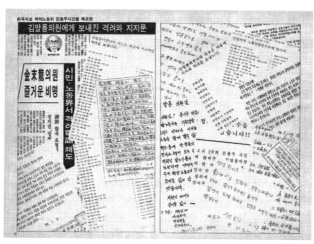

시민사회가 보낸 편지와 격려 글들… 선거자료 중에서

국회의원들이 생각하는 사건의 핵심은 두 가지였다. 자보간부 고발과 김 의원의 명예훼손 건이 그것이다. 의원들은 이 두 가지 핵심문제가 모두 종결됐다고 보고 있다. 즉 김 의원이 당초 돈 봉투 얘기를 꺼낸 이유는 부당노동행위에 대해 위증으로 일관한 자보간부들의 고발을 촉구하기 위한 것이었는데, 결국 노동위가 자보간부들을 고발했으니 됐다는 얘기다. 그리고 명예훼손 건은 윤리위에 상정, 충분한 심사를 거쳐 기각키로 결정했으니 문제의 돈 봉투 사건은 모두 종결됐다는 게 의원들의 주장이다. 그러나 유감스럽게도 많은 국민들의 눈에 비친 돈 봉투 사건의 실체는 그런 게 아니었다. 혹시 의원들이 '더러운 돈'을 받고 재벌의 반사회적 행위를 눈감아 주지 않았는가 하는 의혹이었다. 그런데도 남은 것은 위증고발과 명예훼손 기각뿐, 정작 돈 봉투문제는 온데간데없다. 수사를 벌인 검찰도 자보가 비자금을 조성했다는 데까지만 밝혔을 뿐, 그 돈이 어디로 갔는지에 대해서는 말이 없다. '돈봉투사건'은 결국 실종되고 만 셈이다.(한겨레신문 1994년 5월 13일 「흐지부지된 '돈봉투사건'」)

2월 9일, 김말룡은 경실련이 주는 '시민이 주는 정의의 꽃다발'을 받기도 했다. 노동계와 시민단체들의 후원은 쇄도했지만, 김말룡은 돈 봉투 사건이 터지면서 동료 의원들과의 관계가 불편해졌고, 등산 멤버인 박광장 상무 등과도 소원해져 인간적으로 힘든 시간을 보내야 했다. 그러나 '어려운 일을 해냈다'는 자신감에 오히려 마음이 편해졌다.

2차 '꼬마민주당'

1995년 6월 27일, 제1회 전국동시지방선거가 실시됐다. 선거는 김영삼의 민자당, 김대중이 없는 이기택의 민주당, 김영삼에 반발하여 민자당을 탈당한

김말룡 평전

정의의 꽃다발을 받는 김말룡 의원(한겨레신문 1994년 2월 9일)

김종필의 자유민주연합 등 3파전으로 치러진다. 선거 결과 민자당은 광역자치 단체 15개에서 5석을 얻는데 그쳤으며, 광역의원, 기초단체장 선거에서 야당에 참패를 당하였다. 민주당이 지방선거에서 대승을 거두자, 1992년 대선 패배 후 은퇴했다가 1994년 말부터 정계복귀 가능성을 흘리고 있던 김대중 아태평화재단 이사장은 그해 7월 정계복귀를 선언한다.

민주당 대표최고위원 이기택은 크게 반발하였고, 9월 김대중은 민주당 소속 국회의원 65명을 탈당시켜 새정치국민회를 창당하게 된다. 민주당은 97석에서 37석으로 쪼그라들고, 전국구였던 김말룡은 잔류할 수밖에 없게 되었다.(전국구 의원은 탈당하면 의원직이 박탈된다) 이렇게 90년대 정치사에 등장하는 두 번의 '꼬마민주당'은 YS와 DJ라는 계파정치 보스들의 입김에 의해 만들어졌다.

Q. 민주당을 고수하게 된 이유는 무엇입니까?

작년 8월 분당하고 국민회의에서 같이 하자고 했지만, 당시는 15대 국회에 불출마를 결심했기 때문에 가서 할 일이 없다고 생각했다. 분당한 데 대해

도저히 이해할 수 없었고, 명분도 없었다. 이후 당에서는 출마하도록 적극적으로 권유했고, 마침 노동권에서 밀어붙인 시기와 맞아 결국 민주당에 남았다. 공천마감 날 신청서를 내라고 해서 냈다. 경합자가 있어 아직 조정이 안 되고 있지만 잘 될 거다. (문정우, 김말룡 인터뷰, 『사람과 일터』 1996년 3월호)

이 인터뷰에서 김말룡은 "당선되면 4년간 노동계의 포로가 되고, 낙선되면 해방된다"라는 기분으로 출마를 결심했다고 말했다.

그때 왜냐하면 DJ가 들어 와서 말하자면 민주당을 분당시킨 거 아니야. 사람들이 분당에 대해서 굉장히 비판적으로 보고 있었지. 그리고 DJ는 김말룡 선생한테 계속 같이 가자고 설득을 하고 있었는데 김말룡 선생이 대답을 안 하고 있었던 거야. 우리도 사실 거기 가는 거는 안 맞다, 남들처럼 줄 서서 가면 안 된다, 그래서 기성 보수 정치인들처럼 줄 서는 정치가 아니라, 노동자들 힘으로 가야한다, 그래서 노동자의 힘으로 국회의원을 만들자, 이렇게 된 거지. 그때 같이 이야기했던 사람들이 이광택, 양길승, 양재덕 선배 그리고 나였지. 그때 김말룡 선생하고 가까이 지내던 선생이 잘 챙기던 사람들하고 의논해서 선생을 출마시키자 이렇게 이야기가 된 거야. (박석운 인터뷰)

비례대표 한 번만 하고 나오시기는 아깝다. 노동자 편에서 유일하게 불철주야 활동하셨는데 그냥 이걸로 임기 끝이다 하는 건 너무 허전하다. 역할을 지금 접을 때가 아니다. 이렇게 설득한 거지. 9월 9일 추석명절을 지나며 박순희, 박석운, 이광택 등은 추석 인사 차 구의동 자택을 방문하여 출마를 강력하게 건의하였지. 본인 안 하겠다는 걸 억지로 우리가 떠민 거고. 지역구 결정한 것도 우리였지. 대우자동차가 공장이 있어 노동자 밀도가 제일 높은 곳으로 인천광역시 계양구·강화군갑 선거구를 택한 것이지. (이광택 인터뷰)

1996년 15대 총선을 앞두고 김말룡은 국정 경험을 토대로 의원직을 그만 두고 나면 또 다른 무엇인가를 준비하려 했다. 그러나 노동법 개정, 민주노총 토대구축 등 노동계의 중요 과정을 거치면서 노동계는 노동자 출신 국회의원 한 명이 간절하던 때였으므로 1995년 10월경, 김말룡의 의사와 상관없이 그의 재선추진위원회가 꾸려졌다.

재선추진위에는 김금수(한국노동사회연구소장), 박영기(서강대 경영대학장), 권영길(민주노총 위원장), 박인상(금속노련위원장), 천영세(전국연합 공동의장), 이병태(한양대 교수), 양길승(성수의원 원장), 양재덕(인천연합 의장), 이총각(전 동일방직 노조위원장), 오순부(인천 원로노동운동가), 배석범(민주노총 정치위원장), 허영구·김영대(민주노총 부위원장), 권용목(민주노총 사무총장), 단병호(금속연맹 위원장), 김유미(병원노련 전위원장), 허장·김국진(사무노련 공동위원장), 양경규(전문노련 위원장), 이형모(언론노련 위원장), 박태주(공공부문노조대표자회의 의장), 정해숙(전교조 위원장), 최동식(인천지역노조대표자회의 의장), 이온구·김종렬(대우자동차노조 전 위원장), 전재환(대우중공업노조 위원장), 박남수(구의원), 변승호(진도노조 부평지부장), 유덕상(한국통신노조 위원장), 전영일(KBS 노조위원장), 석치순(전지협 의장), 이재승(기아자동차 노조 위원장), 이수홍(태평양노조 전 위원장), 박순희(가톨릭노동사목전국협의회 의장), 정인숙(전태일기념사업회 집행위원장), 윤명선(전태일기념사업회 사무국장), 이석행(월간 『사람과 일터』 대표), 박석운(노동정책연구소장), 장영길(전해투 의장), 박표균(전해투 집행위원장) 등 43명이 참여하였다.(민주화운동기념사업회 자료)

재선추진위원회가 꾸려졌지만, 불출마를 주장해왔던 김말룡은 두 달이 지난 12월에 가서야 출마를 결심했다. 민주당과 새정치국민회의로 분열된 상태에서도 인천 계양·강화(갑)에 출마할 결심을 한 것은, 그곳이 신설지역구 인데다가 현역 의원이 출마하지 않는다는 점도 있었고, 둘째로 '인천북구청 세금도둑사건'으로 지역 유권자들이 '부정부패를 척결할 수 있는 후보'를 간절히 원하고 있었다는 점, 셋째 계양구에 공장이 많고, 또 인천공단의 배후지역이어서 노동자들이 많이 살고 있었고, 또 경인고속도로에 근접해 있어 서울로 출퇴근하는 직장인들이 다수 거주하고 있는 점이 유리하다고 보았다.

2월 14일, 통합민주당(2차 꼬마민주당)은 인천 계양·강화갑의 김말룡 의원을 비롯하여 신규조직책 44명을 확정하여 발표했다. 통합민주당은 이로써 253개 지역구 중 181곳의 조직책 인선을 마무리했다. 그러나 15대 국회의원 선거결과 통합민주당은 11.2% 득표을 얻어 15석을 얻는 데 그쳤다. 김말룡도 새정치국민회의 이기문 후보에게 패하고 만다.

김말룡 의원 재선추대위가 1995년 10월경에 꾸려지고 김 의원의 동의를 얻어 내기까지 약 2개월의 시간이 흘렀다. 그러나 후보 수락이 있은 뒤 곧 일을 시작해야 할 선거대책위 실무진 구성이 되지 않아 상당한 시간을 허비했고, 이를 해결하기 위한 몇 차례의 관계자 회합이 있었으나 고민만 컷을 뿐 역시 사람은 찾지 못했다. … 동지들 대부분이 선거업무에 문외한인데다가 조직적 결의나 결속력이 매우 낮은 이유도 있었고, 상호간에 잘 알지 못하는 낯설음이 일 자체보다 더 큰 불안과 부담이 되었기 때문이다. … 전체 인원으로는 약 80여명(동책 이하 유급운동원 제외)이 참여하였으나, 현지 출신은 고작 16명에 불과해 지역주민과의 조직적 결합에는 한계가 있을 수밖에 없었다. … 다양하게 조직계통을 갖추었으나 현지인의 참여가 양질 면에서 충족되지 못함으로써 선대본 구성은 원칙적으로 실패했던 것이다. 특히 선대본에 임명된 현지 출신 간부들과 기존의 기획팀 간에 이심전심으로 일할 수 있는 분위기도 아니어서 우호적 관계임에도 부구하고 팀워크의 일체감을 이루지 못한 아쉬움이 있었다. 결론적으로 민주당 계양·강화(갑)지구당 김말룡 후보 선거대책본부는 외인부대 연합사령부에 불과했기 때문에 각자의 위치에서 최선을 다

했지만 성과를 얻기에는 역부족이었다. 또 내부적으로는 운영상 시행착오가 있었고, 기대했던 노동자들의 조직화가 이뤄지지 않았다. 이러한 것들이 선거실패의 주요한 요인 중의 하나라고 할 수 있다.(민주화운동기념사업회, '김말룡 관련 보관 사료')

선거 패인은 첫째로 후보의 결심이 늦어지는 바람에 현역 의원으로서 가질 수 있는 프리미엄을 제대로 활용하지 못했으며, 둘째로는 인력과 자금난으로 추대위 8차 회의에 가서 '선대본'이 아닌 '선대본 구성 대책반'이 겨우 만들어졌으며, 셋째로는 그로부터 두 달여 시간이 더 흘러서 3월 12일에 가서야 선대본이 정식 출범한 것 등이 있다. 또 선거운동원 중에 현지인들이 적어 '외인부대 연합사령부'로 선거를 치른 점도 들 수 있다.

당시로서는 노동진영에서 국회의원 선거 경험을 가진 실무진이 없었다. 그러다 보니 좌우충돌할 수밖에 없었다. 아직 '노동자 국회의원'의 출현은 이른 것이었다. 노동자 국회의원이 지역구 선거에서 처음으로 당선된 것은 2004년 17대 총선에서 민주노동당 후보 권영길(경남 창원을구)과 조승수(울산 북구)였다. 이 선거에서 민주노동당은 13.03%의 지지를 받아 8명의 비례대표 국회의원을 배출할 수 있었다.

돈을 모자라는 판이니까 ㅇㅇㅇ이 주선을 해가지고 후원금을 받아 온 거야. 이거 뭐 꼬리표 붙은 것도 아니고 하니 받으시라고 한 거지. 그때 나도 돈이 쪼들릴 때거든, 그래서 "뭐 우리가 그냥 유용하게 잘 쓰면 되지 않습니까"라고 했더니만 김말룡 선생이 손을 딱 잡으면서 "박 동지! 다른 방법으로 돈을 만들 수 있을 겁니다. 나중에 꼭 문제가 됩니다." 이 양반이 수십 년 간 운동을 해오면서 그걸 아시는 거야. 나는 그때 굉장히 편의적으로 생각했었지. 나도 어린 시절이었던 셈이지. 역시 운동 오래하신 분이라 그런지, 그런 점은 아주 냉철하시더라고. 꼬리표는 안 달렸는지 모르지만 그게 어디 그냥 준다고 하겠어? 뭔가 대가를 바라는 돈이지. 언젠가는 돈 주려했던 사람(집단)이 이 돈을 빌미로 청탁이 들어올 거야. 딱 그걸 경험적으로 예측하시고 거부하신 거야.(박석운 인터뷰)

한 가지 패인(?)인 것이다. 김말룡은 국회의원 시절에도 돈 봉투사건에서 보았듯이 뇌물이나 부정한 돈은 일체 금지했다. 불리한 선거판에서도 자신의 의지를 굽히지 않았다. 그것은 오랜 운동의 경험을 토대로 한 것이다. 감언이설에 속아 뇌물을 받았다가 무너진 동지들을 너무도 많이 보아왔기 때문이었다.

어찌했든 김말룡은 국회의원 임기 4년 동안 자신이 할 수 있는 모든 일을 했었다. '우공이산'이라는 말처럼 누가 뭐래도 노동자를 위해 끊임없이 움직였다. 자신의 안일보다는 노동자를 위해 국회의원으로서 할 일을 다 했다. 그러다 보니 노동자들은 국회의원이라 부르기보다 '말룡이 성님'이라 부르기를 선호했다.

노동법 개정

1996년 초 김영삼 대통령은 4월 총선을 앞두고, 김종필이 탈당하고 영원한 맞수 김대중이 신당을 창당한 상황이어서 매우 불리한 상황이었다. 김영삼은 추락한 지지도를 회복하기 위해 당명을 '신한국당'으로 바꾸고 자신의 대선공약인 노동법을 개정하겠다는 소문을 내기 시작한다.

당시 노동부장관은 진념이었다. 진 장관도 "현행 노사관계법은 세계화, 민주화 추세에 맞춰 손질할 부분이 많이 있다"라며 노동법을 개정할 예정이라고 밝혔다. 그러면서 "그러나 아직까지 노사관계가 안정되지 못하고 노사 간에 각각 자기 주장만 내세우고 있어 법 개정 분위기가 성숙되어 있지 않다"며,

법 개정을 한다면 "그동안 논란이 되어온 복수노조 금지조항 등 집단적 노사관계법뿐만 아니라, 변형근로시간제 도입 등 개별적 노사관계법도 함께 손질해야 할 것"이라고 밝혔다.(「한겨레신문」, 1996년 2월 25일) 노동계의 요구사항과 더불어 사용주들의 요구사항도 반영하겠다는 정도의 양시론적 입장만 밝힌 것이다.

어찌했든 당시 노사정 관계자들은 1996년 하반기에 노동법 개정이 추진될 것으로 예상하고 있었다. 그리고 3월이 되면서 노동부는 ILO로부터 '민주노총을 인정하라'는 권고를 받았다면서, "현행법에서 복수노조를 금지하고 있어 불가능하지만 곧 법 개정을 통해 문제를 해결할 수 있을 것"이라고 밝힌다.(「매일경제」, 1996년 3월 14일)

노동법 개정문제는 4월 총선을 거치면서 더욱 본격화되었다. 당시 민주노총에서는 총선후보자들을 대상으로 설문조사를 했다. 조사결과 설문에 응답한 251명(전체 후보 1,389명)중 94.4%가 민주노총 합법화(복수노조금지조항 철폐)에 찬성했으며, 3자개입금지 조항 삭제에는 88.8%, 노조의 정치활동 보장은 92.8%, 공무원 및 교사의 단결권 보장은 80.1%, 공익사업장 직권중재조항 삭제는 80.5%가 찬성한 것으로 나타났다. 이 조사에 응한 후보는 민주당 79명, 새정치국민회의 60명, 자민련 36명, 신한국당 24명, 무소속 52명이었다.(「한겨레신문」, 1996년 4월 7일)

4월 11일의 15대 총선에서 총 299석 중 139석을 얻은 김영삼 대통령은 한발 더 나아가 4월 24일 '신노사관계구상'이라는 자유주의적 노동개혁의 이념적 지표를 제시하고, 5월 9일 노동법개정안을 마련할 대통령 자문기구로 '노사관계개혁위원회'(노개위)를 구성한다. 위원장에는 현승종 전 총리, 부위원장에는 대한변호사회 이세중 전 회장, 상임위원에는 서울대 경제학과 배무기 교수가 각각 임명된다. 그리고 위원으로 양 노총과 경총 추천 인사를 포함한 각계 30여 명이 위촉된다.

노개위의 출발점은 과거 군사정부에 의해 삽입된 노동기본권 침해조항을 삭제함으로써 군사독재의 잔재를 청산하고, 국제노동기구ILO, 국제연합UN, OECD 등이 제시하는 기준과 규범을 준수하여 노동탄압국의 불명예를 씻자는 것이었다. 그러나 당초 문민정부는 경제위기극복을 위해 '신경제 100일계획'과 '신경제5개년계획'을 잇달아 발표하고 이를 통한 경쟁력 강화를 위해 노사의 고통분담을 기조로 삼았으며,[4] 이러한 분위기를 이용, 정부와 재계는 노동시장 유연화를 위한 법적 제도적 장치를 마련하려고 하였다. 그럼에도 불구하고 정부가 입장을 선회하여 당시 노사개혁을 추진한 데에는 현실적 이유가 있었다고 보인다.[5]

노개위는 5개월간 14차 회의를 진행하며 '노동관계법 개정요강'을 만들어냈다. 하지만 민주노총에서는 "사용자 쪽이 복수노조 금지 등 국제적 규범에 맞지 않는 악법 조항조차 부대조건을 걸어 물러서지 않고, 정리해고제 등 개별 근로관계법 개악을 고집함에 따라 합의도출이 무산됐다"며 향후 긴급중앙위원회를 열어 노동법 개정투쟁을 벌이겠다고 밝혔다.(「한겨레신문」, 1996년 9월 20일) 이후 민주노총은 10월 1일에 열린 노개위 9차 회의부터 불참하고, 노동법개악저지투쟁(노개투)으로 방향을 바꾸게 된다.

이 시기 김말룡은 민주노총의 지도위원으로 있었다. 앞에서 민주노총 천영세 지도위원의 증언도 있었지만, 장례식 당일 촬영된 영상에도 같은 이야기가 나온다.

김말룡 선생은 우리들의 영원한 스승이며 동지입니다. 선생께서는 돌아가시기 8시간 전에 민주노총 임원회의에 지도위원 자격으로 참석하시어 그 자리에서 노동법 개정투쟁의 중요성을 가장 힘주어서 역설한 바 있습니다. 저희들이 고인께 배울 점은 헌신과 열정이라고 생각합니다. 선생께서 살아 계실 때는 밤 열두시든 새벽 두시든 가리지 않고 노동자가 부르면 언제나 전국

어디든지 달려가 함께 분노하고, 함께 뭉치고, 함께 손잡고 했습니다. 우리들은 선생님의 뜻을 이어받아 헌신과 열정으로서 노동해방을 앞당기는 것만이 보답하는 길이라고 생각합니다. 다시 한 번 고인의 명복을 빌면서 당신이 남기신 유지를 받들어서 우리 함께 글자 그대로 산자가 뒤따라 갈 것을 결의했으면 합니다.(권영길, 장례식 영상 인터뷰)

김말룡은 사망하기 전날인 10월 2일에도 민주노총에서 열린 노동법개정 대책회의에 참석했다. 이 자리에서 민주노총은 노개위로부터 철수를 결정하고 권력과 자본의 노동법개악 움직임에 경고를 가하자 독점자본과 청와대 경제수석실, 재정경제원, 통상부, 심지어 중립성을 강조했던 노동부까지 언론을 매개로 '국가경쟁력 강화론'을 내세우며 자본이 요구하는 개별적 노사관계법의 대폭적인 수용을 전제로 한 노동법개정을 강력히 시사하였다.

노개위의 활동이 유명무실화된 가운데 민주노총은 11월 10일 노동자대회에 약 10만여 명이 모여 노동법이 개악될 경우 총파업도 불사할 것이라고 발표하였고, 이로부터 이틀 후 한국노총도 동일한 결정을 내렸다. 11월 10일을 기점으로 민주노총 산하 338개 노조 268,444명이 쟁의발생 신고를 하고 314개 노조 266,542명이 쟁의행위 찬반투표에 참여하였다.(『민주노총 20년사』, 47쪽)

자유주의적 '신노사관계구상'의 제도적 표현이었던 노개위는 노사의식과 협상문화의 정착을 차기과제로 설정하며 노동법개정의 무대에서 사라졌고, 11월 13일에 이수성 국무총리를 위원장으로 하는 14개 부처 장관으로 구성된 '노사관계개혁추진위원회'(노개추)가 최종적인 법 개정의 추진자로 등장하였다. 12월 3일에는 노개추의 이름을 건 정부의 노동법개정안이 발표되었는데 노개위 공익위원들이 제출한 개정안보다 한참 후퇴한 것이었다. 이때부터 한국노총도 공개적인 개악반대 투쟁을 벌인다. 12월 9일 비상임시전국대의원대회를 개최하고 총파업을 결의한 한국노총 박인상 위원장은 11일부터 단식농성에 들어갔다.

96년 3월 정기대의원대회에서 새로 한국노총 위원장으로 당선된 박인상은 '현장과 함께 강한 노총건설'을 표방하며 한 걸음 더 민주노조진영 쪽으로 접근한다. 그는 지속적인 노총 개혁과 노동계 통합을 강조했으며, 그때까지 한국노총이 견지해오던 입장을 바꾸어 복수노조 금지조항의 철폐를 공식 결의했다. 처음으로 민주노총을 인정한 것이다. 이런 가운데 고 김말룡 의원 사회노동장을 민주노총과 공동으로 치르면서 양대 노총은 대중적 공조의 길을 텄다. 한국노총 내부의 이런 개혁 움직임은 96년 말 김영삼 정권이 노동법개정안을 날치기 통과시켰을 때 그에 맞서 민주노총과 공동투쟁을 벌일 수 있었던 배경이 되었다.(『금속노조운동사』. 141쪽)

개악된 노동법은 김말룡 사후인 같은 해 12월 26일 새벽 국회를 통과한다. 야당의 강력한 반대로 국회통과가 어렵게 되자, 신한국당 의원들은 심야에 영등포에 모여 버스를 타고 국회로 들어와 야당 의원 몰래 국회 본회의장에서 개악노동법과 안기부법을 날치기로 통과시키게 된다. 노사의견이 크게 갈린 상태에서 특히 쟁의행위 중 대체근로허용 부분이라든지 공익사업의 범위 및 직권중재의 대상을 정한 부분 등은 매우 충격적으로 받아들여졌다. 또한 즉시 허용키로 하였던 상급단체의 제2노조 허용을 3년 유예하는 내용도 포함되어 있었다. 양대 노총은 예고한 대로 총파업을 시작했다.

4단계에 걸쳐 진행된 민주노총 총파업에는 531개 노조, 404,054명이 한 번 이상 참가하였다. 파업참여 누계는 3,422개 노조, 조합원 387만 8,211명이며, 1일 평균으로 163개 노조, 조합원 18만 4,498명이 파업에 참가하였다. 또한 전국 주요도시에서 30회 이상의 대규모 집회가 개최되어 연인원 150만 명에 이르는 노동자와 시민이 가두집회에 참가하였다.(「민주노총20년 연표」, 48쪽)

한국노총에서도 12월 27일까지의 1단계 총파업에 553개 노조 16만여 명이 참여했으며, 2단계 총파업을 선언한 1월 14일에도 전국 25개 지역 동시집회에 25만 명이 참석했다. 그리고 1월 26일, 역사상 처음으로 민주노총과 한국노총이 '날치기 노동법 안기부법 무효화와 민주적 노동법 개정을 위한 전국노동자대회'를 공동으로 개최한다.

이에 반대하여 촉발된 사상초유의 정치파업은 세계를 놀라게 했다. 노동부의 집계에 의하더라도 파업개시 26일 만에 연인원 500만 명의 노동자들이 파업이 참가하였고 참가노조 수에 있어서도 사상 최대 규모였다. 결국 이듬해 1월 21일 열린 청와대 영수회담에서 김 대통령은 노동법의 국회재론을 약속함으로써 국민적 저항에 굴복하고 말았다.[6]

극한으로 치닫던 총파업 정국은 재개정 국면으로 전환되었으며, 노동법은 여야 협상테이블에 오르게 되었다. 1997년 3월 13일 기존의 법을 폐지하고 여야합의로 노동관계법을 다시 탄생시키게 된다. 이 과정에서 노조법과 노쟁법은 「노동조합 및 노동관계조정법」(노조법)으로 통합되었고, 노협법은 「근로자 참여 및 협력증진에 관한 법률」(근참법)로 이름이 바뀌었으며 노위법도 일부 개정되었다.

김말룡 사후인 1997년 1월 14일, 양대 노총은 두 손을
꼭 잡고 공동투쟁을 선언한다(한겨레신문)

'제정'의 형식으로 재개정된 노동법은 유일노조 강제조항과 관련 상급단체의 경우는 조직대상을 같이하는 제2노동단체의 즉시 허용으로 '민주노총 합법화의 길'이 열렸고, 노조가 정치에 참여할 수 있게 되어 '국민승리21(이후 민주노동당)의 창당근거'가 만들어졌다. 그러나 쟁의행위 중 당해 '사업'의 근로자에 의한 대체근로를 허용하였고, 또한 파업기간 중의 임금지급 요구를 금지하였다. 노조전임자 임금지급 금지규정을 두었으나 사업장 단위 복수노조 허용과 마찬가지로 5년간 그 시행을 유예하였다. 날치기 근로기준법법에 삽입되었던 사업의 양도·합병·인수를 경영상 이유에의 해고요건인 간박한 경영상의 이유로 본다는 규정도 삭제되었다. 그러나 이 조항은 IMF 관리체제에 들어간 1998년 3월 1일, 다시 살아난다.

그러나 1997년 겨울 이래 국제통화기금(IMF)의 관리를 받으면서 '명예퇴직', '정리해고', '비정규직', '손배가압류' 등등 '제정' 노동관계법의 내용을 무색케 하는, 노동자를 사지로 몰아넣는 신조어들이 탄생했다.

노동계의 큰 별, 황혼에 지다

1996년 10월 3일 오후, 김말롱 선생이 별세했다는 청천벽력과 같은 소식이 각계에 전해졌다. 사인과 시간을 두고 새벽 등산 중에 심정지로 운명했다는 말도 있었고, 점심식사를 마치고 헤어졌는데 바로 부음을 들었다는 증언도 있다. 장례식 보도자료는 그날의 경위를 아래와 같이 기재하고 있지만, 이 내용도 정확치는 않다.

김말롱 전의원(14대 민주당 전국구)이 10월 3일 별세했다. 올해 69세인 김 전의원은 평소 매우 건강한 체질로 노익장을 과시했는데, 이날 워커힐 뒤 아차산을 조카(김정열)와 함께 등반도중(16:30분경) 정상부근에서 갑자기 심장마비를 일으켜 풍납동 소재 서울 중앙병원으로 급송하였으나, 같은 날 오후 17:30분경 끝내 숨을 거두었다. 고인은 전날(10월 2일) 민주노총 투쟁본부 회의에서 밤 10시까지 각 단사 위원장들과 함께 노동법 개정문제와 관련한 회의를 갖기도 하였다

하지만, 이 보도자료 내용도 정확한 것은 아니다. 장남 경수 씨는 심장마비를 일으킨 시간은 오후 1시와 2시 사이라고 말한다. 점심때 아버지가 아차산 등반을 하려는데 그때 찾아온 손자뻘 친척간(조카가 아니고)인 김정열 씨가 찾아와 같이 산행에 나섰으며, 심정지 상태가 되자 급히 119를 불렀는데, 그 도착시간이 4시 30분경이고, 병원으로 이송하여 사망한 시간이 보도자료처럼 오후 5시 30분이었다는 것이다. 높은 산도 아니고 뒷산 야트막한 곳. '명산 백 개를 올랐다'해서 백산회 회원일 정도의 건강한 몸이었는데 가벼운 새벽 등산에 심장마비가 오다니. … 부음 소식을 들은 이들에게는 믿어지질 않았다.

96년 10월 3일이에요. 제가 한국노총 조직국장 때예요. 저는 일원동에 살았었는데, 제 차가 까만 코란도 지프차였어요. 그날 제가 운전을 하고 올림픽대로를 달리고 있었는데, 내 차 앞에 청소차량으로 보이는 차에서 건축물 폐자재로 보이는 뭔가가 떨어져 나와 내 차 유리창에 부딪친 거죠. 게다가 지프차라서 일반 승용차보다 앞 유리가 경사각도가 없어요. 정면으로 부딪친 거죠. 차 유리가 쫙 금이 가더라고요. 꼭 총알이 날아오는 것 같은 느낌이었죠. 위치도 내 얼굴에 미간쯤이어서 순간적으로 찌릿한 느낌도 들었어요. 앞차는 이런 상황을 아는지 모르는지 그냥 가버리고 큰 사고로 이어지지는 않았지만, 뭔가 불길한 예감이 있는 거예요. 어, 그런데 노총에 출근하자마자 김말룡 선배님이 돌아가셨다는 거예요. 참 당황스러운 순간이었습니다. (이용득 인터뷰, 2019. 11. 20)

이용득은 장례위원회의 재정위원회를 맡아 장례비용 전체를 관리했다. 믿기지 않은 소식을 들은 사람들은 유해가 있는 풍납동 서울중앙병원(현 서울아산병원)으로 달려왔다. 장례식 명칭을 '노동운동가 故 김말룡 선생 민주사회장'으로 정했고, 장례위원회 조직에 착수했다.

고문: 권처흥, 이소선, 최용수, 이찬혁, 김동인, 김규벽, 정헌주, 박종근, 권중동, 이헌기, 박수근, 배병우, 양재삼, 전무배, 김자동, 탁희준, 김윤환, 남상헌, 천영세, 김진균, 구중서, 신경림, 김태봉, 고 은, 이효재, 이우정, 이수금, 장진호, 정원찬, 김종순, 박형규, 조용술, 지 선, 한용희, 김승훈, 김대중, 조세형, 이기택, 김원기, 이돈명, 유현석, 이세중, 최승학, 김수한, 이병태, 정동호, 박홍섭

공동위원장: 이창복, 박인상, 권영길
부 위 원 장: 양재덕, 박순희, 윤순녀, 양길승
호   상: 김금수, 박영기, 남구복
집행위원장: 이광택, 이주완, 권용목
집행부위원장: 박석운
홍보위원회: 박순희, 윤명선, 김순희
치산위원회: 김진한, 홍바오로, 조상현, 김재수, 김정열, 박찬영
의전위원회: 문국주, 박인도, 박래군, 최병준, 정연경
운구위원회: 이상현, 장성환, 신언직, 이병우
재정위원회: 이용득, 정길오, 최대열, 곽노승
총무위원회: 이석행, 유제운, 이계환, 김학철
대외협력위원회: 유상덕, 유경석
문예위원회: 최준, 김영만, 이은진

유족위원회: 오창래, 김진환, 김오연, 김재수

장례위원 : 한국노총, 민주노총, 노동단체, 농민단체, 전국연합, 시민단체,
종교, 보건의료, 빈민, 법조, 청년, 언론·출판, 유가협, 민가협,
교육, 문화·예술, 정치, 학술, 여성, 인천 계양 등 소속 인사 5백여 명

　　사망하던 그해 6월경 김말룡은 특별한 수술을 받았다. 혈관성형술을 시술
받은 것이다. 이 시술은 '심장으로 가는 혈류가 감소되어 가슴 통증'이 올 때
일종의 가느다란 관인 '스텐트'를 좁아진 혈관에 삽입하여 혈류가 원활하게
흐르도록 해주는 시술이다. 그러나 일반 수술보다 효과가 좋다는 것뿐이지,
완벽하게 치료는 아니었다. 그러나 당시만 해도 획기적인 시술법이라 그 위험
성을 몰랐다. 김말룡은 평상시처럼 안심하고 지내다가 관이 다시 막혀 그날
심정지로 우리 곁을 떠나게 된 것이다. '스텐트 시술'이 아닌 일반수술을 받았
더라면 다시 막힐 수 있다는 위험성을 알고 더 조심했을 텐데 … 그랬더라면
이리 급하게 우리 곁을 떠나지 않았을 수도 있었는데 … 지금도 지인들의 가
슴 한쪽에 남은 회한이다. 그가 누워있는 서울중앙병원 영안실에는 그를 추모
하는 발길이 끊이지 않았다.

명동성당에서 열린 장례식

10월 7일, 오전 8시에 발인식이 진행되었고, 오전 10시 명동성당에서 김수환 추기경의 주례와 김옥균 주교, 최창무 주교(당시 노동사목위원장), 그리고 도요안 신부 등의 공동 집전으로 장례미사가 봉헌됐다. 김수환 추기경은 강론을 통해 "평생 이 땅 노동자의 권익을 위해서 헌신하신 대표적인 노동운동가이십니다. 해방 후 지금까지 험난한 가시밭길을 지내오며 노동자들과 함께 고초를 겪어 오셨습니다. 이제는 자신의 목숨까지도 노동자의 권익을 수호하는 일에 아낌없이 바쳤습니다. 이제 김말룡 선생은 한국노동운동사의 지울 수 없는 큰 발자취를 남기신 분이 되셨습니다"며 고인의 죽음을 애도했다.

마지막 기억은 장례식이야. 너무 갑자기 돌아가셔서 경황이 없었지만 그래도 뭔가 해드리고 싶은 생각이 간절한 거야. 그래서 전해투가 마지막 가시는 길에 뭔가 해드려야 한다고 이야기를 하고, 수많은 조화가 장례식이 끝나면 버려지잖아. 조화에 있는 꽃들로 꽃차를 만들어 드리자 그랬어. 아마 노동계 인사 장례식에서 꽃차가 만들어진 것은 그때가 처음이었을 거야. 그러다 보니 꽃이 부족하더라고. 그래서 서울시내 대형 장례식장을 찾아다니며 부족한 꽃을 얻어 오기도 했지.(안경호, 조수원추모모임 좌담회 발언)

오전 11시, 명동성당 입구에서는 민주사회장 노제와 영결식이 열렸다. 이 자리에는 공동위원장인 이창복(전국연합 상임의장)과 권영길(민주노총 위원장) 등 각계인사 3백여 명이 참석했다. 민주노총 권영길 위원장은 "노동자들의 스승이자 동지인 선배님, 어떻게 이렇게 훌쩍 가실 수 있답니까? 늘상 노동법 개정을 주장하시던 분이 이제 노동법 개정이 본격화되고 있는 이 상황에서, 선생님의 돌보심을 갈망하는 우리들을 두고 이렇게 황망히 가실 수 있답니까?"라고 애도하며, "돌아가시기 8시간 전에도 민주노총의 지도위원으로 민주노총 노동법 개정투쟁회의에 참석하시어 독재정권이 망가뜨려놓은 노동법을 바로잡아야만 노동운동이 바로 설 수 있다고 강조하셨습니다"라며 추모하였다.

김말룡은 "노동법을 바로잡으라"는 '유언'을 남겼다. 미국 노동당의 창당 멤버인 토니 마조치Tony Mazzocchi(1926~2002)와 비견되었던 김말룡, 그는 '진짜노동자'였다. 선생의 장례미사가 열린 명동대성당에서 김수환 추기경은 "한평생 헌신적으로 노동운동을 하며 살아온 고인의 뜻을 이어받자"라며 고인을 추모하였다.

마석모란공원이 그의 영원한 안식처가 된 데에는 이유가 있었다.

처음에는 유족들은 천주교묘지로 모시려 했죠. 그런데 이창복 선생님(장례공동위원장)이 "노동자들을 위해 헌신하다가 열심히 사셨다 가신 분인데 당연히 전태일을 비롯한 노동열사들이 있는 모란공원에 모셔야 한다." 이렇게 말씀하시는 바람에 모란공원으로 가게 되었지요. 잘 모셨지요. 거기 얼마나 위치가 좋아요. 햇빛 잘 들고 … 두 번인가, 세 번인가, 서울교구 신부님이 미사를 해주셨어요. 그 다음서부터 서울교구 노동사목 신부님이 해주시고, 외국인 신부님이 오셔서 하신 적도 있었습니다. 그렇게 10여년 미사를 드리다가 어느 순간부터는 미사는 안 드리고 이제는 기일에 맞춰 선생님을 기억하는 사람들이 모여 묘소에서 참배하고 있지요.(앞의 이총각 2차 인터뷰)

하관식은 이광택 교수의 사회로 진행되었다. "장례기간 동안 애도해 주신 여러분들에게 감사드립니다. 아버님이 남기신 유지는 우리 가족들만의 힘으로는 감당할 수 없는 일입니다. 장례기간 함께 해주신 모든 분이 나서 주신다면 우리 가족들도 작은 힘이나마 보탤 것입니다. 다시 한 번 아버님의 장례를 무사히 마치게 도와주신 모든 분에게 감사드립니다"라는 장남 경수의 유족인사를 끝으로 그의 영원한 안식처 한 평 무덤 안에 흙이 뿌려졌다.

"사기꾼들과 어울리지 않았으며 음흉한 자들과 벗하지 않았습니다. 악인들의 모임에는 끼이지도 않았고 나쁜 자들과 함께 앉지도 않았습니다."(시편 26장 4~5절)

김말롱 선생의 평전을 쓰는 중이었던 2020년 3월, 나는 두 아이를 둔 40대 가장의 장례식에 갔다. 고인은 경마기수 문중원이었다. 장례식은 그가 사망한 지 무려 99일이 지나서야 치러졌다.

그가 스스로 목숨을 끊은 후 온 사회가 들끓었다. 그가 폭로한 한국마사회의 비리와 기수를 상대로 한 갑질에 분노한 것이다. 이미 그처럼 젊은 기수 일곱 명이 저세상으로 떠난 상황이었다. 그의 아내는 슬퍼할 새도 없이 남편의 죽음의 정당성을 찾기 위해 단식까지 했다. 결국 마사회는 사죄를 했고, 함께 '진상규명과 책임자 처벌, 재발방지'를 약속했다.

이날 나는 그곳에서 김말롱 선생을 떠올렸다. '말롱 성님'이 살아있었더라면 대책위에 줄곧 머물면서 고인의 가족을 위로하며, 그 자리에 함께하는 노동자들을 격려하고 계셨을 것이다. 또 사건 즉시 마사회 회장을 찾아가 "이 죽음의 행렬을 어찌 막을 것이냐!"며 탁상을 치며 죽음에 사과하고 대책을 내놓으라고 소리쳤을 것이다.

선생이 가신지 스물네 해가 지났다. 그러나 세상은 크게 변한 것이 없다. 지금도 한 해에 2천 4백여 명의 노동자가 산업재해로 죽는다. 선생이 그토록 염원하던 노동자가 대접받는 세상은 아직도 멀고 험하다. 선생 같은 결기의 노동운동가, 당찬 정치인은 과연 없는가? 한국노총위원장 출신 이용득 전 국회의원은 증언한다.

그 전에도 이름은 들어서 알고 있는데, 한국노총 선배들에게 김말룡에 대해 물어봐도 아무도 답을 안 해요. 그러다가 금융노조의 한 선배가 말해 주는데, "나는 개인적으로는 존경하는데, 시대를 너무 앞선 간 사람이다. 내가 세 번 정도를 만났는데, 그리고 나면 바로 중앙정보부에서 찾아온다. 그리고는 무슨 이야기를 했냐며 따져 묻는다. 그리고 나면 다시는 만날 생각도 못하고 이름도 거론하기가 힘들어진다"는 이야기를 하더군요. … 돈봉투 사건이 나고 선배와 안면을 텄는데, 그 뒤로 국감이 다가오면 저보고 노동계 현황자료를 보내 달라고 해요. 그때 섬뜩한 거죠. 자료를 드렸다가는 선배들 이야기처럼 저에게도 공안기관 요원들이 찾아와 "무슨 자료를 줬냐?"며 따지면 어떻게 하나하고 움츠러드는 거죠. 다행히 시대가 70년대 같지 않아서 그랬는지 기관에서 찾아오지는 않더라고요.

이용득 전 의원의 증언처럼 김말룡 선생의 시대는 억압과 폭력으로 가득 차 있었다. 김말룡은 그 시대를 어떻게 이겨낼 수 있었을까? 한국노총 홍보실장을 역임했던 조성준 전 국회의원은 다음과 같이 증언한다.

옛날에는 노동조합의 총본산인 위원장을 뽑을 때 기관에서 다 개입을 했잖아요. 그래서 대의원들이 지방에서 올라올 때부터 버스나 기차에 함께 태워 가지고 관리를 해요. 잠도 함께 재우고, 어떤 경우는 뭐 일체 외부에 나가지 말고 안에서 쉬게 하고, 다음 날 대회장에 데리고 가서 자기들이 원하는 방향 쪽으로 투표를 하게 했죠. … 한번은 김말룡 선생이, 노총위원장 선거를 하는데 아마 그 투개표 결과를 발표하는 의장자격이었던 것 같아요. 여론이나 여러 지표조사를 통해 본인이 당선될 줄 알고 있었는데, 발표할 결과용지를 보니까 의외로 생각지도 못한 사람이 당선된 투표결과가 올라오니, 당연히 조작된 거라고 생각하고는 의장석에 앉아 있던 선생이 발표를 안 하고 짝짝 찢어서 입안에 털어 넣고 "이거는 무효다!" 그리고 걸어 나가셨다고 합니다. … 그분을 쳐다보면 참 산 같아요. 산! 몸집도 크시고 얼굴도 약간 가무잡잡하시고 뭐 이목구비가 그냥 부리부리하신 분이신데 … 그래서 확 터진 산 같이 마음이 아주 넓으시고, 원칙은 서있지만 아주 관대하시고 훌륭한 선생님이셨죠. 그런데 하여튼 배짱은 비교할 수 없을 정도로 두둑하셔서 원칙과 결합이 되니까 과감한 행동을 하셨던 것 같아요.

김말룡 평전

김말룡은 권력자들에게는 단호했지만, 노동자들 앞에서는 아주 관대한 사람이었다. 국회의원 시절에는 노동자들의 주례도 많이 맡았다고 한다. 콜트악기노조 방종운 전 지부장의 증언이다.

결혼식 날, 식장인 계양구청 강당을 점검하기 위해 나는 일찍 갔다. 그런데 웬일인가, 결혼 사진을 찍기로 한 이 형이 카메라를 안 가지고 왔다. 신랑은 자신을 무시한다며 화를 냈고, 준비한 사람들의 성의는 아랑곳없이 결혼식을 안 하겠다고 한다. 살아온 삶이 너무나 힘들었던 신랑의 마음에 자격지심이 발동했던 것이다. 그래서 신랑을 설득하고 있는데 그사이 김말룡 선배님 내외분이 도착하신 거다. 그래서 잠시 신랑 설득은 미뤄두고 김말룡 선배에게 "처음 하다 보니 준비가 덜 되어 당황하고, 그래서 좀 어수선 하네요. 이해해 주십시오"라고 말하니 김말룡 선배는 별다른 핀잔 없이 인자한 웃음으로 답했고, 그제야 안심하고 신랑을 설득. 사진기를 근처 사진관에 가서 빌려와 결혼식을 무사히 마치게 되었다.

선생의 평생의 반려자였던 박귀연 여사는 첫 부부동반 여행이자 첫 해외여행 이야기를 전해준다.

독일로 가서 우리가 유럽을 15박16일로 돌았거든. 그때 안 갔으면 같이 여행 간 것도 없어. (가이드가) 불란서 어느 공원에서 휴식시간을 한 시간 줬어. 내가 휴식시간에 하도 할 이야기가 없어서 "내 생일이 언제냐?"고 물어보니까. "그러니까는 보자 … " 그러더니 한 시간쯤 지났을까, 어쩐 일인지 내 생일날을 말해요. 그래서 기억해 낸 게 고맙기도 했는데, 그리고 나서 이후로는 생일을 챙겨 주는 일이 없었어요. 생일날 아침에 미역국 끓이고 밥해 줘도 "이거 왜 이렇게 많이 줘?" 하지 생일인 줄 몰라요. 맨 날 바깥일 생각만 하는지 …

오래 살다 보면 부부 사이에도 생일을 챙기기도, 못 챙기기도 한다. 박귀연 여사의 이야기는 아내로서의 서운한 마음보다는 선생의 노동자들을 위한 가파른 일상을 에둘러 들려주는 일화일 것이다. 1996년, 선생의 장례식에서 젊은 시인 신동호가 올린 추모시 「아버지의 아침」의 한 구절이다.

나보다 남을 먼저 챙기며 더 나은 세상을 향해 사는 것
그것은 어쩌면
자신에게 가장 가까운 사람들의 희생과
어려운 생활을 남기는 일일는지 모릅니다.

2018년 '고 김말룡 선생 22주기' 묘역 참배를 마치고

김말룡 평전

시인의 시선은 선생을 보낸 안타까움에 더해 부인 박귀연과 어린 자식들에게도 머물렀다. 이제 구순을 바라보는 박귀연 여사는 아직도 남편이 그립기만 하다. 3년 전에 인터뷰를 했는데, 이제야 선생의 평전이 나온다고 하니, "뭔 책이 그리 늦게 나와요?" 볼멘소리를 하신다. 책으로나마 먼저 간 남편과 만나고 싶은 마음에서일 것이다.

이 글의 맨 앞, 도요안 신부가 선생의 1주기 추모자료집에서 인용한 시편의 구절을 본받아 김말룡 선생은 69년을 살아왔고, 마석모란공원묘원 민족민주열사묘역의 '勞動運動家松巖金末龍(이냐시오)先生之墓'라는 18 글자로 그 삶을 마감했다.

그의 곁에는 전태일을 비롯한 앞서 간 수많은 노동자들이 함께하고 있다. 그들 모두 선생의 주변에 옹기종기 모여들어 혹한의 현실을 살아가는 오늘의 노동자들을 걱정하고 있을 것이다. 평전 집필의 무거운 짐을 내려놓으면서도 마음은 더욱 더 무거워진다.

주 석 ENDNOTES

1 프랑스의 노동조합 지도자(1879~1954). 프랑스노동총동맹(CGT)에 가입, 활약하였는데, 1909년부터 38년간 서기장을 지냈다. 제1차 세계대전을 통하여 '계급협조주의자'가 되었다. 국제노동기구(ILO) 창설자의 한 사람으로, 국제노동조합연맹(IFTU) 부위원장을 지냈다. 제2차 세계대전 중에는 독일군에 체포되어 종전 때까지 수용소에 갇혀 있었다. 전후에도 CGT 서기장, 세계노동조합연맹(WFTU) 부위원장을 지냈으나, 1947년 석탄파업을 중심으로 한 대파업을 계기로 공산당 지도하의 총동맹을 탈퇴하고 새로이 반공적인 '노동자의 힘(CGTFO)' 파를 창설하여 서기장이 되었다. 1949년에는 국제자유노동조합연맹(ICFTU)의 지도자의 한 사람으로 프랑스 노동운동 우파의 장로였으며, 1951년 노벨평화상을 받았다.

2 광복 직후 남한에 진주한 미군청의 최고 자문기관으로 과도정부 수립 촉진이라는 사명을 띠고 1946년에 설치되어 주한미군사령관 하지(Hodge, J. R.) 중장의 자문역을 수행하였다. 정부 수립을 목적으로 좌익계열을 제외한 인물들이 참여하였고, 의장, 부의장, 총리 각 1명과 의원 23명을 두고 활동하다가 1948년 해산하였다.

3 1945. 9. 1, 건국준비위원회(약칭 건준) 부위원장이었던 안재홍(安在鴻)은 점차 좌경화되어 가는 건준조직에 불만을 품고 중앙집행위원회 개편 때 부위원장직을 사퇴하고 조선국민당을 창당하였다. 같은 해 9월 24일에는 사회민주당, 자유당, 민중공화당, 근우동맹, 협찬동지회 등의 군소정당을 흡수, 통합하여 당명을 국민당으로 개칭, 재창당의 형식을 취하였다.

4 한국독립당. 1930. 1. 25. 이동녕, 안창호, 김구 등 26인이 독립투쟁전선 통일과 지방파벌 청산이란 목적 하에 상해에서 결성한 대한민국 임시정부가 여당. 설립할 당시 조소앙의 삼균주의를 당의 정의 및 강령으로 채택하였고, 덕분에 한국독립당은 주의와 정강을 갖춘 정당으로서 반일적 민족운동과 무력적 파괴운동을

투쟁방식으로 하는 혁명적 정당의 성격을 띠게 되었다.

5   1945. 9. 16, 천도교기념관에서 고려민주당(8. 18, 원세훈 등이 창당), 조선민족당
    (8. 28, 조헌영, 조병옥 등의 고려민주당계와 김병로계, 신간회 경성지회계, 이인계 등
    이 발기), 한국국민당(9. 2, 백남훈, 장덕수, 윤보선 등이 조직), 국민대회준비회, 충
    칭임시정부 및 연합군환영준비위원회가 모여 창당하였다. 약칭은 한민당이다.
    사실상 민주당계 정당의 뿌리격이다. 미군정의 실질적 여당으로 초기에는 한국
    독립당과 대한민국임시정부에 우호적이었으나, 임정 계열에서 한민당 당수 송
    진우와 장덕수를 연이어 암살하면서 관계가 악화되었다. 1947년 6월 이승만의
    단정수립에 적극 찬성하였으나, 1948. 8. 15 내각에서 배제 당하자 야당화되었
    다. 1949. 1. 26, 대한국민회, 대동청년단과 통합하여 민주국민당을 창당함으로
    써 흡수 해체되었다.

6   1945. 12. 14, 이갑성(李甲成)을 중심으로 한 정당통일기성회와 김여식(金麗植)
    중심의 정당합동준비위원회가 합류하여 서울기독청년회(YMCA)회관에서 결성
    되었다. 이 정당은 고려사회민주당, 조선혁명당, 조선민주당, 농민당, 조선해방
    동맹 등 22개 정당의 합동으로 이루어졌다.

7   우익정당의 통합운동은 한국민주당이 불참한 상태에서 임시정부 계승자였던 한
    독당이 안재홍이 이끄는 국민당, 이갑성이 이끄는 신한민족당을 1946. 4. 18, 흡
    수 통합하는 선에서 끝났다.

8   1946년 일제의 수탈을 방불케 하는 미군정의 불합리한 식량징수정책에 반대하
    는 파업이 9월 24일 철도부문 4만 명을 시작으로 전평 산하 각 산별노조가 참여
    하여 총파업으로 치닫는다.

9   대한민청(대한민주청년동맹)의 오기. 수백여 개의 우익 청년단체가 활동하던 중
    1945년 12월 21일 대한독립촉성전국청년총연맹으로 정리되었다. 그 뒤 1946년
    봄 대한민청으로 나머지 단체들도 통합되었다. 1946. 4. 9, 종로 YMCA 강당에
    서 고문 신익희, 회장 유진산, 명예회장 이승만, 김구, 김규식, 감찰부장 김두한을
    선임하고 정식 결성, 활동하였다. 우익청년단체로서 좌우합작운동 방해, 좌익 정
    치인 테러, 반(反)대한민국임시정부 인사 테러 등을 주도하였다.

10 조선민주애국청년동맹의 약칭. 남로당 산하의 청년단체이다.

11 약칭 민자통. 사회대중당 등 혁신계 정당과 종교 청년 등 사회단체가 1961. 2. 25.

결성한 통일운동 전선체조직.

12 일제경찰 자료들은 조선공산당의 분파를 이론파와 비이론파로 구분하였는데, 이른바 회요파, ML파 등이 전자에 속했고, 서울파, 상해파, 이르쿠츠크파 등이 후자에 속했다.

13 1947. 7. 5, '시공관사건'으로 명목상 해산한 대한민주청년총동맹의 후신이다. 반공투쟁 일선에서 적극 활동을 벌이다가 대동청년단과의 통합문제로 통합찬성파와 반대파로 분열되어 진통을 겪는다.

14 10월항쟁은 9월 총파업에 가담한 노동자들의 농성을 군·경이 무차별 폭력 진압한 것에 항의하는 근중집회에서 경찰이 발포해 사상자가 발생함으로써 촉발되었다. 항쟁은 대구에서 시작되어 남한 곳곳으로 번졌다. 2010년 '진실화해위원회'는 9월 총파업으로 촉발된 대구 '10월(인민)항쟁'에 대해 진실규명 결정을 내리고, 국가에 대해 신청인 5명을 포함한 60여 명의 민간인 희생자에 대한 위령·추모사업과 관련기록의 수정 등의 사항을 건의한 바 있다. 매년 7월 31일 '10월항쟁유족회' 주최로 가창댐 수변공원에서 위령제가 열리고 있다.

15 1950년 9. 28 서울수복 후 대한노총을 재편하는 과정에서 신설된 것으로 조광섭·주종필·정대천·김영주 등이 위원이었다.

2장

1 김지태는 이승만에게만 당한 것이 아니었다. 1962년에는 쿠데타를 일으킨 박정희에 의해서 부정축재 혐의로 구속이 되고, 석방조건으로 자신이 사장으로 있던 부산일보와 부산문화방송 및 부일장학회 소유의 부산 시내 땅 100,147평을 강제 헌납하게 된다. 박정희는 이를 가지고 5.16장학회를 만들었고, 그 후계자인 박근혜는 비명에 죽은 박정희와 육영수를 위로한다며 부모의 이름을 한자씩 따 '정수장학회'로 이름을 바꾸었다.

2 1952. 5. 25의 계엄령선포로부터 같은 해 7. 7의 제1차 개정헌법 공포에 이르기까지 임시수도 부산에서 일어난 일련의 정치적 소요 사건.

3 1946. 10. 9, 이범석이 미군정의 전면적인 후원을 받으며 조직한 우익 청년단체.

4 1955. 2. 17, 기획처를 개편하여 발족되었다가 1961. 5. 25, 건설부로 개편.

5   당시의 노동쟁의조정법 제8조(노동조합의 명의사용 제한)는 노동조합을 조직한
       노동자가 쟁의행위를 할 때는 조합원의 직접무기명투표에 의하여 과반수로써
       결정하지 아니하면 노동조합의 명의로써 쟁의행위를 할 수 없다.

6   경남 울주군 청량면 출신. 1954년 부산 부두노조위원장으로 선출되자 상급조직
       인 전국자유연맹이 대한노총과 통합하여 전국부두노조가 대한노총의 핵심세력
       으로 성장한다. 그리고 1958년에 대한노총 위원장으로 선출된다. 이 과정에서
       그는 부패한 사조직과 밀착되었으며, 자유당의 보호 아래 권력 남용과 비리를 저
       질렀다. 1960년 4월혁명이 일어나자 대한독립촉성전국노동총동맹과 김기옥에
       대한 노동계의 분노가 폭발하였다. 부산에 있던 김기옥의 집은 성난 노동자들의
       습격으로 파괴되었으며, 부산 부두노조에서는 수습위원회가 만들어져 김기옥
       세력을 축출하기 위한 투쟁을 강력하게 전개하였다. 김기옥은 정화위원회를 만
       들어 저항했지만, 부산 부두노동자의 강력한 반발과 저항에 부딪혀 결국 부산 부
       두노조에서 손을 떼게 되었다.(『부산역사문화대전』)

7   TUC는 1868년에 결성된 영국노동조합회의(Trades Union Congress)이다.
       TUC의 주요목표는 조합원들의 직업을 보호하고, 의회입법에서 노동계급의 일
       반이익을 대표하는 것이다.

3장

1   그 후 1994년 「근로자의날제정에관한법률」이 개정되어 기념일이 5월 1일로 환
       원되었으나, 명칭은 여전히 '근로자의 날'이다. 유럽·중국·러시아 등은 5월 1일
       을 노동절로 기념하고 있고, 영미권에서는 5월 1일이 아닌 다른 날을 '노동자의
       날'로 지정한 경우가 많다. 이름은 대체로 Labor(Labour) Day인데, 미국에서는
       9월 첫째 월요일을 Labor Day로 기념한다. 노동절이 5월 1일인 기원 자체가 미
       국에서 터진 헤이마켓 사건 때문인데, 미국에서는 국제노동운동과 미국 내 노동
       문화의 연결고리를 자른다며 일부러 날짜를 옮겼다. 그러나 미국도 1886년 9월
       5일 대규모 노동자 집회가 열린 것을 시초로 삼았으며, 최초로 노동절을 공휴일
       로 만든 것은 오리건 주라고 한다. 그 후 1894년에 일어난 대규모 철도노동자들
       의 파업에 충격 받은 미국정부는 노동절을 연방공휴일로 만들었다. 그때 영향이

커지던 인터내셔널 계통과 연계를 피하려고 기원을 끼워 맞춘 것이다. 캐나다는 미국과 같고, 호주는 주마다 다르지만 3월이나 10월 중 하루를 노동자의 날로 지정했으며, 뉴질랜드는 10월 넷째 주 월요일이다. 영국은 5월 첫째 주 월요일을 노동자의 날로 지정해 쉰다.

2 전진한은 1951년 12월, 부산의 조선방직 쟁의를 계기로 이승만의 대변인격인 강일매와 대립한 이후 이승만과 결별했다. 1952년 제2대 국회의원, 1954년 제3대 국회의원이 되었다. 1955년 이승만의 독재에 반대하며 노농당(勞農黨)을 창당하여 위원장이 되고, 1958년 국가보안법개악반대투쟁위원회, 1959년 민권수호국민총연맹과 전국공명선거추진위원회 등의 재야세력과 정치활동을 함께 하였으며, 같은 해 민족주의민주사회당을, 1960년 5월에는 한국사회당을 결성하였다.

3 1987년 유월항쟁이 막을 내린 7월부터는 노동자들이 민주노조건설, 임금인상, 근로조건 개선 등을 요구하며 격렬한 민주화운동을 전개한다. 7·8·9월 대투쟁에서 노동자들이 주로 요구한 것은 8시간 노동, 노동악법 개정, 노동3권 보장, 자유로운 노조결성 보장, 블랙리스트 철폐, 생존권 보장, 작업조건 개선, 저임금 개선 등이었다. 이와 같은 요구사항들은 노동자대투쟁이 기본적으로 경제적 민주화운동이었다는 것을 보여준다. 노동자대투쟁의 결과로 1987년 12월 말 기준 노동조합이 4,103개(1986년 2,675개), 조합원은 1,267,457명(1986년 1,035,890)으로 증가했고, 1987년에 일어난 노동쟁의 3,749건 중 3,341건이 7·8·9월에 발생했다.

4 1924년에 세워진 일본 최초의 서양식 소공연장. 이 극장은 조선·중국 등에 영향을 주었다. 우리나라에서도 스키지소극장이 세워지기 몇 해 전에 그와 비슷한 연극운동이 일어났다. 1920년 봄에 동경에서 조직된 극예술협회의 연극운동이다.

5 10년간 한국노총 정책연구실장을 맡았으나 입장 차이로 물러난 김금수가 만든 조직이다. 그는 이후 한국노동사회연구소 이사장, 노사정위원회 위원장, KBS 이사장을 역임했다.

6 5·16 쿠데타세력이 국가재건최고위에서 제정한 반공법(1961년 7월 3일)을 보면, 제9조(법적용의 배제)에 "이 법 또는 국가보안법의 죄를 범한 자에 대하여는 노동쟁의조정법 제13조의 규정을 적용하지 아니한다"라는 내용이 들어있다. 김말롱이 이 점을 문제 삼은 것이다.

7 1963년 1월 1일의 국가재건최고회의 민간인 정치활동 재개 허용을 말한다. 1961년 쿠데타로 정권을 잡은 박정희는 5월 22일 국가재건최고회의 포고 제6호를 통해 모든 정당과 사회단체를 해산시킨다. 포고 제6호의 내용은 "모든 정당·사회단체는 단기 4294년(서기 1961년) 5월 23일을 기하여 이를 해체한다. 단, 정치성이 없는 구호단체, 학술단체 및 종교단체, 기타 국가재건최고회의에서 별도 허가하는 단체는 소정의 절차에 의하여 재등록을 단기 4294년 5월 31일까지 실시하라"는 것이었다. 포고 제6호는 1963년 12월 17일 제3공화국이 수립되면서 폐지되었다. 1962년 3월 16일 제정된 정치활동정화법에 따라 정치인들은 정치정화위원회의 적격판정을 받아야 정치활동을 할 수 있었는데, 첫 판정 결과 1336명만 심사를 통과했다.

8 위 노동조합법 제3조 5호의 신설을 말한다.

9 1987년, 근로자들의 7·8월 대투쟁 후 근로자들의 민주노조 창설 움직임은 어느 때보다 강력하였고, 한국노총에 대한 어용성 시비도 강력히 주장되었다. 이러한 흐름 속에서 복수노조금지 조항의 폐지가 논의의 초점의 하나로 부각되었음에도 불구하고 1987. 11. 28 개정의 결과는 오히려 "기존 노동조합과 조직대상을 같이 하거나"라는 규정이 추가되어 제2노조의 출현 가능성이 원천적으로 봉쇄되었다. 1997년에 제정된 「노동조합 및 노동관계조정법」에서는 복수노조의 설립을 허용하되 단위사업장의 노동조합은 2002년부터 허용하며, 교섭창구의 단일화 등 단체교섭의 방법·절차는 2001년 말까지 강구하도록 하였다. 그러나 2001년에 유예기간을 2006. 12. 31까지 다시 5년간 연장하였다. 다시 2009. 12. 31까지 3년간 연장되었다. 결국 2010. 1. 1의 법 개정으로 2011. 7. 1에야 사업(장) 단위 복수노조를 인정하였으나, 이 경우 교섭창구의 단일화를 강제하였다. 따라서 복수노조 문제는 아직도 ILO의 지적을 받고 있다.

10 관철동 소재 대한약품공업협동조합 회관.

11 국가보위에관한특별조치법 제9조 (단체교섭권 등의 규제) ①비상시태 하에서 근로자의 단체교섭권 또는 단체행동권의 행사는 미리 주무관청에 조정을 신청하여야 하며, 그 조정결정에 따라야 한다. 이 국가보위법은 1981. 12. 17에야 폐지된다.

1 '노동쟁의'라 함은 노동관계 당사자 간에 임금·근로시간·복지·해고 기타 대우 등 근로조건의 결정에 관한 주장의 불일치로 인하여 발생한 분쟁상태를 말한다.(노조법 제2조 5호) "노동위원회는 관계 당사자의 일방이 노동쟁의의 조정을 신청한 때에는 지체 없이 조정을 개시하여야 하며 관계 당사자 쌍방은 이에 성실히 임하여야 한다."(노조법 제53조 제1항) 쟁의행위는 조정절차를 거치지 아니하면 이를 행할 수 없다(제42조 제2항)고 하여 파업에 앞서 이른바 '조정전치주의'가 있다. 여기서는 노동쟁의의 조정을 신청하였다가 이를 취하한 경우를 말하는 것으로 이해된다.

2 살레시오수도회(Salesiani di Don Bosco, SDB)는 19세기 말 산업혁명 기간에 청소년들과 가난한 어린이들을 돌보기 위한 사회선교에 뛰어들었던 이탈리아의 성 요한 보스코 신부(돈 보스코)가 설립한 가톨릭교회의 수도회이다. 살레시오회는 성 요한 보스코 신부의 가르침에 따라 신앙심과 사랑에 바탕을 둔 건전하고 원만한 인격형성을 이루도록 청소년들, 특히 가난하고 버림받은 청소년들을 교육하며 신앙 여정을 동반하는 것이 목적이다. 현재 130여개 나라에서 활동하고 있다.

3 조셉 까르딘 추기경은 노동계급 출신이었다. 1906년 서품을 받고 신학교에서 가르치다 1912년 브뤼셀 레이큰 교구의 보좌신부로 임명되었다. 그는 청소년 클럽을 지도하고 산업조합을 설립하였으며, 노동자들의 근로조건을 개선하는 운동과 이를 위해 노동자들을 조직하는 운동을 벌였다. 이러한 활동에서는 예수의 사상이 밑바탕임을 강조했다. 1925년, 까르딘 신부의 영향을 받은 청년노동자들이 '가톨릭노동청년회'를 결성하였으며, 한국에서는 1958년 조셉 까르딘 추기경의 방한에 맞추어 '한국가톨릭노동청년회'가 창립되었다. 청년노동자들과 평신도의 자발성을 믿었던 조셉 까르딘은 1965년 바오로 6세 교황에 의해 추기경으로 지명됨으로써 그의 그리스도교적 신앙과 노동세계의 구원을 위한 확신이 교회 안에서 공식적으로 인정받았다.

4 김수환 신부는 1951. 9. 15, 대구의 계산성당에서 서품을 받았다. 사제로서 첫 사목생활을 시작한 곳은 안동성당이었다. 1956년 7월 35세에 독일 뮌스터대학에

유학하였다가 1964년에 귀국하였다. 1966. 2. 15, 김수환은 교황 바오로 6세에 의해 마산교구장 주교로 임명되었다. 1968년 4월 서울대교구 교구장으로 임명됨과 동시에 대주교로 서임, 5월 29일 서울대교구 주교좌에 착좌하였고, 1969. 3. 28, 추기경으로 임명되었다.

5장

1. 석계(石溪) 현석호(玄錫虎, 1907~88)는 대구고등농림학교와 경성제대를 졸업하고 고등문관시험에 합격하여 경찰과 화순군수 등을 지낸 일제강점기의 관료였다. 충청남도 광업부장으로 근무하다가 해방을 맞은 그는 "모든 공직자는 추후 명령이 있을 때까지 종래의 기능을 유지하라"는 맥아더의 포고령에도 "나는 일제에 협력한, 고급관리로서 일한 친일파이기 때문에 도의적 책임을 지고 물러나는 것이 마땅하다"면서 사퇴를 한다. 이 일로 2008년 민족문제연구소가 친일 인명사전을 펴낼 때, 대표적인 '친일전력 반성사례'로 소개되었다. 이후 남선전기 부사장과 경선전기 전무 등 기업인으로 지내다가 자유당 소속 3대 국회의원으로 당선되었다가 민주당이 창당되자 당적을 바꾼다. 4월혁명 후 장면 내각에서 내무부와 국방부장관으로 임명되었다가 5·16 쿠데타가 터지자 장관직에서 물러났다. 1965년 가톨릭교리연구소를 설립, 초대 소장이 되어 여생을 가톨릭 교리를 연구하며 보냈다.

2. 미국 출생의 프라이스 신부는 34살 때(1957) 한국에 들어와 2002년 세상을 뜬 테오도르 게페르트(Theodore Geppert S. J., 1904~2002) 신부 등과 함께 서강대 설립을 이끌었고, 사학과 교수 은퇴 후에도 줄곧 명예교수로 재직하며 후학 양성에 힘썼다.

3. 시노트(한국이름 진필세) 신부는 메리놀외방전교회 소속으로 1961년 한국에 들어와 인천교구에 부임했다. 1974년 인혁당사건이 고문 등으로 조작됐다고 폭로한 뒤 관련자들의 구명을 위해 힘썼다. 박정희 정권의 갑작스러운 사형 집행에 항의하다 그해 4월 말 체류기간 연장불허로 강제추방당했다. 2003년 재입국해 이듬해 10월『1975년 4월 9일』을 내 인혁당사건을 생생하게 증언하기도 했다.

4. 1990. 10. 4, 보안사령부에 근무하던 윤석양 이병이 보안사의 사찰대상 민간인

목록이 담긴 디스크를 들고 탈영해 그 목록을 공개한 사건을 말한다. 윤 이병은
보안사로부터 프락치 활동을 강요당했고, 이에 양심의 가책을 느낀 그가 민간인
사찰자료를 들고 보안사를 몰래 빠져나와 양심선언을 한 것이다. 이 자료에는 보
안사가 정치·사회·경제·언론 등 각 분야의 주요 인사 1300여 명을 사찰한 내용
이 담겨 있었다. 재야인사들뿐만 아니라 야당총재인 김대중과 김수환 추기경도
사찰 대상이었다. 이 사건으로 국방부장관과 보안사령관이 해임되고, 보안사는
국군기무사령부로 이름을 바꿔야 했다.

5   오글(한국명 오명걸) 목사는 1954년 연합감리교회 선교사로 한국에 들어와
    20년간 도시산업선교회를 일궈오면서 노동자의 권리와 노동법에 기반한 교육
    프로그램을 시작했다. 서울대학교 교수로 재직 당시 조작된 인혁당사건으로 사
    형선고를 받은 이들을 위해 싸우다 1974. 12. 14, 추방당했다. 2020. 6. 10, 국민
    포장을 받았다.

6   2003~04년 베트남, 인도, 중국 등에 현지법인을 설립하였고, 2017년 12월 인천
    공장은 가동을 중지하였다. 2019년 4월 회사명을 DI동일주식회사로 변경하였
    다. 본사는 서울에 있고, 청주공장, 장항공장, 반월공장이 있다.

7   1961년 가톨릭 재단으로 설립된 개발도상국 지원조직으로 선교사들의 활동을
    지원해 왔다.

8   영어의 'Balance(균형)'와 뜻이 같다.

9   한국살레시오회(관구장 양승국 신부) 산하 돈보스꼬 청소년센터(원장 안성옥 신
    부)는 2017년 설립 50주년을 맞았다. 살레시오수도회는 돈 보스꼬(Don Bosco)
    성인의 가르침에 따라 청소년센터를 만들어 가난한 청소년들의 친구가 되어줬
    고, 인간 삶에 대한 기초적인 진리와 가난에서 벗어날 수 있도록 다양한 기술을
    가르쳐줬다. 그지금까지 청소년센터를 거쳐 간 교육생은 3천여 명에 달한다.

10 1891년 5월 15일, 노동자들의 상황에 관하여 사도좌와 더불어 평화와 일치를 누
    리는 존경하는 형제들인 총주교, 수석주교, 대주교, 주교들에게 보내는 교황 레
    오 13세의 회칙을 말한다. 회칙은 교황이 주교들이나 일반 신도들(때로는 좋은
    뜻을 가지고 있는 모든 이들)에게 사회문제와 종교문제에 관한 자신의 생각을
    개진하는 문헌이다.

11 한국가노청은 1994. 11. 25, 청소년 밀집지역인 노량진에 '가톨릭청소년상담센

터'를 열었다. 2000년대부터는 아르바이트 청소년들을 위한 캠페인을 벌이고 가톨릭노동청년회를 가노청의 설립자인 조셉 까르딘 주교의 이름을 따 까르딘청년회로 개칭하면서 가톨릭청소년상담센터고 까르딘청소년상담소로 변경된다.

6장

1　「한겨레신문」은 1996년 10월 14일부터 「한겨레」로 제호를 변경하였다.

2　이광택, 「한국전력의 노조간부 정년연장사건 – 임기중 정년도달 선출직 노조간부 정년연장 조치의 부당노동행위 해당여부」, 노동경제신문 1994, 4, 11자.

3　1988년 현대엔진 노동자들이 파업에 들어가자, 이를 전국차원에서 지원하기 위해 1988년 3월 5일 '노동조합탄압저지 전국노동자공동대책협의회(전국공대협)'가 구성되었다. 전국공대협은 4월 2~3일과 5월 1일 전국규모의 집회를 주도하면서 노동운동탄압저지투쟁을 벌였고, 하반기에는 노동법개정투쟁을 벌였다. 전국공대협은 정세에 신속하게 대처하고 사업의 추진력을 갖기 위해 상설적인 공동투쟁체가 필요하다는 판단으로 1988년 6월 7일 '전국노동운동단체협의회(전국노운협)'를 결성했다. '전국노운협'은 "전국적이며 공개적인 상설공동체, 민주노조운동을 지원·강화하고 민주노조운동보다 앞서가는 자주적인 운동체, 노동운동단체 전국단일대오의 과도기적 형태"로 성격을 규정하고, "노동운동의 발전을 도모하고, 노동자가 주체가 되어 자주·민주·통일과 노동해방을 실현하는 것"을 활동 목표로 삼았다.

4　강명구·박상훈, 「정치적 상징과 담론의 정치: '신한국'에서 '세계화'까지」, 『한국사회학』, 한국사회학회, 1997. 3, 124쪽.

5　이광택, 「바람직한 노동법개정의 방향」, 『법학논총』, 국민대학교 법학연구소, 제9호, 1997, 281쪽 이하.

6　이광택·박승두·강현주, 「노동법 제정 60년의 평가와 발전과제, 노사정의 역할」, 한국노동조합총연맹, 2013, 38쪽.

김말룡 연보

1927년 → 2월 2일 경주(월성) 출생

1934년 → 서당에서 천자문과 명심보감을 배움

1935년 → 하서공립보통학교 입학(6년제)

14세 → **1940년** → 초등학교를 졸업하고 일본 오사카로 건너가 중학교 입학

1945년 → 일본 돗토리현에서 8·15해방을 맞음. 11월 조선노동조합전국평의회(전평) 결성.

9월 귀국, 11월에 영등포에 있는 조선펌프제작소 입사 후 노조 부지부장 맡음

20세 → **1946년** → 3월 대한노총이 결성되자 창립대의원으로 참가

9월 전평의 총파업이 발발하고, 10월에는 대구에서 '10월인민항쟁'이 시작됨

12월 전평 소속 노동조합을 접수하기 위해 대구로 내려 감

1948년 → 8월 경북여객 노사분쟁사건 관련 구속

1950년 → 6월 25일 한국전쟁 발발

8월 대구지역 노동자로 구성된 유격대가 만들어지자 유격대 참모부관이 됨

계급은 소령. 10월에는 북강원도청 사회과장으로 일함

1951년 → 1·4후퇴 시 다시 대구로 내려감. 12월에는 대한노총 부산조방쟁의 대책원위원

1952년 → 대한노총 산하 '노동법 제정 5인위원회' 위원

1953년 → 고향 경주에서 박귀연과 결혼

1~4월 노동제관계법 제정운동 참여

11월 국학대학 경제학과 졸업

1954년 → 3월 이승만 대통령 유시위반사건 관련 구속

10월 대구 내외방직쟁의 대책위원장

1955년 → 5월 대구 대한방직쟁의 대책위원회 참여

8월 18일 장남 경수 출생

9월 5일, 대한노총 경북지구연맹 최고위원

12월 경북경찰국장 김종원 폭행죄로 구속

30세 → **1956년** → 대한방직쟁의 대책위원회 위원장, 대한노총 대구지구연맹(연합회의) 위원장

1958년 → 10월 대한노총 11차 전국대의원대회에서 김기옥을 단일위원장으로 선출

10월 15일 차남 한수 출생

1959년 → 7월 반김기옥 진영이 대한노총 탈퇴 결의

김말룡 평전

8월 전국노동조합협의회(전국노협) 설립준비위 결성

10월 전국노협 결성대회에서 중앙위 위원장으로 선출 됨. 이후 수배령 떨어짐

1960년 → 1월 8일 딸 미정 출생

4월 동아일보('한국노동운동의 비판」)와 새벽지('노동조합운동의 전망」)에 기고

4월 4월혁명 발발

5월 혁명 직후 대한노총 소속 170여개 단위노조를 전국노협으로 흡수

7월 29일 대구에서 민의원 선거에 전국노협 후보로 출마

11월 대한노총과 전국노련을 통합한 '한국노동조합연합회'(한국노련) 중앙위원회 의장

12월 중앙노동위원회 위원

1961년 → 1월 서울로 올라와 청파동 대한노총에서 상근

3월 10일 한국노련 주최로 제3회 노동자의 날 개최

5월 13일 한국노련과 한국노협 통합 결의. 5월 30~31일 통합대회 개최 결정

5월 5·16쿠데타 발발 후 한국노련은 해산되고, 쿠데타 세력이 주도한 한국노총 결성

8월 5일 한국노련계 한국노동운동단체재조직연락위원회 책임위원을 맡음

29일, '노동운동을 떠난다'는 성명서 발표하였으나, 쿠데타 세력은 성명서에 반혁명적

내용이 들어 있다고 해서 다음 날 구속, 40여일만에 출소하여 이후 '백산회' 등산 시작

1962년 12월 박정희는 계엄령을 해제하고 민정이양 계획 발표

1963년 → 2월 정치활동이 재개되자, 한국노총 창립대회 무효소송을 냄. '한국노동조합총연합회'를

부활시키기로 하고 '결성준비대회 개최 책임위원'을 맡음

1964년 → 4월 '복수노조 금지'를 골자로 하는 노동조합법 개악으로 한국노련 재결성 활동이 불법화 됨

40세 → 1966년 → 3월 10일 8회 '근로자의 날'에 정부로부터 노조발전 유공자 표창장을 받음

10월 5일 전국연합노조 대의원총회에서 위원장으로 선출, 노동청은 불인정

1967년 → 11월 서강대 산업문제연구소 노조임원 교육과정 강사를 하며 도요안 신부와 프라이스

신부 만남

1969년 → 전국자동차노조 대의원으로 선출

1970년 → 11월 13일, 평화시장 재단사 전태일이 사망하자 분향소 방문

12월 5일 국민훈장 목련장 수상

10월 한국노총 4대 위원장에 최용수 선출, 한국노총 지도위원으로 위촉

1971년 → 10월 22일, 한국노총 5대 위원장 선거에 출마, 1차 투표 후 자진사퇴. 상임지도위원으로 위촉됨

12월 박정희, 국가비상사태를 선포하고 '근로자의 단체교섭권과 단체행동권'을 사전 신고

제로 제한

1973년 ➔ 3월 간첩사건 관련 구속, 무고로 석방

8월 『현대적 노사관계』 발간

10월, 한국노총 '위원장 단일후보를 추대'하기로 결의, 이에 항의하며 상임지도위원

사퇴, 배상호 위원장 당선

1974년 ➔ 2월, 배상호 위원장 당선에 중앙정보부의 입김이 작용했다고 주장, 선거 무효소송을 냄

10월 18일, 대의원대회에서 집행부 불신임 주장, 배상호 위원장 사퇴의사 밝힘

1975년 ➔ 한국천주교정의평화위원회 위원

50세 ➔ 1976년 ➔ 가톨릭에 귀의하여 김수환 추기경으로 부터 영세받음. 영세명 '이냐시오'

1977년 ➔ 동일방직 노조 이총각 지부장을 만나 동일방직 노동탄압 대책 협의

1978년 ➔ 동일방직 똥물사건 발생

동일방직사건 긴급대책위원회 결성

천주교주교회의 정의평화위원회 부위원장

1979년 ➔ 4월, 도요안 신부가 이끄는 노동사목연구회가 노동상담소를 개설, 서울대교구 산하에

명동노동상담소 소장에 취임

1980년 ➔ 동일방직해고근로자복직추진위원회 참여.

5월, 김대중 내란음모사건에 관련되어 조사 받음

전두환 쿠데타 세력, 노동운동을 말살하려는 '5·17노동계정화조치' 발표

1981년 ➔ '휴식시간 중 사망한 노동자에 대한 손해배상'이 가능하게 만듦

가톨릭의 노동인권선언 발표 90주년을 맞아 교황 바오로 2세 '노동하는 인간' 회칙 반포

1982년 ➔ 천주교 정의평화위원회 상임위원

1983년 ➔ 천주교 정의평화위원, '노동법개정추진위원회' 결성

1984년 ➔ 진폐증 광부들의 병을 직업병으로 인정하게 하고 보상기준을 만듦

1985년 ➔ 7월 15일, 한국천주교주교회 이름으로 '노동사목교서' 발표 후 교육프로그램 참여

12월, 명동대성당 사목회 사회정의위원회 위원장

60세 ➔ 1986년 ➔ 6월, 전국평신도협회 사회정의위원회 위원장

1987년 ➔ 6월항쟁과 노동자대투쟁이 있고나서 노동관련법안들이 5·17노동계정화조치 이전

수준으로 개정(11월 28일)

구로본동에 노동상담소 개설

1989년 →	창동에 노동상담소 개설	
1990년 →	구로3동에 노동상담소 개설	
1991년 →	2월 5일 야권과 시민사회인사, 민자당 창당에 대응할 '신당창당발기위원회' 출범	
	3월 25일 신민주연합당(신민당) 창당준비위원회 부위원장	
	4월 9일 신민당 최고위원	
	8월 신민당 노동특별위원회 위원장. 이후 의원들로 구성하는 여러 노동사건 관련 대책위 위원장 혹은 위원으로 활동	
	9월 신민당과 민주당(1차 꼬마민주당)이 합당하여 통합민주당 결성	
1992년 →	3월 통합민주당 조직강화특별위원회(위원장 김원기) 위원	
	4월 제14대 국회의원(통합민주당 전국구) 당선	
	10월 국회 환경노동위원회(위원장 장석화) 활동	
	5월 통합민주당 전당대회 의장	
1993년 →	3월 한국노동펜클럽(KLP) 회장	
1994년 →	1월 한겨레신문, 국회 노동위 돈봉투 사건 보도	
	2월 9일 경실련으로부터 '시민이 주는 정의의 꽃다발' 수상	
	3월 31일 '국회노동위 돈봉투사건과 한국자보 부당노동행위 진상규명을 위한 시민연대' 결성	
1995년 →	4월, 「사람과 일터」 창간 고문	
	4월 한국노동사회연구소 창립총회 고문	
	9월 김대중이 정계에 복귀하고 '새정치국민회의'가 창당되었으나 민주당에 잔류	
	10월 '김말룡 재선추진위원회' 결성. 12월 김말룡 출마 결정	
70세 → 1996년 →	4월, 15대 총선 인천 계양강화 갑 출마, 낙선	
	5월 김영삼, 노동법 개정을 위한 '노사관계개혁위원회'(위원장 현승종. '노개위') 출범	
	10월 2일 민주노총에서 열린 노동법 개정대책회의 참석. 민주노총 노개위 철수 결정	
	10월 3일 오전 5시 30분 운명	
	10월 7일 '노동운동가 고 김말룡선생 민주사회장' 거행. 마석 모란공원 '민족민주열사 묘역'에 안장	

참고문헌 REFERENCE

[단행본 및 전집, 보고서]

국가정보원, 『과거와 대화, 미래의 성찰(V) - 언론·노동 편』, 2007.

김금수, 『세계노동운동사 5』, 후마니타스, 2020.

김낙중, 『한국노동운동사』, 청사, 1982.

김말룡·신윤근, 『노동문제 총서 I : 근로계약, 해고문제, 퇴직금제도』, 인링구아출판사, 1985.

김말룡, 『현대적 노사관계 - 우리나라의 경영자와 노동조합의 과제』, 1973.

_____, 『노동문제 총서 II : 임금·근로시간과 휴식, 안전과 보건·산업재해보상』, 인링구아출판사, 1985.

김인덕·성주현·황익구, 『오사카 소재 근현대 한글자료 조사연구용역결과보고서』, 2016.

노진귀, 『8·15해방 이후의 한국노동운동』, 한국노총 중앙연구원, 2007.

동아경제시보사, 『朝鮮銀行會社組合要錄』, 1942.

민주화운동기념사업회, 『한국민주화운동사연표』, 2006.

박미경, 『노동운동 40년 - 박인상 회고록 '외줄타기'』, 매일노동뉴스, 2009.

박현채, 『민족경제론』, 한길사, 1980.

보건사회부, 『보건사회통계연보』, 1962.

서중석·김덕련, 『서중석의 현대사 이야기』, 오월의봄, 2020.

안재성, 『이일재, 최후의 코뮤니스트』, 인문서원, 2016.

이원보, 『한국노동운동사 100년의 기록』, 한국노동사회연구소, 2005.

임송자, 『대한민국노동운동의 보수적 기원』, 선인, 2007.

전국금속노동조합, 『금속노동자를 위한 노동운동사』, 2008.

전국민주노동조합총연맹, 『민주노총20년(1995~2015) 연표』, 2016.

전국자동차노동조합연맹, 『자동차노련 40년사』, 2003.

전순옥, 『끝나지 않은 시다의 노래』, 한겨레신문사, 2004.

천주교서울대교구 노동사목위원회, 『서울대교구 노동사목 50년사』, 가톨릭출판사, 2008.

김말룡 평전

한국가톨릭대사전 편찬위원회, 『가톨릭대사전』, 한국교회사연구소, 2006.

한국노동법학회, 『노동법 60년사 연구』, 고용노동부, 2012.

한국노동사회연구소, 『한국노동사회연구소30년사』, 2018.

한국노동조합총연맹, 『한국노동조합운동사』, 1979.

_____, 『노동법 제정 60년의 평가와 발전과제, 노사정의 역할』, 2013.

한국민주주의연구소, 『현장민주화운동종합보고서』, 민주화운동기념사업회, 2007.

한인섭, 『함세웅 신부의 시대 증언 – 이 땅의 정의를』, 창비, 2018.

[논문]

강명구·박상훈, 「정치적 상징과 담론의 정치: '신한국'에서 '세계화'까지」, 『한국사회학』 제31권 제1호, 한국사회학회, 1997.

김상숙, 「1960년 4월혁명기 대구지역 노동운동 – 제일모직노조와 대구시노동조합 연맹의 활동을 중심으로」, 『대구사학』 129, 2017.

김 원, 「유신체제 수립직전의 노동관계와 자율적 노동운동의 맹아」, 『유신이전 민주화 운동사료집』, 민주화운동기념사업회, 2019.

김유경, 「공기업 민영화의 성과에 관한 연구 – KT사례를 중심으로」, 중앙대행정대학원, 2013.

김 준, 「5·16이후 노동조합의 재편과 '한국노총체제'의 성립」, 『사회와 역사』 56호, 1999.

김하나, 「근대 서울공업지역 영등포의 도시성격변화와 공간구성특징」, 서울대학교대 학원 건축학과, 2013.

배석만, 「어느 주물기술자의 일기로 본 기업경영사」, 『역사와 세계』 제52집, 2012.

신치호, 「이승만 정권기 노동운동의 전개와 전국노협의 출현」, 『인문학연구』 37집, 2009.

심창학, 「1960년대 이후 한국 사회복지노동운동의 변천과 한계」, 『연세사회복지연구』 제11권, 2004.

유범상, 「한국의 노동운동이념 – 이념의 과잉과 소통의 빈곤」, 한국노동연구원, 2005

유혜경, 「1960년대 박정희시대의 노동운동과 노동법」, 『경희법학』 제54권 제2호, 경희 법학연구소, 2019.

이광택, 「바림직한 노동법개정의 방향」, 『법학논총』 제9호, 국민대학교 법학연구소, 1997.

이광택·박승두·강현주, 「노동법 제정 60년의 평가와 발전과제, 노사정의 역할」, 한국 노동조합총연맹, 2013.

이성호, 「1950~1960년대 노동자의 도시경험」, 『학술회의총서 4 – 일기로 역사를 읽다』, 국사편찬위원회, 2018.

이종구 외, 「1970년대 산업화 초기 한국노동사 연구 – 노동운동사를 중심으로」, 성공 회대 사회문화연구소, 2002.

임송자, 「1950년대 후반기~1960년대 초기 노동계 동향」, 『현장민주화운동종합보고서』, 민주화운동기념사업회, 2007.

_____, 「대한노총연구(1946~1961)」, 성균관대대학원 사학과, 2003.

_____, 「반공투쟁의 선봉장, 우촌 전진한 – 노동대중을 위해 이익균점을 주장하다」, 『내일을 여는 역사』 27, 2007.

_____, 「牛村 錢鎭漢의 협동조합 및 우익노조활동」, 『한국민족운동사연구』 36, 2003.

장미현, 「1950년대 후반 대구 대한방직노동쟁의와 전국노동조합협의회」, 연세대대학원 사학과, 2007.

_____, 「1950년대의 민주적 노동조합운동의 시작과 귀결 – '대한방직 쟁의'와 전국 노동조합협의회를 중심으로」, 『동방학지』 제155집, 2011.

정경원, 「서울지하철노조 30년! 의미와 과제」, 2017.

정안기, 「일제의 군수동원과 조선인 자본가의 전시협력 – 백낙승(白樂承)의 사례를 중심으로」, 『동북아역사논총』 46호, 2014.

정창현, 「1945~1960년 민중운동에 대한 연구」, 『한국사론』 26, 국사편찬위원회, 1996.

조돈문, 「50년대, 노동계급의 계급해체 – 노총의 호응성 전략과 노동자들의 저동원」, 『경제와 사회』 1996년 봄호

최영기·전광석·이철수·유범상, 「87년 이후 노동법제의 변천 – 법개정 및 정책변화의 역사」, 고용노동부, 1999.

한국의회발전연구회, 「국회 원구성 협상과정연구보고서 – 13~16대 원구성 협상과정 및 결과를 중심으로」, 2005.

[신문 및 잡지 기사]

경향신문, 경향잡지, 대구매일신문, 동아일보, 매일경제, 민족일보, 부산일보, 시사저널, 영남일보, 조선일보, 통일뉴스, 평화신문, 한겨레21, 한겨레신문, 등 관련기사.

고재섭, 「노동운동계의 대부 김말룡 이냐시오」, 『경향잡지』, 1991년 2월호.

김말룡, 「勞動組合運動의 展望」, 『새벽』1960년 7월호.

_____, 「노동법 개악에 반대한다 – 노동운동은 민주주의 초소이다」, 『사상계』1964년 1월호.

_____, 「노동운동의 새 전기(轉機)의 모색」, 『사상계』1968년 10월호.

_____, 「한국노동운동의 방향과 그 과제」, 『경영과 노동』1973년 6월호.

_____, 「단체협약의 목적과 성격 – 경영자 협의회에 답」, 『경영과 노동』1973년 6월호.

_____, 「한국의 노동문제와 노동운동」, 『사목』1976년 11월호

_____, 「노동문제와 그 대책 – 문제의 사례를 중심으로」, 『사목』1983년 1월호.

_____, 「노동법은 개정되어야 한다」, 『사목』1984년 7월호.

_____, 「이 땅의 노동현실 – 산업재해」, 『경향잡지』1989년 3월호.

_____, 「한국의 노동관계법과 노동현실」, 『가톨릭신학과 사상』1990년 12월호

_____, 「국회 돈봉투 사건의 진상은 이렇다」, 『노사광장』1994년 4월호

김명교, 「믿을만한 일꾼, 김말룡 의원」, 『사람과 일터』, 1996년 3월호.

남궁원, 「이일재 선생인터뷰」, 『사회주의자』4호.

노동공론 편집부, 「대한노총결성전야」, 『노동공론』, 1972년 2월호.

노사광장 편집부, 「김말룡 의원 그는 누구인가」, 『노사광장』 1994년 3월호.

도요안, 「미국인이 본 한국의 노동운동」, 『노동공론』, 1972년 2월호.

문정우, 「박창수씨 죽음, 미궁헤멘다」, 『시사저널』 1602호, 1991년 6월 6일.

_____, 「老운동가의 '이유 있는 반항'」, 『시사저널』 1624호, 1994년 2월 10일.

박창원, [박창원의 '영남일보로 보는 인물열전 18'] – 이순희, 『영남일보』 2018년 9월 27일.

여규식, 「생활방담 – 겨우살이 걱정 / 김말룡 박영숙 박현채 윤미자 대담」 『신동아』, 1974년 12월호.

『여원』 1994년 3월호, 「노동위 '돈봉투' 사건으로 관심 끈 민주당 '김말룡 의원'의 부인 박귀연」.

오경환, 「가톨릭교회의 노동사목」, 『사목』 225호, 1997년 10월.

윤철호, 「노동위 돈봉투 사건의 김말룡 의원」, 『월간 사회평론 · 길』, 1994년 3월호

이광택, 「한국전력의 노조간부 정년 연장 사건 – 임기 중 정년도달 선출직 노조간부 정년연장 조치의 부당노동행위 해당여부」, 『노동경제신문』 1994년 4월 11일.

_____, 「노동운동가 김말룡 이냐시오, 노동운동의 산 역사이자 노동계의 대부」, 『경향잡지』, 2006년 3월호.

이재화, 「해방3년 노동운동사 발굴 ① 비극의 뿌리, 대한노총의 전평파괴 공작」, 『월간 노동자』 통권1호, 1989년 3월.

_____, 「해방3년 노동운동사 발굴 ② 최초 최대 전국적 산업별 단일노조 전평의 결성 과정」, 『월간노동자』 통권2호, 1989년 4월.

이창훈, 「우공이산의 심정으로 한국노동운동을 이끌다」, 『열사회보』, 2015년 5 – 6월호.

이총각, 「여성 노동자, 민주노조로 민주주의 다지다」, 『통일뉴스』 2018년 2월 21일

임경숙, 「돈봉투 사건' 폭로한 김말룡 의원」, 『생활성서』, 1994년 3월호

전진한, 「나의 편력, 전진한」, 『매일경제신문』, 1969.3.11.~1969.4.4.

_____, 「노동운동과 협동조합주의사」 『노동공론』, 한국노총, 1971년 1월호.

조명제, 「한국 기계공업의 역사를 말한다(2)」, 『월간 기계기술』, 2008년 7월호.

최일남, 「勞動運動을 治安문제로 다뤄선 안돼 / 김말룡 대담」, 『신동아』, 1985년 8월호.

탁희준, 「건전한 노동조합운동」, 『사상계』 1960년 6월호

한상봉, 「1960년대 한국교회, 처음 노동문제 관심 – 강화 심도직물 사건」, 『가톨릭신문』,
  2010년 7월 11일자.

[웹사이트]

가톨릭 '오늘의 소사' http://www.cpbc.co.kr/CMS/catholic/todaysosa.php

가톨릭길라잡이 http://maria.catholic.or.kr/dictionary/

가톨릭대사전 http://maria.catholic.or.kr/dictionary/

가톨릭평화방송 · 평화신문 http://www.cpbc.co.kr/

국가기록원 https://www.archives.go.kr/

국립중앙도서관 https://www.nl.go.kr/

국사편찬위원회 http://www.history.go.kr/

국회전자도서관 https://dl.nanet.go.kr/

공공운수노조 https://www.kptu.net

네이버뉴스 라이브러리 https://newslibrary.naver.com/

디지털노동복지센타 http://www.samchang.or.kr/

명동대성당 http://mdsd.or.kr

민주화운동기념사업회 https://www.kdemo.or.kr

민주화운동기념사업회 오픈아카이브 https://archives.kdemo.or.kr

민중언론 참세상 http://www.newscham.net/

부산역사문화대전 http://busan.grandculture.net/

성공회대학교 민주자료관 http://demos-archives.or.kr/

세계한민족문화대전 http://www.okpedia.kr/

시사저널 http://www.sisajournal.com

야후재팬 https://www.yahoo.co.jp/

위키백과 https://ko.wikipedia.org/wiki/

전국민주노동조합총연맹 해고자복직투쟁 특별위원회 http://kcturdw.jinbo.net/

전국민주노조총연맹 http://nodong.org/

중앙선거관리위원회 선거통계시스템 http://info.nec.go.kr/

천주교서울대교구 정의평화위원회 http://www.catholicjp.or.kr/

천주교인권위원회 http://www.cathrights.or.kr

통일뉴스 http://www.tongilnews.com/

한국노동조합총연맹 http://inochong.org/

한국민족문화대백과사전 http://encykorea.aks.ac.kr/

한국천주교주교회의 정의평화위원회 http://cjp.cbck.or.kr

한국학중앙연구원 https://www.aks.ac.kr/

행정안전부 과거사관련업무지원단 https://pasthistory.go.kr/

DBpia http://www.dbpia.co.kr/

kiss http://kiss.kstudy.com/

RISS http://www.riss.kr/index.do

[인터뷰]

권오봉, 2019년 1월 10일, 자택

권중동, 2019년 2월 17일, 자택

김금수, 2018년 9월 6일, 한국노동사회연구소

김승호, 2018년 9월 11일, 전태일노동대학 사무실

김말롱 평전

박귀연, 2018년 10월 9일, 자택

박석운, 2019년 11월 15일, 한국진보연대 사무실

박성호, 2018년 8월 28일, 4·9통일평화재단

박인기, 2018년 7월 2일, 한일병원 내 휴게실

배병우, 2019년 8월 1일, 요양병원 내 휴게실

이광택, 2019년 10월 3일, 마석모란공원 민주열사묘역

이용득, 2019년 11월 20일, 국회의원회관

이원보, 2018년 8월 28일, 한국노동사회연구소

이창복, 2020년 5월 26일, 6·15남측위 사무실

이총각, 1차 2015년 7월 29일, 덕적도; 2차 2019년 9월 25일, 4·9통일평화재단

조성준, 2019년 11월 22일, 카페

조수원추모모임 좌담회, 2019년 12월 14일, 참가자-곽원식, 김천, 나현균, 박성호,
  박종석, 서대영, 안경호, 이형진, 함평기, 황철이

천영세, 2020년 3월 30일, 이용득 국회의원실

[기타]

김말룡 제적등본

김말룡 1주기 추모자료집

노동운동가 故 김말룡 민주사회장 보도자료와 회의자료

김말룡, 〈노동운동사〉

김말룡 장례식 영상

국회의원 김말룡 의정보고서

제15대 국회의원 선거 계양·강화(갑) 선거구 김말룡 후보 선거 홍보물

찾아보기 INDEX

김말롱 평전

김말롱 평전

단 체 명